W0238027

Eckehart Weiß, Katja Schößler

Musteraufsätze – erläutert und kommentiert

8. bis 10. Schuljahr

Bange Verlag

Über die Autoren der Lernhilfe:

Eckehart Weiß, geboren 1949 in Wunsiedel, unterrichtet Deutsch und Englisch an einem Bamberger Gymnasium. Seit dem Jahre 2004 bildet er zudem als Seminarlehrer im Fach Deutsch Referendare aus. Er hat in Erlangen und Berlin studiert, unterrichtete lange in Hildesheim und leitete dort eine Orientierungsstufe. Seit 1990 lebt er wieder in Bayern. Seit vielen Jahren beschäftigt er sich hauptsächlich mit den Einsatzmöglichkeiten des Computers im Deutschunterricht. Zahlreiche Veröffentlichungen hierzu finden sich im Internet und in Fachzeitschriften. Mit einem Team von Lehrern hat er das fächer- und schulübergreifende Internet-Portal „Digitale Schule Bayern" aufgebaut.

Buchveröffentlichungen im Bange-Verlag:

Weiß, Eckehart / van Essenberg, Astrid: Musteraufsätze – erläutert und kommentiert. 11. – 13. Schuljahr. Hollfeld 2006

Weiß, Eckehart: Musteraufsätze – erläutert und kommentiert. 5. – 7. Schuljahr (G8). Hollfeld 2005

Weiß, Eckehart: Wie schreibe ich einen Aufsatz? 5 .– 6. Schuljahr. Hollfeld 2005

Thulke, Peter / Weiß, Eckehart: Bildergeschichten für die Unterstufe. Reihe Königs Kopiervorlagen. Hollfeld 2004

Weiß, Eckehart: Berichten – Erzählen – Beschreiben. Eine Einführung in alle kreativen Aufsatzformen. Hollfeld 2004

Katja Schößler wurde 1973 in Coburg geboren. Sie studierte in Münster/Westfalen und Bamberg. An der Universität sammelte sie erste Lehrerfahrungen bei der Leitung von Tutorien für Studienanfänger. Sie unterrichtete mehrere Jahre Deutsch und Geschichte an einem Bamberger Gymnasium. Derzeit ist sie als Mitarbeiterin in der Bayerischen Staatskanzlei tätig.

1. Auflage 2007
ISBN: 978-3-8044-1502-7

Lektorat: Sabine Gebhardt, Selbitz
Herstellung: imprint, Zusmarshausen
Zeichnungen: Peter Thulke, Berlin
Umschlagfoto: Photostudio Maurer, Bamberg
Druck und Weiterverarbeitung: Finidr, s. r. o., Český Têšín

Inhaltsverzeichnis

1 Gestalterisches Schreiben 8
1.1 Aufbauprinzipien 8
1.2 Sprachliche Gestaltung 9
1.3 Erzählen mit schildernden Elementen 13
• Bildergeschichte: Apfelwickler Rudi auf Abwegen 13
• Freier Aufsatz: Heimweg im Dunkeln 16
1.4 Erzählen nach literarischen Vorbildern 20
1.4.1 Kalendergeschichte 20
• Der listige Steiermärker (Johann Peter Hebel) 21
• Schülerbeispiel: Der tapfere Timo 23
1.4.2 Erzählung 25
• Heiraten verbindet auf ewig (Jürgen Hein) 26
1.4.3 Kurzgeschichte 30
• Alter Mann (Irina Bondas) 32
1.5 Freies Schreiben 36
1.5.1 Antimärchen 36
• Die Geschichte vom bösen Hänsel, der bösen Gretel und der Hexe (Paul Maar) 36
• Schülerbeispiel: Der Froschkönig 41
1.5.2 Phantasieerzählung 46
• Die geheimnisvolle Höhle (Christoph Hein) 46
• Schülerbeispiel: Das Gartenhaus mit der schwarzen Tür 49

2 Arbeiten mit journalistischen Texten 53
2.1 Die Reportage 53
• Aufregung um „seltsames Ding" (Frankenpost) 54
• Schülerbeispiel: Mehr Glück beim nächsten Mal 58
• Kleines Wunder vor den Toren Hofs 61
2.2 Die Nachricht als Quelle wirklichkeitsnaher Erzählungen 64
• Hilfsschäfer in stockfinsterer Nacht (Frankenpost) 65
• Schülerbeispiel: Hilfsschäfer in stockfinsterer Nacht . . 66

3 Standardisierte Schreiben 69
3.1 Das Protokoll 69
3.1.1 Das Vereinsprotokoll 70
3.1.2 Verlaufs- und Ergebnisprotokoll. 74
• Diskussion über geplanten Wandertag (Verlaufsprotokoll) 75
• Diskussion über geplanten Wandertag (Ergebnisprotokoll). 78
3.1.3 Das Unterrichtsprotokoll und die Mitschrift im Unterricht. 79
• Unterrichtsprotokoll einer Geschichtsstunde 81
3.2 Die Bewerbung 84
3.2.1 Das Anschreiben: Bewerbung um einen Praktikumsplatz 86
3.2.2 Der tabellarische Lebenslauf. 88
3.3 Umgang mit Formularen 91
• Fahrradregistrierung. 93
• Anzeige über den Verlust eines Personalausweises oder Passes 94
3.4 Schreiben an Behörden und Firmen 96
• Nutzung eines Jugendzentrums für Schulfeier 96
• Druckauftrag für Schülerzeitung 97

4 Argumentieren und Appellieren 99
4.1 Die begründete Stellungnahme 101
4.1.1 Argumentierend: Klassenraumgestaltung 102
4.1.2 Appellierend: Umweltgerechtes Verhalten in der Schule. 107
4.2 Die Erörterung 109
4.2.1 Die lineare Erörterung. 111
• Welche Nachteile kann ein Nebenjob für Schüler haben? 111
4.2.2 Die Pro-Contra-Erörterung 114
• Sollte die SMV am Valentinstag weiterhin einen Rosenverkauf organisieren?. 114
4.3 Die Problemerörterung 119
• Sollten bei uns Schuluniformen eingeführt werden?. . 120

4.4 Die Erörterung auf der Grundlage von Informationsmaterialien 125
4.4.1 Formen des zusätzlichen Informationsmaterials . . 125
• Die Definition/der Lexikonartikel. 125
• Infografik. 127
• Karikatur 128
• Reportage: Auf das Gefühl im Bauch achten 130
„Faustlos ist in": Streitschlichter helfen . . 133
4.4.2 Erörterung auf der Grundlage von Informationsmaterialien: Gewalt in der Schule. . . 136

5 Erschließen poetischer Texte – Analyse nichtpoetischer Texte 147
5.1 Die Textzusammenfassung 148
5.1.1 Die Inhaltsangabe eines literarischen Textes 149
• Die Zarenkrone (Willi Fährmann). 151
5.1.2 Die Inhaltsangabe eines nichtfiktionalen Textes . 156
• Der Traum von der guten alten Zeit (Jürgen Hein). . . . 156
5.2 Die erweiterte Inhaltsangabe 160
5.2.1 Die erweiterte Inhaltsangabe eines literarischen Textes 160
• Die drei dunklen Könige (Wolfgang Borchert). 163
5.2.2 Die erweiterte Inhaltsangabe eines Sachtextes . . 171
• Das wertvolle Lächeln der schönen Audrey 172
5.3 Die Texterschließung 185
5.3.1 Die Erschließung poetischer Texte 186
• Kurzgeschichte: Damals in Odessa (Heinrich Böll) 187
• Gedicht: Das Blümlein Vergissmeinnicht (Barthold Hinrich Brockes) 200
5.3.2 Die Analyse eines Sachtextes 209
• Essay: Durchs wilde Digitalistan (F.A.Z.). 210
5.4 Die literarische Charakteristik. 219
• Mathilde von Zahnd in dem Drama „Die Physiker" (Friedrich Dürrenmatt) 221
• Professor Unrat in dem Roman „Professor Unrat" (Heinrich Mann) 232

6 Anhang 240
6.1 Regeln des Zitierens. 240
6.2 Bibliographie 244

Vorwort

Manchen Schülern scheinen ihre guten Aufsätze nur so aus den Fingern zu fließen – andere dagegen plagen sich und wissen nicht recht, wie sie vorgehen sollen.

Hier kommt Hilfe: Jede Aufsatzform hat **typische Merkmale** und folgt bestimmten **Regeln**. Hältst du dich daran, kannst du mit Erfolg selbst zu guten Ergebnissen kommen.

Genau diese **„Rezepte" zum guten Schreiben** gibt dieses Buch an die Hand. Du findest darin alle Schreibformen, die in der Mittelstufe im Deutschunterricht am **Gymnasium** und weitgehend auch an der **Realschule** vorkommen. So ist es ein regelrechtes Nachschlagewerk, das die **Grundidee** jeder Aufsatzform verdeutlicht. Auch deine Eltern können sich hier umfassend informieren.

In einer **Einführung** werden die wesentlichen Merkmale jeder Aufsatzart erklärt. Du erfährst, welche Arbeitsschritte notwendig sind und worauf es beim Schreiben besonders ankommt. Die **Musteraufsätze** zeigen, wie dies praktisch umgesetzt wird und die **Kommentare** direkt daneben helfen gezielt, Aufbau, Inhalt und Stil zu erkennen. Bei den Aufsatzarten, die eine **Gliederung** verlangen, ist diese selbstverständlich dabei. Die kommentierten Musteraufsätze sind eine **ideale Vorbereitung auf den Unterricht und auf Klassenarbeiten!**

Der Inhalt des Buches folgt dem **neuen Lehrplan des achtstufigen Gymnasiums**. Der Schwerpunkt des Deutschunterrichts in der Mittelstufe liegt auf den **argumentativen Schreibformen**. Die Beispiele zur Erschließung und Interpretation von literarischen Texten und zur Analyse von Sachtexten bereiten schon auf höhere Klassen vor. Neu im Lehrplan sind **formale Schreiben** sowie die Beschäftigung mit **journalistischen Schreibformen**. Weiter spielt das **freie Schreiben** eine wesentliche Rolle.

Mit diesem Buch holst du dir das **Basiswissen für den Deutschunterricht** der 8. bis 10. Klasse.

In der Reihe Königs Lernhilfen – Musteraufsätze sind ebenfalls erschienen:

Musteraufsätze – erläutert und kommentiert, 5.–7. Schuljahr
Musteraufsätze – erläutert und kommentiert, 11.–13. Schuljahr

Die Bände begleiten Schülerinnen und Schüler vom Eintritt ins **Gymnasium bis zum Deutsch-Abitur.**

1 Gestalterisches Schreiben

In einer Reihe Aufsatzformen geht es darum, eine Erzählung gut auszugestalten, wobei es sehr vielfältige Vorgaben zu der Art der Erzählung gibt.

Das Erzählen spielt in der Mittelstufe nach wie vor eine wichtige Rolle, auch wenn als Schulaufgaben eher die informierenden, argumentativen Aufsatzformen oder die Texterschließung im Mittelpunkt stehen. Du solltest die Techniken des Erzählens nicht vergessen. Du benötigst sie sogar noch in der Oberstufe, nämlich dann, wenn du literarische Texte weiterschreibst oder parallel zu literarischen Formen eigene Geschichten verfasst.

1.1 Aufbauprinzipien

Grundschema

Der grundlegende Aufbau einer Erzählung:
- Sie beginnt mit der Einleitung, die Ort, Zeit und Hauptpersonen nennt und mit einem besonderen Ereignis endet; dieses Ereignis leitet die Haupthandlung ein.
- Die Haupthandlung teilt sich in Erzählschritte, die zum Höhepunkt der Geschichte führen.
- Danach folgt ein kurzer Schluss.

Mischen von Erzählformen

In der Mittelstufe ist es auch erlaubt, verschiedene Erzählformen zu mischen und damit vom Grundaufbau abzuweichen. So kannst du zum Beispiel den Schluss der Erzählung voranstellen und dann erzählen, wie es zu dem Ereignis gekommen ist.
Als klassisches Beispiel gilt die Kriminalgeschichte, die von einem Verbrechen ausgeht, welches im Laufe der Erzählung gelöst wird.

Innere Handlung

Anspruchsvoller kann man eine Erzählung gestalten, wenn man neben der äußeren Handlung auch noch eine innere Handlung mit einfließen lässt. Dies bedeutet, dass du dir Gedanken über die Entwicklung der Gefühle der Hauptpersonen machst und diese im Verlauf der Erzählung mit beschreibst. Die Gefühle sollten sich entsprechend der Erzählschritte der Handlung behutsam steigern.

Erzählen in der Art eines literarischen Vorbildes

Bei dieser Aufgabenstellung erhältst du einen literarischen Text als Vorbild für deine eigene Erzählung. Dazu gehören Fabeln, Kurzgeschichten, Parabeln – das sind gleichnishafte Erzählungen –, Märchen, Kalendergeschichten, Eulenspiegelgeschichten und andere phantastische Formen, die wir im Bereich „freies Schreiben" ansprechen.

1.2 Sprachliche Gestaltung

Unabhängig von der gewählten Erzählform bleiben die Grundprinzipien der sprachlichen Gestaltung, die du sicher beherrschen musst, immer dieselben. Das ist auch deswegen wichtig, weil du in der Mittelstufe lernst, literarische Texte zu beurteilen. Dann untersuchst du die sprachlichen Mittel, die ein Dichter einsetzt, um die besondere Wirkung seiner Erzählung zu erreichen.

Dazu musst du diese Gestaltungsmittel erkennen können:

Wörtliche Rede

Wörtliche Rede in einer Erzählung bewirkt beim Leser das Gefühl:
- dass das Geschehen direkt und unmittelbar wiedergegeben wird;
- dass er selbst am Geschehen teilnimmt;
- dass das Erzählte tatsächlich so gewesen ist, also der Lebenswirklichkeit entspricht.

Redeeinführungen

Wörtliche Reden musst du geschickt einführen. Eine gute Redeeinführung besteht aus einem einfallsreichen Verb, das ausdrückt, wie jemand etwas sagt, sowie aus illustrierenden Adjektiven oder Wendungen.
Die Redeeinführung kann vor, nach oder zwischen der wörtlichen Rede stehen. Das schafft stilistische Abwechslung.
Achte auf die richtigen Satzzeichen!

Beispiele:
Nick murmelte erschrocken: „Warum habe ich den Vogel nicht bemerkt?"
„Meine Güte! Ich bin eingeschlafen", *stammelte er dann.*
„Es ist doch", *keuchte er und spuckte den Wurm wieder aus,* „unglaublich. Nicht einmal auf einer Parkbank ist ein Nickerchen ungestraft erlaubt."
„Na ja, du schnarchst ja immer mit offenem Mund", *meinte Susi, seine Freundin, etwas boshaft.*
„Kein Wunder, dass da mal etwas hineinfällt", *fügte sie lächelnd hinzu.*

Gedankenrede

Was eine Person fühlt und denkt, die so genannte Gedankenrede, wird im Unterschied zur wörtlichen Rede nicht in Anführungs- und Schlusszeichen gesetzt. Solche inneren Selbstgespräche werden ganz normal mit den üblichen Satzzeichen aufgeschrieben.

Beispiel:
Nick schlenderte in Gedanken versunken nach Hause. *Meine Güte! Die Schule war heute wieder anstrengend. Sechs Stunden Unterricht und dann auch noch zwei Stunden Deutsch. Ich glaube, ich*

ruhe mich erst mal aus. Bald kommt ja meine Lieblingsbank. Susi ist bestimmt auch gleich da. Nick schlurfte langsam durch den Park, erblickte seine Lieblingsbank, setzte sich gemütlich hin, schloss die Augen und schlief tatsächlich gleich ein. Als Susi kam, sah sie ihn mit zurückgelehntem Kopf und weit geöffnetem Mund dasitzen. Nick schnarchte.

Die Erzählzeit – das Tempus

Da du von vergangenen Ereignissen erzählst, gilt als zentrale Zeit der Erzählung die Vergangenheit, das Präteritum.
Als Vorzeitigkeit zum Präteritum dient das Plusquamperfekt.

Nachdem er eine Viertelstunde *geschnarcht hatte (Plusquamperfekt), wachte (Präteritum)* er mit einem Schreck auf.

Im Höhepunkt der Erzählung ist es möglich, von der Vergangenheit in die Gegenwart, vom Präteritum ins Präsens zu wechseln. Damit wirkt das Geschehen lebendig und unmittelbar. Vergiss aber nicht, im Schluss wieder ins Präteritum zu wechseln.

Viele Schriftsteller wählen als Erzählzeit anstatt des Präteritums das Präsens. Dann gilt als Vorzeitigkeit das Perfekt, die vollendete Gegenwart. Ob du in einem Aufsatz ebenfalls im Präsens erzählst, hängt von den Vorübungen in deinem Unterricht und von dem literarischen Vorbild ab.

Nachdem er eine Viertelstunde *geschnarcht hat (Perfekt), wacht (Präsens)* er mit einem Schreck auf.

Erzählperspektive

Dazu gehört die Erzählhaltung: Du kannst als Ich- oder Er-Erzähler schreiben; du darfst den Blickwinkel, die Perspektive, innerhalb einer Erzählung eventuell auch wechseln.

Stimmungen

Stimmungen bringst du mit anschaulichen Verben, beschreibenden oder stimmungshaltigen Adjektiven oder Partizipien ein.

Personifizierung

Gegenstände darfst du personifizieren; dies bedeutet, einem unbelebten Objekt ein Verb beizugeben, das eine Handlung ausdrückt – obwohl ein Ding ja eigentlich nicht handeln kann.

Vergleiche

Vergleiche wirken sehr anschaulich, sie müssen aber treffend sein.

Beschreiben/Schildern

Beschreibungen zeigen dem Leser eine Szenerie, sodass er sich vor seinem inneren Auge vorstellen kann, was in der Erzählung geschieht. Dazu gehört auch die Beschreibung von Gesichtsausdruck (Mimik) und Bewegung (Gestik). Insgesamt sollst du deine Sinne einsetzen und die Sinneseindrücke beschreiben, nämlich riechen, schmecken, sehen und fühlen.

Rhetorische Stilmittel

- Repetitio: Die bewusste Wiederholung von Wörtern (*Er rannte und rannte.*)
- Antithese (Gegensätze): In der Kleinform werden einzelne Wörter zueinander in Gegensatz gestellt (*hell – dunkel*); die Großform bezieht sich auf den Aufbau des Textes, wobei Gedankengänge zueinander in Gegensatz gestellt werden (zum Beispiel eine Traumvision zur Wirklichkeit).
- Klimax (Steigerung): *drehen, winden, zappeln*
- Comparatio (Vergleich): *...wie in einer eisernen Zange*

> Schreibe dennoch einfach und baue nicht zu komplizierte Sätze. Vermeide vor allem das Passiv, das fast immer langweilig wirkt.

Weitere Stilmittel sind in den Kommentaren der folgenden Aufsätze angemerkt. Im Zweifelsfalle findest du sie in deinen Unterstufenheften oder kannst sie in den Sprachbüchern nachschlagen.

1.3 Erzählen mit schildernden Elementen

In der Mittelstufe sollen die Erzählungen deutlich schildernde Elemente enthalten.
Du entwickelst eine Handlungsfolge und dazu die innere Handlung durch Ausgestaltung der Gefühle der Hauptpersonen, hältst aber gelegentlich im Fortlauf der Geschichte inne und beschreibst Stimmungen, Situationen und Orte.

Bildergeschichte: Apfelwickler Rudi auf Abwegen

Auch in der Mittelstufe eignen sich Bildergeschichten gut als Vorlagen, um Erzählungen zu schreiben.

Apfelwickler Rudi auf Abwegen

Musteraufsatz

Rudi war eine fröhliche, träumerische Raupe. Er wohnte in einem wunderschönen roten, ausgereiften Apfel. Rudi bohrte gerade sein 43. Loch an diesem Morgen, als er das sanfte Rauschen des Windes in den Blättern des Apfelbaums hörte. Er verspürte ein angenehmes Kribbeln in sich und beschloss, seine Arbeit abzubrechen und auf seinen sechzehn borstigen Wärzchenfüßen nach außen zu kriechen und ein wenig frische Luft zu schnappen. Rudi war die großartigste Raupe, die man sich vorstellen konnte. Sein lateinischer Name lautet *Grapholita Pomonella*, was so viel bedeutet wie „Obst-Schreibstein". Auf Deutsch heißt er schlicht Apfelwickler, weil er nicht nur Äpfel durchbohrt, sondern auch die Blätter des Apfelbaums so

A. Kurzcharakteristik durch Beschreibung: gute Adjektive, Minihandllung Erster Eindruck der Jahreszeit sowie der Gefühle

Beschreibungsdetails des Apfelwicklers einem Biologielexikon entnommen – hier Brehms Tierleben

kunstvoll umwickelt, dass er sich darin bequem verstecken kann. Rudi war satte zwei Zentimeter lang, blass rosenrot gefärbt mit einem Hauch ins Gelbrötliche; er hatte ein süßes Stupsnäschen und die sensibelsten schwarzen Augen, die es überhaupt gibt. Er sollte einmal ein wunderschöner Schmetterling werden mit blaugrünen Oberflügeln, die geziert sind mit fein geschlängelten Querlinien und einem rotgolden eingefassten, tiefschwarzen Spiegelfleck sowie kupferfarben glänzenden Hinterflügeln.

Beschreibung der Raupe als Mittel der Ausgestaltung
Gute Adjektive, Genauigkeit

Erzählhaltung: Er-Perspektive

Endlich war Rudi draußen angekommen. Seine Augen glitzerten in den Strahlen der aufgehenden Sonne. Die Obstbäume in den Gärten bogen sich leicht im kühlen Wind, der über sie hinwegstrich. Sein Nachbarapfel, in den er am nächsten Tag umziehen wollte, lächelte ihn freundlich an. Es war einfach herrlich.
„Hach, welch wunderbarer Spätsommertag", murmelte Rudi verträumt vor sich hin.

Weitere Beschreibung der Natur und seiner Gefühle

Merkmale beschreiben, die einen schönen Spätsommertrag ausmachen (statt nur „schöner Spätsommertag")

Wie er da so saß, halb aus dem Apfel geschlüpft und die Augen auf die Landschaft gerichtet, bemerkte er nicht einmal, dass eine Amsel, gierig nach Futter suchend, sich soeben im Wipfel seines Boskop-Apfelbaumes niedergelassen hatte. Ehe er sich versah, flatterte der Vogel zu ihm herab, sah ihm direkt in seine dunklen Augen, riss den Schnabel auf und packte ihn am Kragen. Rudi wurde ganz starr vor Schreck und konnte sich keinen Millimeter bewegen.

B. Beginn der Haupthandlung
I. Drohende Gefahr durch Amsel
„gierig suchend" – Adjektiv und Partizip Präsens – sehr gutes Mittel der Veranschaulichung

Erbarmungslos zog ihn die Amsel aus seiner gemütlichen Behausung. „Warum habe ich nicht aufgepasst? Ich habe mir mein eigenes Todesurteil unterschrieben! Ich Dödel. Jetzt ist es vorbei mit dir, du dummer Rudi!", beschimpfte er sich selbst. Er drehte und wendete sich, zappelte mit dem ganzen Körper, umsonst. Die Amsel

II. Amsel fängt Rudi
Wörtliche Rede
Spannungssteigerung: Reihung von Verben mit Steigerung (drehen, winden, zappeln)

hielt ihn wie in einer eisernen Zange. So ergab er sich seinem Schicksal.	Vergleich (wie in einer eisernen Zange)
Rudi fühlte sich ziemlich elend bei dem Gedanken daran, dass er gleich als Jungvogelfutter enden würde. „Lass mich doch in Ruhe, du blöder Vogel! Such dir gefälligst etwas anderes zum Verfüttern!“, japste Rudi mit angstvoller, zittriger Stimme. Er bibberte am ganzen Leib. „Warum ausgerechnet ich?“, fluchte er weiter in sich hinein, „warum gerate immer ich in solche Schwierigkeiten? Hätte es nicht den hässlichen Tausendfüßler neben mir erwischen können? So hilf mir doch! Bitte!“, flehte er innig, in der Hoffnung auf ein Wunder.	Selbstgespräch in wörtlicher Rede zur Verdeutlichung des inneren Erlebens (Gedankenrede wäre auch möglich, dann aber ohne Redeeinführung)
Die Amsel ließ sich von dem Gezappel nicht stören. Was will denn der kleine Schönling? Ein Leckerbissen für meine Kinder! Er soll froh sein, dass er nicht sinnlos zertreten wird. Mit diesen Gedanken hob die Amsel erfreut ab und segelte auf ihr Nest zu.	Perspektivenwechsel zur Amsel mit Gedankenrede
Rudi erstarrte wieder und hing schlaff links und rechts vom Schnabel herunter, während ihm der Wind heftig zusetzte. Als er dann noch freudiges Vogelgezwitscher vernahm, wusste er: Das Ende war nahe. Rudi wurde es langsam, ganz langsam, schwarz vor Augen. Er würde als Nahrung für ein paar Vögel sterben. Ein solches Ende hatte er, Rudi mit den dunklen Augen und dem wundervollen rosenroten Körper mit den 16 zierlichen Warzenfüßchen, nicht verdient.	III. Flug zum Amselnest Wieder Blickwinkel Rudis Treffende Verben und Adjektive Sinnliche Wahrnehmung: Hören Neuer Blickwinkel: Erzähler nimmt Anteil an Rudi
Da drang durch das Gezwitscher der Amseljungen noch ein zweites Geräusch bis zu ihm, ein Grunzen und Röcheln. Jetzt schlug er doch seine Augen wieder auf und sah sich um. Direkt vor sich erblickte er das Nest, aus dem die weit aufgerissenen Schnäbel der Amselkinder hervorlugten. Gleich würde er im Schnabel eines Jungvogels landen! Flupp!	Hörerlebnis als Reihung von Nomen

Doch dann öffnet sich der Schnabel der Amsel kurz vor dem Nest und Rudi wirbelt durch die Luft. „Ein Wunder! Ein Wunder! Ich bin nicht gefressen worden!“, ruft Rudi völlig erleichtert und krümmt sich vor Freude. Er fliegt wie eine Feder durch die Luft und vergisst, dass er eben noch seinen Tod erwartet hat.

IV. Höhepunkt: die zufällige Rettung
Erzählpräsens; wörtliche Rede; stimmungshaltige Redeeinführung; Vergleich

Was könnte den Vogel eigentlich so erschreckt haben, dass er mich hat fallen lassen, wundert er sich. Doch eine Sekunde später weiß er die Antwort. Alles um ihn herum ist mit einem Schlag stockdunkel und ziemlich feucht. Ist er doch verloren? Er droht abzurutschen und kann sich gerade noch an etwas Kegelförmiges klammern. Ein starker Wind kommt von unten auf und ... Puff! Zusammen mit einer flüssigen Substanz fliegt er nach außen und landet im Gras.

Gedankenrede
Gute Beschreibung
Treffende Verben und Adjektive

Er war in den Mund des mit offenem Mund schnarchenden Nick gefallen, der unter einem Baum auf einer Parkbank saß und ihn nun angewidert wieder ausspuckte.

Rückkehr zum Präteritum im Schluss der Erzählung

Nach der unerwarteten zweiten Rettung krümmte sich Rudi kurz und krabbelte, so schnell es seine kleinen Warzenfüßchen zuließen, auf den nächsten Baum und wickelte sich erleichtert schnell in ein Blatt.

C. Ausklang
Rückkehr in die ausgeglichene Anfangsstimmung

Freier Aufsatz: Heimweg im Dunkeln

Musteraufsatz

Nur noch die Schlussleuchten des letzten Busses nach Hause bekam ich zu Gesicht, als ich meinen Spurt keuchend einige Meter vor der Bushaltestelle aufgab. Verflixt! Warum hatte ich mich nach dem Training auch noch so ewig verquatschen müssen? Meine Mutter würde sich bedanken, dass sie mich jetzt abholen musste.

A. Zügiger Beginn
I. Ausgestaltung des Gefühls „verzweifelt“
Umsetzung der Gefühle in Gedanken, Handlungen und Sinneseindrücke

Generervt zog ich mein Handy aus der Tasche, aber das Display blieb schwarz. Jetzt war auch noch der Akku leer und weit und breit keine Telefonzelle in Sicht. Mir blieb nichts anderes übrig, als den Weg nach Hause zu Fuß anzutreten. Zu allem Überfluss dämmerte es an diesem Septemberabend bereits. Bald würde es stockfinster sein.

Kurzbeschreibungen der Umgebung

Ich-Erzähler – besonders für schildernde Aufsätze geeignet

Vom Stadtrand bis zu unserem Dorf waren es etwa zwei Kilometer. Weil mir der Weg über die Landstraße zu weit war, entschied ich mich für eine Abkürzung, die zwischen den Wiesen entlang und durch ein kleines Wäldchen führte, das sich schemenhaft vor mir abzeichnete und das in den nebligen Wiesen zu schwimmen schien.

B. Heimweg im Dunkeln
I. Aufbruch
Naturbeschreibung zur Dehnung der Erzählung; dadurch Erhöhung der Spannung

Schon bei den ersten Schritten auf dem unbeleuchteten Feldweg landete ich mitten in einer

II. Der Weg zum Wald
Genaue Beschreibung

Pfütze und spürte sofort, wie kaltes Schlammwasser in meine Turnschuhe drang. Laut fluchend stolperte ich weiter. Ich hätte vor Wut platzen können. Und diese blöde Sporttasche war so schwer, dass mir der Tragriemen die Finger einschnitt. Meine durchgeweichten Schuhe gaben bei jedem Schritt ein quatschendes Geräusch von sich. Allmählich begann ich zu frösteln. Bloß noch wenige Meter, dann hatte ich das Wäldchen erreicht. Der Eingang gähnte mir dunkel wie ein Höhlenschlund entgegen.	aller Empfindungen (Fühlen, hören, sehen; Leiden durch die Last der Sporttasche, nasse Schuhe, Kälte) verdeutlicht inneres Erleben Personifizierung: Eingang gähnt
Plötzlich waren meine Füße schwer wie Blei und ich konnte keinen Schritt mehr tun. Schreckensbilder drängten sich in meinen Kopf. Wurde in „Aktenzeichen XY" nicht erst von einem Jungen berichtet, der in einem Wald spurlos verschwunden war? Ich spürte, wie sich meine Nackenhaare sträubten und presste meine Sporttasche mit beiden Armen an mich. Doch ich hatte keine Wahl, und so gab ich mir einen Ruck und lief weiter.	III. Panik Vergleich (schwer wie Blei) Angstvorstellungen: innere Bilder und körperliche Reaktionen
Den Weg war ich tagsüber schon oft gelaufen, aber jetzt war alles anders. Nie war mir aufgefallen, wie still es hier im Unterholz war. Totenstill. Wenn ich jetzt wenigstens meinen MP-3-Player dabei hätte, dann wäre die Stille nicht so laut. Um mich abzulenken, summte ich mein aktuelles Lieblingslied vor mich hin – „54-74-90-2010", ein richtiger Ohrwurm.	Dehnung der Erzählung
Trotzdem glaubte ich plötzlich einige Meter links von mir deutlich Schritte zu hören. Ein Verfolger! Ich blieb stehen. Nichts – jetzt wartete auch er ab. Angestrengt starrte ich in die Finsternis. Die neblige Luft schien mit kalten Fingern nach mir zu greifen und mir die Kehle zuzuschnüren. Sekunden vergingen oder auch	IV. Höhepunkt Höreindruck Angst Gefühle Naturbeschreibung

Minuten. Ich hatte jedes Zeitgefühl verloren. Nichts rührte sich.	
„Du alter Schisser!“, sagte ich schließlich laut zu mir selbst und ging energisch weiter. Nichts war zu hören, keine Schritte mehr. Nur das	Kurze Beruhigung
Knacken von Zweigen unter meinen eigenen Sohlen drang an mein Ohr. Doch da! Auf einmal spürte ich eine Berührung an meiner linken Schulter. Mein Magen zog sich zusammen und ich spurtete los, so schnell ich konnte. Hinter mir raschelte es. Jetzt nur nicht stolpern!	Rückkehr der Angst Wiederholung der vorherigen Situation mit Beschreibung der körperlichen Reaktionen und Gedanken
Erst vor unserer Gartentür hielt ich heftig schnaufend wieder an. Noch nie im Leben war ich so froh gewesen, die erleuchteten Fenster unseres Hauses zu sehen.	
Meine Mutter wartete schon in der offenen Haustür und rief mir entgegen: „Endlich! Wo warst du denn so lange? Ich wollte grade los und dich suchen!“ Wortlos vor Erschöpfung ließ ich mich im Flur auf die Bank fallen. Meine kleine Schwester fragte: „Hast du den Bus verpasst?“ Dabei zupfte sie mir ein Blatt von der linken Schulter.	C. Knapper Schluss Wörtliche Rede Knappe Beschreibung des Zustandes Auflösung des Schreckmomentes

1.4 Erzählen nach literarischen Vorbildern

Die Vielfalt literarischer Erzählformen ist enorm und kann hier gar nicht vollständig erfasst werden. Ein Weg, beim Schreiben in literarische Erzählweisen einzudringen, besteht darin, den Stil großer Erzähler nachzuahmen. In der Unterstufe galt dies für Eulenspiegelgeschichten, Fabeln und Münchhausengeschichten. In der Mittelstufe stehen eher ernsthafte Kurzerzählungen im Mittelpunkt.

1.4.1 Kalendergeschichte

Die Kalendergeschichten von Johann Peter Hebel (1760–1826) gelten mit Recht als die Vorläufer der modernen Kurzgeschichte, auch wenn sie nur einen Teil der kennzeichnenden Elemente enthalten:

Sie haben einen **wahren Kern** oder erzählen von einer Begebenheit, die wahr sein könnte.

Sie sind **kurz** und sprachlich sehr **schlicht** gehalten.

Die Helden stammen aus dem **Bürgertum**, sie sind **Handwerker** oder **Bauern**.

Die Kalendergeschichte endet mit einer **Lehre**.

Wenn du nach dem Prinzip der Kalendergeschichte schreiben möchtest, dann sollte deine Erzählung einen wahren Kern und eine moralische Botschaft haben. Beachte den prinzipiell einfachen Aufbau und die einfache Sprache. Das Altertümelnde in Hebels Sprache musst du nicht nachahmen, aber du kannst es tun; dies wäre ein stilistischer Kunstkniff. Ideen für eine derartig pointierte Erzählung musst du allerdings selbst finden.

Wir kommentieren ein literarisches Vorbild, das damit selbst zum Musteraufsatz wird. (Wir verwenden den Originaltext; Zeichensetzung und manche Schreibweisen entsprechen nicht unseren heutigen Regeln.)

Der listige Steiermärker (Johann Peter Hebel)

Lesetext

In Steiermark, ein wenig abhanden von der Straße, dachte ein reicher Bauer im letzten Krieg: Wie fang' ich's an, dass ich meine Kronentaler und meine Dukätlein rette in dieser bösen Zeit? Die Kaiserin Maria Theresia ist mir noch so lieb, tröst' sie Gott, und der Kaiser Joseph, tröst' ihn Gott, und der Kaiser Franz, Gott schenk' ihm Leben und Gesundheit. Und wenn man meint, man habe die lieben Herrschaften noch so gut verborgen und geflüchtet, so riecht sie der Feind, sobald er die Nase ins Dorf streckt, und führt sie in die Gefangenschaft ins Lothringen oder in die Champagne, dass einem armen Untertanen das Herz dabei bluten möchte vor Patriotismus.

A. Klassische Einleitung: Ort, Zeit, Hauptperson, zentrales Problem: Rettung des Barvermögens in Kriegsnot
Gedankenrede – Klage über die allgemeine Bedrohung des Besitzes durch feindliche Soldaten

„Jetzt weiß ich", sagte er, „wie ich's anfange", und trug das Geld bei dunkler, blinder Nacht in den Krautgarten. „Das Siebengestirn verratet mich nicht", sagte er.

B. Einleitung der eigentlichen Handlung; wörtliche Rede:
I. Hier Ankündigung seiner Idee
Redeeinführungen sehr schlicht

Im Krautgarten legte er das Geld geradezu zwischen die Gelveieleinstöcke und die spanischen Wicken. Nebendran grub er ein Loch in das Weglein zwischen den Beeten und warf allen Grund daraus auf das Geld und zertrat rings herum die schönen Blumenstöcke und das Mangoldkraut, wie einer, der Sauerkraut einstampft.

II. Vorbereitungen: genaue Beschreibung des Kräuterbeetes; exakter botanischer Name (Gelveieleinstöcke = Goldlack)
Vergleich
Trick des Bauern wird nur geschildert, nicht erklärt

Am Montag drauf streiften schon die Chasseurs im ganzen Revier, und am Donnerstag kam eine Partie ins Dorf, frisch auf die Mühle zu, und aus der Mühle mit weißen Ellenbogen zu unserm Bauern: und „Geld her, Buur", rief ihm ein Sundgauer mit blankem Säbel entgegen, „oder bet' dein letztes Vaterunser." Der Bauer sagte, sie möchten nehmen, was sie in Gottes Namen noch finden. Er habe nichts mehr, es sei gestern und vorgestern schon alles in Rapuse gegangen. „Vor euch kann man etwas verbergen", sagt er, „ihr seid die Rechten."	III. Misslungener Raubversuch durch fremde Soldaten 1. Erste Bedrohung Dialog Soldaten und Bauer
Als sie nichts fanden außer ein paar Kupferkreuzer und einen vergoldeten Sechser mit dem Bildnis der Kaiserin Maria Theresia und ein Ringlein dran zum Anhängen, sagte der Sundgauer: „Buur, du hast dein Geld verlochet; auf der Stelle zeig', wo du dein Geld verlocht hast, oder du gehst ohne dein letztes Vaterunser aus der Welt."	2. Zweite Bedrohung Wörtliche Rede
„Auf der Stelle kann ich's euch nicht zeigen", sagte der Bauer, „so sauer mich der Gang ankommt, sondern ihr müsst mit mir in den Krautgarten gehen. Dort will ich euch zeigen, wo ich es verborgen hatte, und wie es mir ergangen ist. Der Herr Feind ist schon gestern und vorgestern da gewesen und haben's gefunden und alles geholt."	IV. Höhepunkt und Lösung Wörtliche Rede – die Lüge des Bauern
Die Chasseure nahmen den Augenschein im Garten ein, fanden alles, wie es der Mann angegeben hatte, und keiner dachte daran, dass das Geld unter dem Grundhaufen liegt, sondern jeder schaute in das leere Loch und dachte: wär' ich nur früher gekommen.	Beschreibung des vergeblichen Suchens – Gedankenrede vertieft den Eindruck
„Und hätten sie nur die schönen Gelveieleinstöcke und den Goldlack nicht so verderbt", sagte der Bauer, und so hinterging er diese und alle, die noch nachkamen, und hat auf diese Art das	C. Deutliche Lehre Rettung vor Mächtigen oder Überlegenen durch Witz und Einfallsreichtum

ganze erzherzogliche Haus, den Kaiser Franz, den Kaiser Joseph, die Kaiserin Maria Theresia und den allerhöchstseligen Herrn Leopold den Ersten gerettet und glücklich im Land behalten.

Schülerbeispiel: Der tapfere Timo

Musteraufsatz

An den Schulen geht es nicht immer zimperlich zu. Timo, der Kleinste aus der 5. Klasse, ärgerte sich oft. Seine Klassenkameraden riefen: „Da kommt der kleine Timo, unser Winzling." Die Lehrer schauten ihn verwundert an und fragten: „Was machst du denn schon am Gymnasium?" Am schlimmsten aber waren die älteren Jungen aus der 6a. Sie ärgerten ihn und bildeten einen Kreis um ihn, so dass er nicht weglaufen konnte. Auf dem Nachhauseweg stellten sie ihm ein Bein oder hänselten ihn.

A. Vorstellung der Hauptperson und Einführung in das Grundproblem, das gelöst werden muss: die Außenseiterrolle des Helden
Ausführliche Beschreibung des Verhaltens der anderen gegenüber Timo

Als der erste Schnee fiel und alle Kinder sich freuten, brach für Timo eine ganz schreckliche Zeit an. Jetzt seiften ihn die Älteren mit Schnee ein oder bewarfen ihn mit Schneebällen. Oft kam er nass und tränenüberströmt nach Hause. Seine Mutter tröstete ihn. Nach dem Mittagessen vertiefte er sich gerne in seine Lieblingsbücher. Ganz besonders interessierten ihn Tiergeschichten. Er musste doch lachen, als er las, dass Elefanten vor Mäusen Angst haben. Recht glauben konnte er das nicht. In seinem dicken Lieblingsbuch entdeckte er die Geschichte vom wütenden Mäuserich. Der lief vor der Katze nicht davon, sondern drehte sich um, richtete sich auf und griff die viel größere Katze an, die darüber so erschrak, dass sie von ihm abließ.

B. Beginn der eigentlichen Erzählung

I. Die besondere Idee
Verdeckte Hinfuhrung zur Moral der Geschichte
Andeutung der Lösung von Timos Problem

Jetzt weiß ich, wie ich es anfange, dass mich die Großen nicht mehr ärgern, dachte er sich.

II. Entwicklung der Handlung angedeutet, ohne zu verraten, was Timo vorhat

III. Ausgangssituation

Der nächste Schultag verlief wieder ganz normal. Die Kinder blickten staunend und erfreut aus dem Fenster, denn es schneite heftig. Seine Klassenkameraden ließen ihn in Ruhe. Aber noch war die Schule nicht aus.

IV. Vorbereitende Handlung in Richtung Höhepunkt

Bei Schulschluss liefen alle johlend nach draußen, denn natürlich war eine Schneeballschlacht angesagt, obgleich dies ja eigentlich in der Schule verboten ist.

Timo druckste ein wenig herum, ging noch einmal ins Sekretariat, blickte aus dem Fenster, und als er sah, dass sich der Schulhof schon fast geleert hatte, machte er sich auf den Heimweg. „Hoffentlich lauern mir die vier von der 6. Klasse nicht auf“, murmelte er etwas ängstlich vor sich hin. Er zog seine Pudelmütze tief in die Stirn, schloss seine Jacke und marschierte los.

Dehnung der Erzählung zur Spannungssteigerung

V. Höhepunkt

1. Wiederholung der Ausgangssituation wie in A

Kaum hatte er die Schule hinter sich, sah er sie schon. Sie hatten in einer Seitengasse versteckt auf ihn gewartet und näherten sich ihm höhnisch lachend von hinten. Jeder der vier Jungen hatte zwei Schneebälle in den Händen.

Schon flog der erste knapp an seinem Kopf vorbei. Der zweite traf den Schulranzen.

Timo wollte erst davonlaufen, denn gegen die vier älteren Jungen hatte er keine Chance.

2. Eigentlicher Höhepunkt: Umsetzen der Idee

Da drehte er sich plötzlich um und rannte den vier Jungen entschlossen entgegen. Die waren so erstaunt, dass sie die zum Wurf erhobenen Hände sinken ließen. Timo lief direkt auf die verdatterten Sechstklässler zu, schaute ihnen in die Augen und schrie sie an: „Ihr seid richtige Feiglinge. Vier gegen einen und noch dazu gegen einen so kleinen wie mich!“

C. Schluss

1. Idee funktioniert

2. Moral

Dann drehte er sich um und ging unbehelligt nach Hause. Das hatte er nun verstanden: Nicht die anderen waren bisher zu stark gewesen, sondern er zu schwach und zu ängstlich.

Schreibst du eine Erzählung in der Art einer Kalendergeschichte, solltest du beim Entwickeln der Handlung vom Höhepunkt ausgehen, der **Moral**, auf die die Geschichte zuläuft und die durch die Geschichte ausgedrückt werden soll.
Als Erzählideen bieten sich Sprichwörter an, aber auch Erkenntnisse aus dem Verhalten der Menschen, so wie in dieser Erzählung.

1.4.2 Erzählung

Die vorangegangenen Beispiele verdeutlichen, dass das Erzählen in großer Vielfalt möglich ist. So gibt es im kreativen Bereich keine Begrenzungen, was Aufbau, Inhalt und sprachliche Gestaltung angeht.
Der Stoff vieler Erzählungen sind unvergessliche Erlebnisse aus dem eigenen Leben. Wer etwas nachdenkt, findet sicher viele kuriose Ereignisse, die sich im Kindergarten, in der Schule, bei Kommunion, Konfirmation oder anderen Familienfesten abgespielt haben. Als literarisches Beispiel sei hier eine Erzählung von Jürgen Hein hinzugefügt. Wieder kommentieren wir sie als Musteraufsatz.

Info

Heiraten verbindet auf ewig (Jürgen Hein)

Lesetext

Heiraten verbindet auf ewig	Überschrift etwas verrätselt – Hinweis auf die Hauptthematik
Im Alter von zwölf Jahren heiratete ich. Das kam damals für mich vollkommen überraschend. Und es war wohl so eine Art Muss-Ehe, denn es war nicht mal meine Idee gewesen.	Ungewöhnlicher Einstieg – Rückblick
Wir hatten Konfirmationsunterricht. Damals wurde dieses kirchliche Lernen noch getrennt in Jungen- und Mädchengruppen vorgenommen. Warum dies so war, weiß wohl nur der liebe Gott allein.	Erzählrahmen, der zur eigentlichen Erzählung führt
Jedenfalls saßen wir pubertierenden Knaben an jenem Nachmittag artig bei Herrn Pfarrer Wunderlich, der wie immer diese Bildungsstunden abhielt, und lauschten aufmerksam seinen Worten.	Ironisch kommentierender Beginn Knappe Vorstellung der Hauptpersonen – Namenssymbolik witzig, aber nicht verletzend
Nun, zugegeben, das Thema Heiraten war für uns zwar noch in weiter Ferne, aber es war bestimmt gut, wenn man auf diesen Tag vorbereitet war. Also lauschten alle, was uns Hochwürden über den kirchlichen Trauungsakt zu berichten wusste.	Auktoriale Erzählweise, gemischt mit berichtenden Passagen
Aber weil Theorie und Praxis im Leben eben zweierlei Paar Schuhe sind, machte unser Gottesmann den Vorschlag, das Hochzeitsprozedere in einem Laienspiel nachzustellen, damit wir es auch richtig verstehen.	Beginn der Haupthandlung: Ungewöhnliches Ereignis
Dieser Vorschlag schlug bei uns ein wie die sprichwörtliche Bombe. Unsere Augen glänzten wie die hellsten Sterne und unsere Herzen schlugen so laut, dass man sie noch im Nebenraum, in dem die Mädels saßen, hätte hören können.	Leicht übertriebene Darstellung der Emotionen durch Vergleich und Konsekutivsatz

Auch bei mir stieg plötzlich die Frequenzzahl meiner Blutpumpe um ein Vielfaches an. Insgeheim sah ich mich schon mit meiner Herzallerliebsten, sie im strahlend weißen Kleid und ich im schwarzen Frack, Arm in Arm zum Traualtar schreiten, wo wir uns vor höchster Stelle das Jawort geben konnten.

Gedankenrede – Vision zur Einleitung des Gegensatzes von Traum und Wirklichkeit

Aber leider kam alles ganz anders.

Rhetorisch: Antithese

Denn unser guter Pfarrer Wunderlich ahnte nichts von unseren geheimen Wünschen und schritt daher nur mit uns Jungen in das Kirchenschiff. Wie versteinert standen wir nun vor dem Altar und wussten nicht so recht, was nun geschehen sollte.

Steigerung: Unwissen über das eigentliche Vorhaben des Pfarrers

Aber der listige Kirchenmann wusste genau, was er tat. „Also", so sprach er, „jeder sucht sich einen Partner und dann stellt ihr euch hintereinander auf."

Wie, dachte ich. Soll ich jetzt etwa einen Mann heiraten? Das geht doch nicht. Das ist doch verboten, oder? Aber nun war alles zu spät und wir mussten gute Miene zum bösen Spiel machen. Was blieb mir anderes übrig, als mir meinen besten Freund Henry zu schnappen und mit ihm vor den Traualtar zu treten. Besser der als der fette Olaf, dachte ich mir.

Nächster Erzählschritt: Das tatsächliche Ereignis
Schöner Kontrast zwischen wörtlicher Rede und Reaktion als Gedankenrede

Also trat ein Paar nach dem anderen vor den Kirchenchef und wurde so, wie es auch in Wirklichkeit bei einer Trauung abläuft, verheiratet.

Zeitraffung

Endlich standen auch Henry und ich vor dem Gottesmann und lauschten seinen einfühlsamen Worten. „Wollt ihr den Bund fürs Leben schließen, euch Treue schwören und euch lieben, bis dass der Tod euch scheidet, so antwortet mit Ja." Was blieb uns anderes übrig, als mit mehr oder weniger schmachtenden Worten „Ja" zu sagen. Aber verliebt angeschaut haben wir uns

1. Höhepunkt: Die eigentliche Trauung
Wirklichkeitsnähe durch Übernahme der Trauungsformel in direkter Rede

trotzdem nicht. Und somit erklärte uns der Herr Pfarrer nunmehr zum angetrauten Paar – es fehlten nur noch die Kirchenglocken. Ach, was war diese Hochzeit romantisch. Gott sei Dank hatte der gute Mann auf den Satz „Sie dürfen die Braut nun küssen" verzichtet, was uns beiden Jungvermählten auch sehr recht war. Trotzdem beschlich mich irgendwie schon ein komisches Gefühl, dass ich nun mit meinem Busenkumpel verheiratet war.

Auktorialer Kommentar

Was wir Jungen nicht wussten, war, dass sich draußen vor der Kirche die Mädels postiert hatten und einen Gratulationsempfang mit Blumen und Reiskörnern boten, die sie über uns warfen. Das sollte heißen, dass sie uns viele Kinder wünschten, hatte uns Herr Wunderlich vorher diesen Brauch erklärt. Henry und ich viele Kinder? Die Mädchen hatten auch Apfelsaft dabei, um auf die kollektive Gemeinde der jungen Matrosen, die in den Hafen der Ehe eingelaufen waren, anzustoßen. Auch ein echter Fotograf war anwesend, um diesen recht ungewöhnlichen Tag im Bild festzuhalten. Na, da kam vielleicht Freude auf.

Handlung fließt weiter
Kuriose Steigerung durch Hochzeitbräuche

Den zweiten Schlag versetzte mir meine Angebetete, als sie mir höflich zu meinem angetrauten Lebenspartner gratulierte. Ich hätte im Erdboden versinken können. Auch Henrys Schwarm kam und beglückwünschte uns mit einer freundlichen Geste. Nun wusste ich – aus der Traum von der Hochzeit mit meiner Süßen. Du hast nun eben Henry.

2. Höhepunkt: Rückkehr in die Wirklichkeit – Gratulation von der angebeteten Klassenkameradin

Humor durch scheinbares inneres Ernstnehmen der Situation

Am Abend saß ich wie immer mit meinen Eltern beim Abendbrot. Interessiert erkundigten sie sich nach der heutigen Unterrichtsstunde in der Kirche.

„Ich habe geheiratet", waren meine unbedachten Worte.

Ergänzende Überhöhung des Gegensatzes zwischen Spiel und Wirklichkeit: Reaktion der Eltern

Meine Eltern blickten einander an und waren etwas irritiert.
„Wie, du hast geheiratet?“, fragte meine Mutter mit leicht besorgter Stimme.
„Na, im Konfirmandenunterricht“, war meine Antwort. Mein Vater, den eigentlich nichts so schnell erschüttern konnte, legte vorsichtig das Besteck zur Seite, neigte sein Haupt und lauschte weiter meinen Ausführungen. „Und wen hast du geheiratet? Die kleine Schwarzhaarige oder etwa die Tochter unseres Nachbarn?“, fragte er fürsorglich. Woher wusste er das von meiner schwarzhaarigen Angebeteten?
„Nö“, entgegnete ich leichthin. „Meinen Henni“, stieß ich ohne Nachzudenken in den Raum.
Den entsetzten Blick meiner Eltern habe ich noch bis heute im Gedächtnis. Mit weit geöffnetem Mund und großen Augen sahen die beiden mich an, als ob ich ein Geist wäre. Henry kannten sie nämlich sehr gut. War er doch fast die Hälfte des Jahres bei uns, davon bestimmt tausend Mal auch über Nacht. Meine Mutter liebte ihn wie ihren eigenen Sohn, also mich, und mein Vater mochte ihn ebenfalls, weil er immer fröhlich und ständig zu Späßen aufgelegt war...

Lebendigkeit und Wirklichkeitsnähe wieder durch wörtliche Rede: Wiedergabe des tatsächlichen Dialogs

3. Höhepunkt: Entsetzen der Eltern

Nach etwa zwei Minuten sagte Vater mit beruhigender Stimme: „Naja, wenn’s dich glücklich macht, meinen Segen hast du auch.“ Mutter grummelte „Ich habe gar nicht gewusst, dass du auf einer anderen Wellenlänge schwimmst“ in ihren nicht vorhandenen Bart.
„Wie“, fragte ich“, „wie meinst du denn das, Mama? Das war doch nur Theaterspielen, damit wir mal wissen, wie so eine Hochzeit abgeht“, gab ich als entschuldigende Erklärung ab.

Eltern spielen das Spiel mit und nehmen das Fiktive scheinbar ernst

Ausführlicher Schluss: Auflösung aller Missverständnisse

„Ach so“, antwortete Mutter. „Schade eigentlich, ich dachte schon, es gäbe wieder mal etwas zu feiern.“

Noch heute verbindet mich mit Henry eine gute Freundschaft. Mindestens einmal im Jahr, immer im Juni zu unserem Hochzeitstag, telefonieren wir lange miteinander und erinnern uns an unsere gemeinsame Jugendzeit, in der unsere Freundinnen öfters wechselten. Aber mein Henry ist mir geblieben.

Schließen des Erzählrahmens
Vertiefung der Eingangsidee: Jugenderlebnisse besiegeln Freundschaften fürs Leben
Somit auch stimmige Überschrift

1.4.3 Kurzgeschichte

Kurzgeschichten in der klassischen Form kannst du mit etwas Überlegung gut selbst schreiben. Beachte folgende Merkmale, auch beim Lesen von Kurzgeschichten:

Einstieg

Die Kurzgeschichte beginnt ohne Umschweife **unmittelbar** und beantwortet in der Einleitung die Fragen nach den Personen, dem Ort und der Zeit nur teilweise. Selbst der zentrale Gegenstand der Erzählung bleibt oft zunächst verschlossen. Diese Informationen musst du im Laufe der Kurzgeschichte an geeigneter Stelle nachtragen. Die Einleitung ist dann gut, wenn sie den Leser gleich in das Geschehen hineinzieht.

Handlung

Info

Die Handlung selbst stammt aus dem **Alltag**. Allerdings soll sie einen inneren oder äußeren Konflikt enthalten oder einen wichtigen Einschnitt oder eine Wende im Leben des Helden beschreiben. Der Konflikt kann sich vorwiegend innerlich abspielen, aber auch eine spannende äußere Handlung gefällt dem Leser. Im Gegensatz zur Erzählung spielt der strenge Bezug zur Realität eine zentrale Rolle.

Personen

Du wählst als Helden eine ganz alltägliche, durchschnittliche Person, deren Charakter du nur skizzierst oder typisierst. Das heißt, du gibst deiner Personen nur einen **Haupt-Charakterzug**. Dieser Charakter erschließt sich indirekt aus dem Handeln und Verhalten der Person.

Erzählzeit

Die erzählte Zeit umfasst oft nur eine **kurze Episode**, die vielleicht ein paar Stunden andauert. Entsprechend kurz ist die Lesezeit. Ursprünglich kommt die Kurzgeschichte aus Amerika und sollte während einer U-Bahnfahrt gelesen werden können. Als Faustregel für die Länge gelten 1000 Wörter.

Zeitraffendes und auch zeitdeckendes Erzählen – vor allem in den Dialogen – tragen zur Dynamik bei. Rückblenden und Gedankenströme, also Elemente der Zeitdehnung, sollten dagegen eher sparsam verwendet werden.

Erzählperspektive

Die häufigste Erzählperspektive ist die des **Ich-Erzählers**, der mit dem eingeschränkten Wissen, das er hat, dem Leser seine Geschichte erzählt.

Es gibt auch die filmische Technik, wonach der Erzähler den objektiven Beobachter spielt und die Handlung wie vor einer Kamera in einzelnen Bildern schildert.

Schluss

Der Schluss der Kurzgeschichte bleibt **offen**, die Handlung bricht ab. Dies kann ein völlig offener Schluss sein ohne irgendeinen Hinweis auf den Ausgang; beim halboffenen Schluss gibt es Hinweise auf einen wahrscheinlichen Ausgang, ohne dass dieser erzählt wird.

Keine offenkundige Moral

Eine Kurzgeschichte erzählt nur von dem Geschehen, ohne eine Bewertung oder Interpretation oder gar eine Moral mitzuliefern. Sie gibt **keine Lösung** vor. Der Leser ist gezwungen, sich über den Sinn der Geschichte selbst Gedanken zu machen und ihren Inhalt zu bewerten. Die Erkenntnisse der Leser können daher höchst unterschiedlich sein.

Sprache

Sprachlich ist die Kurzgeschichte eher **schlicht** und alltäglich gestaltet. Besondere Stilfiguren wie Metaphern, Vergleiche, Personifizierungen oder Anaphern gewinnen in diesem schlicht gehaltenen sprachlichen Umfeld eine starke Bedeutung und sind daher behutsam zu wählen. Auch Wortwahl und Satzbau der Kurzgeschichte bleiben eher einfach.

Beispiele für klassische Kurzgeschichten findest du im Kapitel 5: „Damals in Odessa" von Heinrich Böll (S. 187) und „Die drei dunklen Könige" von Wolfgang Borchert (S. 163).

Die folgende Erzählung entstand im Rahmen eines Pluskurses Deutsch am Gymnasium. Die Schülerin besuchte die 9. Klasse.

Alter Mann (Irina Bondas)

Muster-aufsatz

Er lehnt sich an die Hauswand und ich habe ihn von weitem stolpern sehen. Jetzt müsste ich nach rechts abbiegen. Ich fahre weiter geradeaus.	Abrupter Einstieg Knappe Handlungseinleitung
„Kann ich Ihnen helfen?"	
Anscheinend sagt er ja, ich soll ihn zu seiner Rechten stützen, dann weist er mich nach links.	Entwicklung des Charakters
Alles um ihn riecht nach Alkohol. Er fängt gleich an zu erzählen. Ich verstehe nur die Hälfte, stütze ihn beim Gehen.	Alkoholprobleme
„An der Tankstelle, das Bier ... eine Mark fünfzig ... nein ... ich geh jetzt nirgendwo mehr hin ... meine Frau ist vor sieben Jahren gestorben, bin jetzt 70. Die hat in unserer Hochzeitsnacht entbunden ... entbunden, in unserer Hochzeitsnacht. Ich hab nicht viele Kinder ... fünf Buben ... sechs Buben ... vor vier Tagen war mein Geburtstag ... am 14. November ... bin an einem Freitag geboren."	Mitteilungsbedürfnis Familie des alten Mannes
Es ist Freitag, der 15. November.	

„Hast mich? Meine Frau wurde an meinem Geburtstag begraben ... vor sieben Jahren ... am 2. November ... bin an einem Freitag geboren ... denkst, dass die mich besuchen? Niemals. Hab ein großes Haus und wohne ganz alleine ... mein eigener Hund hat mich angegriffen ... ein Dobermann ... war dieses Jahr schon zehn Mal im Krankenhaus ... war mein Fehler ... hat der Arzt gesagt ... Schwimmbad ... weißt du? Ich geb dir schon was, keine Angst, dauert nicht mehr lang ... alle im Schwimmbecken ... Weiber im Schwimmanzug ... wollt ich nicht rein ... war mein Fehler. Hab ein großes Haus und wohn ganz allein. Ganz allein ... hatte mal einen Hund ... ich komm rein ... angesprungen ... mein eigener Hund ... Rippen gebrochen ... der Hund musste weg ... ein Dobermann war das."

Leichte zeitliche Orientierungslosigkeit

Einsamkeit

Krankheit

Leiden

Sein eigener Hund.

Jetzt geht's aufwärts ...

Er fällt fast nach hinten.

„Hätt nichts trinken sollen ... das war mein Fehler ... hast mich? Trink kein Schnaps und nichts ... hab dort zwei Bier gesoffen ... und noch zwei Zuhause. Das war mein Fehler ... früher ... FC Nürnberg ... da hab ich gespielt, weil ich in Nürnberg gearbeitet habe ... ich war nicht lange verheiratet ... 40 Jahre ... meine Frau ist vor sieben Jahren gestorben ... wir sind gleich da, um die Kurve ... ich geb dir schon was ... da kannst du mein Haus sehen. Ein großes Haus ... ganz allein ... hast mich? Nur noch um die Ecke ... hab vier Fernseher ... 85er ... ganz große ... vier ... für Kassetten ... Kellnerin ... sagt zu mir: Schorsch ... ich brauch Geld ... Der Mann gibt ihr nichts ... Kassetten eingesteckt ... drei Fern-

Weitere biografische Bruchstücke

Handlungsfortgang

Haus und gegenwärtiger Alltag

seher ... ganz große ... einer zum Mitnehmen ... vom Krankenhaus ... teuer..."

Wir biegen um die Ecke.

Handlungsfortgang

„Da ... gleich nach der Ecke ..."

„... wieder ..."
„Was denkst du, was ich für eine Rente kriege ... als Dachdecker ... einziger Spezialist."

Beruf

Ich weiß es nicht, anscheinend viel.

Ganz allein wohnt er in seinem riesigen Haus mit einem Felsenkeller. Früher hat sein Sohn dort Geburtstag gefeiert. Jetzt steht der Keller leer und keiner seiner Söhne kümmert sich um ihn. Nur diese Kellnerin, die ihn nicht einmal gekannt hat, übernachtete bei ihm. Er gab ihr Geld, denn von ihrem Mann bekam sie keins. Sie klaute seine Kassetten – oder war es doch der Kassettenrecorder – und er hatte es gesehen.

Auktorialer Bericht
Zur Verkürzung des Monologs

Bald sind wir da. Dort, wo die Birke steht.

„Ich geb dir schon was, brauchst keine Angst haben ... riesiges Schlafzimmer ... wirst schon sehen."

Vertraulichkeit

Werde ich nicht.

Innere Ablehnung der Ich-Erzählerin

Er gibt mir den Schlüssel, ich öffne die Tür zu einem dunklen Flur. Auf Zementboden liegen lose Holzscheite.

Sobald er reingegangen ist, werde ich von hier so schnell wie möglich verschwinden.

Unangenehmes Gefühl der Erzählerin

Ich werfe einen kurzen Blick auf die Wände. Ein Paar sentimentale Weisheiten in altdeutscher Schrift hängen dort auf Holzplatten, und noch eine Silbertafel mit der Aufschrift „Wir werden unseren lieben Freund Adolf nie vergessen. gest. 1997".	Spießeridyll
Arme Generation.	Kommentar
Auf einmal fällt er nach hinten. Ich muss ihm aufhelfen. Er liegt hilflos auf den Boden, kommt nicht hoch, hat seine Blumen umgeschmissen, als er sich an ihnen hochziehen wollte. Endlich wälzt er sich hoch. Nachdem sein dunkler Flur ihn verschluckt hat, gehe ich so schnell wie möglich weg – nach Hause. Er muss sich	Entkommen
etwas aufgeschlagen haben, als er gestürzt ist, ich habe sein Blut an meinen Händen. Diesmal ich. Und es geht nicht mehr ab, so oft ich sie auch wasche.	Unangenehme Nähe
Ich werde ihn nicht mehr vergessen, ich weiß nicht wieso.	Offener Schluss

Diese Kurzgeschichte gestaltet sich vom Aufbau her entsprechend der Begegnung mit dem alten Mann. Sie ist handlungsarm und beschreibt eigentlich nur den kurzen Weg bis zum Haus des Mannes.
Erzählzeit und erzählte Zeit liegen nahe beieinander. Die Worte des Mannes sprechen für sich und beschreiben wie ein Stenogramm das armselige Leben des einsamen Alten. Die Kommentare der Autorin sind behutsam, aber prägnant.
Der offene Schluss berührt den Leser und eröffnet eine Fülle von Gedanken zur Rolle alter Menschen in unserer Gesellschaft, aber auch zur Hilflosigkeit junger Menschen gegenüber den festgefahrenen Lebensgleisen der Älteren.
Die Autorin nutzt eine große Stärke guter Kurzgeschichten: Die Wirklichkeit bestimmt die Form. Es gibt kein bestimmtes Schema, aber gut ist es, wenn die Wirklichkeit den Aufbau der Kurzgeschichte bestimmt und sich der Erzähler zurücknimmt.

1.5 Freies Schreiben

Freies Schreiben sprengt vorgegebene Schemata und lässt eine Vielfalt von literarischen Formen und Gestaltungsmöglichkeiten zu. Rezepte vorzugeben widerspräche daher dem Prinzip des freien Schreibens. Deshalb wählen wir für diesen Bereich einige literarische Beispiele aus, die du von der Grundidee nachahmen kannst.

1.5.1 Antimärchen

Für eine Fülle kurioser Geschichten hat Paul Maar einen Erzählrahmen erdacht: Der tätowierte Hund begegnet dem Löwen – und der will wissen, was die merkwürdigen Zeichnungen auf der Haut des Hundes zu bedeuten haben. Denn der sieht gar nicht aus wie ein Hund, sondern eher wie ein Ferkel, und seine Haut ist ganz und gar mit seltsamen Zeichnungen oder Mustern bedeckt.
Hinter jeder Tätowierung versteckt sich eine wunderbare Geschichte, die der tätowierte Hund dem König der Tiere, dem Löwen, erzählt; aber auch andere Tiere schleichen sich als aufmerksame Zuhörer herbei.
Wenn du das Buch gelesen hast, fallen dir sicherlich weitere Geschichten ein, die sich hinter den Tätowierungen verbergen könnten.
Der tätowierte Hund erzählt übrigens so schön, dass auch seine Zuhörer angeregt werden und ihrerseits merkwürdige Geschichten erzählen.

In dem Buch „Der tätowierte Hund" erzählt der Löwe das Märchen von Hänsel und Gretel. Du meinst, du kennst es – dieses Märchen kennst du aber nicht. Wir versehen wieder den literarischen Text mit Kommentaren, so dass er als Musteraufsatz zu sehen ist.

Die Geschichte vom bösen Hänsel, der bösen Gretel und der Hexe (Paul Maar)

Lesetext

Es war einmal eine alte Hexe, die hatte ihr ganzes Leben lang gearbeitet, hatte gezaubert vom frühen Morgen bis zum späten Abend, hatte gehext und Zaubersprüche aufgesagt jeden Tag

Traditioneller Erzählanfang

und war nun in das Alter gekommen, wo ihre Zauberkraft nachließ und ihre Kräfte langsam schwanden.

Sie wurde aber nicht böse und giftig darüber wie manche anderen Hexen, wenn sie so alt werden, sondern sagte sich: „Mit meiner Zauberkraft geht es zu Ende. Da will ich mir eine Beschäftigung suchen, damit ich nicht faulenzen muss und auf trübe Gedanken komme. Ich werde mein Haus zum schönsten Hexenhaus weit und breit machen!"

Umkehrung der Hauptfigur des Märchens

Und schon am nächsten Tag begann sie ihr Häuschen aufs Wunderlichste zu schmücken. Auf die Dachziegel legte sie Lebkuchen, die Wände verkleidete sie mit Brot und Kuchen, verziert mit Mandeln und Nüssen, ihre Glasfenster hängte sie aus und hängte neue ein, ganz aus weißem Zucker.

Umdeutung des Hexenhauses

Schönes Hexenhaus als Ausdruck ihrer Freundlichkeit – damit auch indirekte Charakterisierung der freundlichen Hexe

Das dauerte viele Wochen; jeden Tag musste die alte Frau in der Küche stehen und backen. Aber

Ausführliche Beschreibung der Entstehung

sie arbeitete unermüdlich und endlich war das Häuschen fertig.

des Hexenhauses

Da war die Hexe stolz auf ihr Haus! Jeden Abend saß sie auf ihrer Bank neben der Haustür, betrachtete die bunten Mauern, hexte mit ihrer versiegenden Zauberkraft mühsam noch einen roten Zuckerguss auf einen Kuchen oder verzierte einen Lebkuchen mit einer Nuss, wischte überall Staub und rieb dann die neuen Zuckerscheiben glänzend. Und wenn irgendein Tier an ihrem Haus vorbeikam, staunend stehen blieb und schließlich sagte „So ein schönes Haus habe ich noch nie gesehen“, wurde sie grün vor Stolz.

Eines Tages stand die Hexe gerade vor ihrem Backofen und wollte Lebkuchen backen, weil der Wind in der Nacht einen vom Dach geweht hatte. Da war es ihr, als knuspere draußen jemand an ihrem schönen Haus und breche ganze Stücke ab. Ängstlich rief sie:

Aufnehmen der Märchensituation

„Knusper, knusper, knäuschen, wer knuspert an meinem Häuschen?“

Wörtliche Übernahme des Märchendialogs

Von draußen antwortete ein dünnes Stimmchen:

„Der Wind, der Wind, das himmlische Kind.“

„Da bin ich ja beruhigt“, seufzte die Hexe erleichtert. „Es ist nur der Wind, der da draußen lärmt. Und ich hatte schon Angst, jemand wolle mein Häuschen zerstören.“

Überführung der Märchensituation in ein normales Gespräch

Wie sie das gerade sagte, zersprang ihre schöne Fensterscheibe, an der sie drei Wochen gearbeitet hatte, ein Mädchen griff nach den Splittern und aß sie auf! Mühsam humpelte die Hexe nach draußen um zu sehen, wer der Störenfried sei.

Verlagerung der Bosheit der Hexe vom Ursprungsmärchen auf die Kinder im Antimärchen

Vor dem Haus standen zwei Kinder, das Mädchen und außerdem ein Junge, rissen die Dachziegel herunter, um sie aufzuessen, zerbrachen

die Wand und zersplitterten die weißen Zuckerfenster.
Da war die Hexe traurig und wütend zugleich. „Wer seid ihr?“, fragte sie. „Und warum zerstört ihr mein liebes Haus, an dem ich so lange gebaut habe?“
Die Kinder antworteten, sie hießen Hänsel und Gretel und hätten aus Hunger von dem Haus gegessen. „Warum habt ihr aber gelogen und gesagt, ihr wäret der Wind?“, forschte die Alte weiter. „Hättet ihr an meine Tür geklopft und um Essen gebeten, so hätte ich es euch nicht verwehrt!“
Da blickten die beiden Kinder beschämt zu Boden. Aber weil sie der alten Hexe trotz alledem leidtaten, sagte sie: „Kommt nur herein und bleibt bei mir, es geschieht euch kein Leid!“ Und sie fasste beide an der Hand und führte sie in ihr Häuschen. Da ward gutes Essen aufgetragen, Milch und Pfannkuchen mit Zucker und Äpfel und Nüsse. Hernach wurden zwei schöne Bettlein weiß gedeckt und Hänsel und Gretel legten sich hinein und meinten, sie wären im Himmel. Als sie so friedlich schliefen, betrachtete die Hexe sie und sagte: „Sie waren sehr böse zu mir, haben gelogen und mein schönes Häuslein zerstört. Aber vielleicht sind sie nicht ganz verderbt. Ich will sie dabehalten, ihnen zu essen geben und versuchen, sie zu bessern.“
Am nächsten Morgen gab sie den beiden eine leichte Arbeit zu tun und rührte dann einen Teig an, denn sie wollte den Schaden an ihrem Haus wieder ausbessern.
Aber Hänsel, der naschhaft war und dem die süßen Lebkuchen auf dem Dach besser schienen als das Frühstück auf dem Tisch, ging hinaus und begann leise vom Haus zu essen.
Als das die Hexe merkte, wurde sie zornig.

Freundliche Einladung der Hexe

Erziehungsidee der Hexe

Besserung der Kinder durch Verantwortung und leichte Arbeit

Wiederholungsprinzip des Märchens
Nochmaliges Beschädigen des Hauses

„Ich habe dich nicht bestraft für deine Lügen und deine bösen Taten von gestern, sondern dir und deiner Schwester sogar zu essen und ein Bett zum Schlafen gegeben!“, schalt sie. „Und du ungezogenes Kind lohnst es mir, indem du den Schaden an meinem Haus noch ärger machst!“

Und zur Strafe und damit er nicht noch mehr Unheil anrichten konnte, sperrte sie ihn in einen Stall neben dem Haus.

Strafe der Hexe zur Abwendung weiterer Schäden

Damit er es aber gut hatte in seinem Gefängnis und nicht zu hungern brauchte, fragte sie ihn oft durch das Gitter: „Bist du auch satt, bekommst du genügend zu essen? Streck deinen Finger heraus!“

Umdeutung des Motivs aus dem Märchen

Hänsel hatte sehr viel zu essen bekommen, aber da er sehr gefräßig war, täuschte er die alte Frau, die schon nicht mehr richtig sehen konnte, durch eine arge List, um noch mehr zu erhalten: Er streckte ein abgenagtes Knöchlein durch das Gitter und sagte mit kläglicher Stimme: „Meine Schwester gibt mir zu wenig Mahlzeiten, ich bin noch ganz mager.“

Dritte Gemeinheit der Kinder: Vortäuschen falscher Tatsachen

Die Alte betastete das Knöchlein und sagte: „Fürwahr, er ist ganz mager! Gretel, er muss mehr zu essen bekommen!“

Wieder strenge Parallelität zum Märchen, aber anderer Zusammenhang

Die Gretel aber, die ein faules Mädchen war, maulte und sagte, sie könne nicht kochen.

„Dann musst du eben backen!“, rief die Hexe und heizte den Backofen an, um für den Hänsel eigens ein großes Brot zu backen. Als sie aber das Feuer angeschürt hatte und gerade nachsehen wollte, ob recht eingeheizt sei, da gab ihr die arglistige Gretel von hinten einen Stoß, dass die Hexe weit hinein fuhr, machte die eiserne Tür zu, schob den Riegel vor und die arme Hexe musste elendiglich verbrennen.

Höhepunkt des Märchens und unglückliches Ende Märchenende sonst immer Glück des Helden

Da befreite das böse Mädchen ihren Hänsel aus dem Stall, wo er seine Strafe absitzen sollte, und sie durchwühlten gemeinsam das Hexenhaus.

Scheinbares Glück der Kinder

In einer Ecke hatte die Hexe eine Kiste mit Perlen und Edelsteinen stehen, die ein Erbstück von ihrem Vater war, einem großen Hexenmeister. Die raubten die beiden Kinder, stopften sich die Taschen voll mit Schmuck und Geschmeide und liefen schnell aus dem Wald.

Schluss bleibt offen
Schmuck eines Hexenmeisters ist nicht segensreich – Anregung zum Weitererzählen

Dieses Märchen hat dir sicherlich gefallen. Die Besonderheit liegt darin, dass zwar genau dasselbe geschieht wie im klassischen Märchen, aber alle Personen einen anderen Charakter haben und aus anderen Motiven handeln.

Info

Denke an Märchen, die du gut kennst, lies sie nach und versuche sie aus einem andern Blickwinkel zu erzählen. Behalte dabei die Hauptpersonen und die wichtigen Elemente des Ausgangsmärchens bei und du wirst wunderbare Märchen schreiben, die sich auch deine Klassenkameraden gerne anhören.
Du kannst auch ein Märchen weiterschreiben, also erzählen, was danach geschieht. Hier könnte man von der Überlegung ausgehen, wenn Schmuck und Geschmeide von einem großen Hexenmeister stammen, dürfte dies für Hänsel und Gretel nicht das große Glück bedeuten.

Schülerbeispiel: Der Froschkönig

Die Grundidee des folgenden Antimärchens ist es ebenfalls, die Charaktereigenschaften der beteiligten Personen zu verändern beziehungsweise zu überzeichnen. So wird aus dem ekligen, anmaßenden Tier des Originaltextes der selbstbewusste, aber liebenswerte Frosch des Antimärchens. Die nur auf Äußerlichkeiten bedachte Königstochter wird zur eingebildeten „Zicke“, der ihr Fehlverhalten durch den Frosch vor Augen geführt wird.

Info

Man kann gut erkennen, wie ein und dieselben Geschehnisse aus dem Originaltext plötzlich inhaltlich in ihr Gegenteil verkehrt werden, wenn die handelnden Personen in einem anderen Licht stehen. Zwar ist, wie im Originalmärchen, noch immer ein allwissender Erzähler spürbar, der den Überblick über das gesamte Geschehen hat und auch Kommentare abgibt, aber ein deutlicher Schwerpunkt liegt in der Perspektive des Frosches. Damit spielt das innere Geschehen eine wesentliche Rolle.

Der bewusste Wechsel zwischen teilweise wörtlich übernommenen oder den Märchenstil nachahmenden Formulierungen sowie einem gegenwartssprachlichen, teilweise ironisierenden Ton sorgt für einen stilistischen Bruch und unterstreicht, worauf dieses Anti-Märchen letztlich hinausläuft: auf eine Parodie.

Der Froschkönig

Musteraufsatz

In alten Zeiten, als das Wünschen noch geholfen hat, lebte einmal ein Königssohn mit schönen freundlichen Augen in einem großen Königreich. Weil einer bösen Hexe aber das Glück am Königshofe ein Dorn im Auge war, verwünschte sie den Königssohn, dass er so lange als Frosch in einem Brunnen leben müsste, bis eine Königstochter ihn erlösen wollte.	Klassischer Einstieg mit märchentypischer Formulierung Deutlicher Bezug zur Vorgeschichte des Märchens
Viele Jahre lebte der Frosch traurig im Brunnen, und es blieb ihm nichts anderes übrig, als Fliegen zu verspeisen und auf- und abzutauchen, den lieben langen Tag. Nun trug es sich einmal zu, dass ihn etwas Schweres am Hinterkopf traf, als er gerade am Grund des Brunnens von seinem früheren Leben träumte.	Vorstellung und erste Charakterisierung der Hauptfigur als sympathische Persönlichkeit – anders als im Originaltext
Völlig benommen zappelte er nach oben, um zu sehen, wer ihm nach dem Leben trachtete. Da sah er eine schöne Prinzessin, die bitterlich weinte.	Erzählperspektive: Sicht des Frosches
Er nahm seinen ganzen Mut zusammen, schwellte seine grüne Brust und fragte: „Was hast du nur, Königstochter? Du schreist ja, dass sich ein Stein erbarmen möchte."	Kernstelle, direkt vom Märchen übernommen

Als sie ihn sah, antwortete sie: „Ach, du bist's, alter Wasserpatscher. Ich weine über meine goldene Kugel, die mir in den Brunnen gefallen ist.“

Das ist meine Chance, dachte der alte Wasserbewohner, sie muss die Königstochter sein, die mich von meinem Fluch erlösen kann. So sprach er voller Hoffnung: „Ich kann wohl Rat schaffen. Aber was gibst du mir, wenn ich dein Spielzeug wieder heraufhole?“

Deutlicher Schwenk zur Perspektive der Frosches
Planvolle Provokation seiner Rettung

Die Königstochter versprach ihm ihre Kleider, Perlen und Edelsteine, sogar ihre goldene Krone, wenn er nur die Kugel wiederbrächte.

Der Frosch aber konnte mit alldem nichts anfangen und antwortete ihr: „Wenn du mich lieb haben willst und ich dein Geselle und Spielkamerad sein darf, dann will ich hinuntersteigen und dir die goldene Kugel heraufholen.“

„Außerdem will ich von deinem Tellerchen schlemmen und in deinem Bettchen schlafen“, verlangte er nun etwas übermütig. Vielleicht vergaß er auch im Anblick der schönen Königstochter für ein Weilchen, dass er nicht der stolze Königssohn war, sondern ein dicker, hasslicher Frosch.

Rückbezug zum Original

Die Königstochter aber stimmte zu, und der Frosch tauchte hoch erfreut auf den Grund des Brunnens, wo er die goldene Kugel auch gleich erblickte. Ehe er sie in sein Maul nahm, um sie nach oben zu befördern, sah er sich noch ein letztes Mal um in seiner Behausung, wo er doch so lange Zeit verharren musste. Zwar etwas wehmütig, aber doch froh, bald Erlösung zu finden, ruderte er nach oben und warf die Kugel ins Gras.

Erzählerische Ausgestaltung seiner Situation im Gegensatz zum eher berichtenden Ton des Märchens

Als die Königstochter die Kugel wieder hatte, rannte sie glücklich nach Hause.

„Warte, warte!“, rief der Frosch. „Nimm mich mit! Ich kann nicht so schnell laufen wie du.“ Aber es war zwecklos. Sein Quak-quak konnte

Klarer Bezug zum Originaltext

nicht laut genug sein, um die Prinzessin aufzuhalten.

So eine Gemeinheit, dachte der Frosch. So schön sie auch ist, man kann sich nicht auf sie verlassen. Aber das lasse ich mir nicht gefallen. Der werde ich es noch zeigen. Und so packte er seine sieben Sachen und machte sich auf den Weg zum Schloss. Wenig geübt, übers Land zu hüpfen, sollte es eine beschwerliche Reise werden. Doch wütend auf die Prinzessin und gewillt, sich seinem Fluch nicht mehr länger zu ergeben, war er am anderen Tag seinem Ziel Hüpfer für Hüpfer nahegekommen.

Schöne Entwicklung seiner Perspektive, seiner Gedanken, seines Plans

Erzählerische Ausgestaltung seines Weges

Plitsch platsch, plitsch platsch musste er nur noch die Marmortreppe hinaufkriechen und konnte endlich mit letzter Kraft an die Palasttüre klopfen. Er rief, noch etwas außer Atem: „Königstochter, jüngste, mach mir auf!" Und wirklich, die Türe öffnete sich einen Spalt. Aber als die Prinzessin ihn erkannte, schlug sie ihm die Tür vor der Nase zu.

Enger Bezug zum Original

Ich werde mein Recht schon einfordern, dachte er und schlug ein zweites Mal gegen die Türe. Er sprach: „Königstochter, jüngste, mach mir auf! Weißt du nicht, was gestern du zu mir gesagt am kühlen Brunnenwasser? Königstochter, jüngste, mach mir auf!"

Nun war plötzlich aus dem Saal heraus die Stimme des Königs zu hören, der seiner Tochter befahl, den ungewöhnlichen Besuch hereinzulassen. „Was du versprochen hast, das musst du auch halten! Geh nur und mach ihm auf!", forderte er von der Prinzessin.

Wieder öffnete sich die Tür und der Frosch hüpfte in den Saal hinein, bis zum Stuhl der Königstochter. Nun sollte es darauf ankommen, ob die wenig erfreute Schönheit ihn von seinem Fluch erlösen könnte. Der Frosch wusste, dass er sie so lange provozieren musste, bis sie ihn mit aller Macht gegen die Wand warf.

Fortführung seines Plans

Er ließ sich also auf den Tisch setzen und aß vom goldenen Teller der Prinzessin. Und er genoss jeden Bissen umso mehr, je blasser seine neue „Freundin" wurde. Als er endlich fertig war, klopfte er sich auf seinen dicken grünen Bauch und sagte: „Ich habe mich satt gegessen, nun bin ich müde. Trag mich in dein Kämmerlein und mach dein seidenes Bettlein zurecht!"

Parallelität zum Märchen, aber vorwiegend aus der Perspektive des Frosches

Da fing die Königstochter an zu weinen. Aber er hatte kein Mitleid mehr mit ihren Tränen, seit sie am Brunnen ihr wahres Gesicht gezeigt hatte und fortgelaufen war.

Ihr Vater aber sagte: „Wer dir geholfen hat, als du in Not warst, den sollst du hernach nicht verachten."

So trug sie den Frosch mit spitzen Fingern und gerümpfter Nase in ihr Kämmerlein und setzte ihn in eine Ecke. Der Frosch merkte genau, dass sie sich vor ihm ekelte. So gähnte er laut und quakte vor sich hin. Danach hüpfte er plitsch platsch zu ihrem Bett und sagte: „Ich will schlafen so gut wie du. Heb mich hinauf, oder ich sag's deinem Vater!"

Kernstelle des Märchens

Erzählerische Ausgestaltung als gute Vorbereitung zum Höhepunkt

Da warf sie ihn zornentbrannt gegen die Wand und schrie: „Nun wirst du Ruhe geben, du garstiger Fro …"

Und der Frosch war keiner mehr, sondern endlich wieder der schöne Königssohn von einst. Etwas benommen von der Verwandlung stand er auf, reckte sich und sagte zu der verblüfften Königstochter: „Ich danke dir für deine Freundlichkeit. Nicht einen Tag länger aber will ich hier bleiben und deine Ruhe stören."

Verdrehung des Märchenschlusses: Abwendung von der zickigen Prinzessin

Ohne auf das Flehen der nun entzückten Prinzessin zu hören, es sich doch noch einmal zu überlegen, verließ er das Schloss und dachte sich: „Lieber ein Leben lang im Brunnen plantschen als bei dieser Zicke zu bleiben."

Neues Ende mit pointiertem Schluss

1.5.2 Phantasieerzählung

In diesem Beispiel geht es darum, die Bedeutungsebene des literarischen Textes aufzugreifen und auf eine eigene, vollkommen neue Geschichte mit einer ganz anderen Handlung zu übertragen.

Info

Christoph Heins Buch „Das Wildpferd unterm Kachelofen" führt behutsam in das Seelenleben von Kindern ein. Sein Held, Jakob Borg, befindet sich im Übergang vom Kind zum Jugendlichen. Er hat fünf Freunde – eigentlich sind es Spielsachen, die in dem Buch aber lebendig sind. Sie stehen für Lebensvorstellungen, die in jedem Kind stecken und ihm helfen, seinen besonderen, eigenen Lebensweg zu finden.
Du lernst Schnauz, den Esel, kennen, der eigentlich nicht allzu viel weiß, aber immerhin Professor werden möchte; den falschen Prinzen, der künstlerisch begabt ist, wundervoll Klavier spielt und sogar fliegen kann; Katinka, die Pferde über alles liebt und ganz schön eifersüchtig wird, als Jakob sich verliebt; Panabel, den Clochard, der dem Leben bei aller Armut nur die angenehmen Seiten abzugewinnen weiß und schließlich Kleine Adlerfeder, der als Erfinder und Entdecker aufregende Maschinen baut und die erstaunlichsten Abenteuer erlebt.

Eines Tages entdecken Jakob und seine Freunde eine Höhle, die sich tief im Fuße eines gewaltigen Baumes verbirgt. Weder er noch seine Freunde trauen sich anfangs, in die Höhle einzudringen.

Die geheimnisvolle Höhle (Christoph Hein)

Lesetext

„Ach, weißt du, Jakob, ich habe schon wieder etwas entdeckt", gestand Kleine Adlerfeder.
„Du hat etwas entdeckt?"
„Ja, ja", nickte Schnauz, „wir entdecken dauernd etwas. Mal dies, mal das."
„Was habt ihr entdeckt?", wollte Jakob wissen.
Kleine Adlerfeder wurde verlegen: „Ich weiß es noch nicht. Jedenfalls nicht genau. Ich weiß nur, es ist eine Höhle."
„Eine Höhle?", fragte Jakob atemlos.

Einleitung als Gespräch der festgelegten Charaktere: Adlerfeder, der Entdecker und Schnauz, der Nachplapperer Jakob, der Neugierige

„Ja. Dort drüben ist sie“, sagte Schnauz herablassend und wies zu einer großen, alten Weide, die neben dem Blabberfluss stand. Direkt unter der Weide war tatsächlich ein schwarzes Loch zu sehen.	Beschreibung des geheimnisvollen Ortes
„Du hast Recht. Jetzt sehe ich es auch. Was wollt ihr tun?“, erkundigte sich Jakob. Kleine Adlerfeder flüsterte: „Ich muss sie beobachten.“ „Beobachten?“ „Ja, Jakob. Ich muss herausfinden, was sie für einen Charakter hat.“ „Wer? Die Höhle?“, staunte Jakob.	Vermutungen über den Ort
„Natürlich“, Schnauz nickte eifrig. „Jede Höhle hat einen Katarakter, hast du das nicht gewusst?“	Gedanken über das Geheimnis des Ortes
„Es heißt Charakter“, verbesserte ihn Jakob. „Sagte ich doch“, erwiderte Schnauz gekränkt. „Ich wusste wirklich nicht, dass Höhlen einen Charakter haben“, sagte Jakob. „Aber ja“, erklärte ihm Kleine Adlerfeder, „es gibt friedliche Höhlen und gefährliche Höhlen. Ich beobachte sie, um herauszufinden, zu welcher Sorte sie gehört.“ „Meinst du, es ist eine Bärenhöhle?“, wollte Jakob wissen.	Wortspiel „Charakter“
„Es kann eine Bärenhöhle sein oder auch nicht. Man kann nie wissen“, erläuterte der Entdecker. (…)	Vermutungen bezüglich möglicher Gefahren
Der Eingang der Höhle war klein und schmal. Die Freunde entschieden, dass Jakob als erster die Höhle erkunden solle. Auf allen vieren kroch er hinein. Man konnte nur noch seine Schuhsohlen sehen. (…)	Entscheidung Eindringen in die Höhle
Die zwei standen vor der Höhle und warteten, dass Jakob herauskam. Sie mussten lange warten.	Spannungsaufbau durch Wartepause

Als Jakob endlich wieder auftauchte, machte er ein nachdenkliches Gesicht und große, verwunderte Augen.
„Was hast du gesehen?", drängte ihn Kleine Adlerfeder.
„Ich weiß es nicht", antwortete Jakob.
„Hast du schon vergessen, was du gesehen hast?", staunte Schnauz der Esel.
„Nein", erwiderte Jakob, „natürlich nicht. Aber ich weiß nicht, wie ich es euch sagen soll. Es ist alles so merkwürdig.
Und dann erzählte er, dass er in der Höhle einen Jungen gesehen habe, der Schlittschuh lief. Er sei sehr gut Schlittschuh gelaufen und habe Jakob zugewinkt. Dann sei er zu ihm gekommen und habe gesagt: „Du kannst das auch, Jakob, alles kannst du schaffen." Und er habe ihn angelächelt, und da habe Jakob irgendwie gefühlt, dass der Junge die Wahrheit sprach.

Verzögerung der Lösung durch weiteres Gespräch

Lösung: Erscheinung und Gespräch in der Höhle
Zentrale Lehre: Alles kannst du schaffen

Das Unbegreifliche sei gewesen, dass der Junge ausgesehen habe wie er selbst, wie Jakob Borg.
„Ein zweiter Jakob Borg?", fragte Kleine Adlerfeder.
„Ja", nickte Jakob, „so war es. Du kannst selbst nachsehen."
Kleine Adlerfeder kroch in die Höhle. Als er wieder herauskam, sagte er zu Jakob: …

Weitere Enträtselung: Gleichheit von Traumgestalt und Jakob

Fortsetzung: Nächster Versuch durch Kleine Adlerfeder

Du kannst erkennen, dass Jakob in der Höhle genau das sieht, was er sich selbst nicht zutraut, und er kann durch den Zuspruch der Traumgestalt – die er selbst ist – seine Angst ablegen.

Wenn du diese Geschichte nachschreibst, sind folgende Grundüberlegungen anzustellen:
Zunächst gilt es, einen geheimnisvollen Ort zu entdecken. Dies braucht natürlich keine Höhle zu sein.
Anfangs geht es darum, Freunde zu versammeln, die sich dies oder das nicht zutrauen.

Wenn du der Erzählung genau folgst, müssen Vermutungen über das Innere des geheimnisvollen Ortes angestellt werden. Den Gedanken mit dem guten oder bösen Charakter kannst du durchaus übernehmen, auch das Warten und langsame Enträtseln des Geheimnisses der Höhle.

Schülerbeispiel: Das Gartenhaus mit der schwarzen Tür

Maiki, Nick, Michael und Laura kennen sich schon von der Grundschule her und sind beste Freude. Maiki mag Ordnung nicht so sehr und ist oft zerstreut. Nick nimmt das Leben von der leichten Seite und hat immer einen Scherz auf den Lippen. Michael dagegen bemüht sich sehr, ein ordentlicher Schüler zu sein und gilt fast schon als Streber. Laura steht Michael kaum nach, doch lässt sie sich leicht einschüchtern.

Vorstellung der Hauptfiguren:
Maiki, der Schlamper
Nick, die Frohnatur
Michael, der Streber
Laura, die Ängstliche

Maiki brachte wirklich nichts auf die Reihe. Als der Lehrer sein Heft verlangte, kramte er lange und versonnen in der Schultasche, um schließlich einen Berg Zettel an den Tag zu befördern.

Vorgeschichte, die die handelnden Personen genauer charakterisiert

Kurz vor einem Wutausbruch des Lehrers zog er dann doch noch die Hausaufgabe auf einem verknitterten Zettel heraus. Aber als er seinen Aufsatz vorlas, war der so gut, dass die Klasse Beifall klatschte und Herr Streng nicht anders konnte, als eine Zwei einzutragen. An Ermahnungen ließ er es allerdings nicht fehlen.
Michael wollte seinen Aufsatz auch vorlesen und schob sein sorgfältig eingebundenes Deutschheft Herrn Streng fast unter die Nase. Er hatte aber keine Chance mehr, weil Maiki schon seinen Aufsatz vorgelesen hatte. Michael freute sich dennoch, denn Maiki war sein Freund.
Nick, eine Bankreihe weiter, flüsterte Laura die neuesten Witze ins Ohr, die er am Abend in seiner unendlichen Reihe von Witzbüchern gelesen hatte. Laura, die ein bisschen in Nick, aber auch ein wenig in Maiki verliebt war, wagte kaum zu lachen und zuckte zusammen, als Herr Streng Nick aufforderte, den Inhalt von Maikis Aufsatz nochmals zu wiederholen. Als Nick unbekümmert die mündliche Fünf einstrich, fühlte sie sich, als hätte sie selbst die Fünf erhalten.

Maiki: klug, aber zerstreut
Nick: redselig und fröhlich
Michael: unterwürfig, aber gutmütig
Laura: zurückhaltend und einfühlsam

Nach der Schule trafen sie sich am Stadtrand in der Nähe der Schrebergärten. Laura meinte aufgeregt: „Habt ihr schon einmal das dunkle Gartenhaus ganz am Ende der Kolonie gesehen, das mit der dichten Hecke? Dort habe ich noch nie einen Menschen gesehen, aber die Hintertür steht immer offen."
Die Jungen fanden das aufregend und plapperten durcheinander. „Das schauen wir uns an", rief Nick, „wahrscheinlich wohnt dort das Gespenst des Schrebergartens", und er freute sich, als Laura ein wenig bleich wurde.

Parallelstruktur: Der geheimnisvolle Ort

Das Herantasten: Kommentare der Kinder ihrem Charakter entsprechend

Maiki meinte dagegen: „Ach was, der Besitzer ist bestimmt so einer wie ich. Ich lasse auch immer die Tür offenstehen."
Michael verzog etwas sein Gesicht und wies die anderen zurecht: „Es ist aber verboten, fremde Häuser zu betreten, auch wenn sie leer stehen."
Doch keiner hörte auf ihn. So folgte er doch den anderen durch die verwinkelten Wege der Schrebergartenkolonie hin zu dem dunklen Gartenhaus.

Der Weg zum geheimnisvollen Haus

Laura schaute sich besorgt um, war aber doch beruhigt, weil am Wochentag kaum Leute in der Kolonie waren. Sie umkreisten das Haus und tatsächlich stand die Hintertür offen. Sie konnten es ganz genau durch eine kleine Öffnung in der Hecke sehen. Nichts weiter war zu sehen. Die Türöffnung gähnte ihnen schwarz entgegen.

Der Anblick – hier Kurzbeschreibung

„Unheimlich ist das", bibberte Laura.

Reaktionen aller Personen

„Angsthase", lachte Nick. Maiki trat auf einen Zweig, dass es laut krachte und alle zusammenzuckten. Michael wiederholte: „Wir gehen da sowieso nicht hinein. Das Haus hat einen dunklen Charakter. Wer weiß, was uns da erwartet."
„Quatsch. Das ist doch nur ein schwarzer Vorhang, sonst nichts", murmelte Nick. Laura ergriff Maikis Arm, der das gar nicht merkte, weil er mittlerweile daran dachte, dass er noch gar keine Hausaufgaben gemacht hatte.
„Wir schauen uns einfach mal um", schlug Nick unbesorgt vor. „Dann gehst du aber als erster", antwortete Michael spitz.
Nick zuckte mit den Schultern, aber ganz wohl war ihm nicht. „Ich gehe rein", meinte daraufhin Maiki, der nur halb zugehört hatte. „Ihr könnt ja warten und sehen, ob mir etwas passiert."

Entschluss einer Person

Entschlossen bog er die Hecke auseinander und schlurfte lässig auf die dunkle Tür zu.
Verdattert schauten sie sich an, als Maiki mit einem Schlag spurlos verschwunden war.
Sie warteten und warteten. Die Zeit schien stehen geblieben zu sein. Laura wisperte aufgeregt: „Ich glaube, wir müssen die Polizei holen. Da stimmt etwas nicht." Michael blickte verdrossen zu Boden und Nick schaute ziemlich ernst.

Das Warten

Als Michael sich schon auf den Weg machen wollte, stand Maiki unerwartet vor der schwarzen Türöffnung, lächelte verdutzt und ging langsam auf seine Freunde zu.

Die überraschende Rückkehr

Aufgeregt drängten sie sich um ihn, als er wieder durch die Hecke geschlüpft war.
„Was ist da drin?" „Was hast du gesehen?" „Wir wollten schon die Polizei holen", redeten sie durcheinander.
Maiki schaute sie erstaunt an. „Ihr glaubt nicht, was ich erlebt habe. Ein wundervolles Haus. Ich saß wie heute früh im Klassenzimmer. Herr Streng lächelte mich an. Ich hatte sogar ein Deutschheft, sauber eingebunden. Nachdem ich den Aufsatz vorgelesen hatte, bekam ich nicht nur eine gute Note, sondern auch ein großes Lob, weil ich so ordentlich geschrieben hatte. Wirklich ein interessantes Haus."

Das Geheimnis des Hauses: Jeder erlebt sich darin selbst so, wie er gerne sein würde

Michael schaute Maiki fragend an: „Du lügst! Du und ordentlich. Das möchte ich sehen!" Ohne seine Freunde weiter zu beachten, bog er die Zweige zur Seite und schritt selbstbewusst auf die dunkle Tür zu.

Die Erzählung kann natürlich weitergeschrieben werden für alle der vier Freunde.

2 Arbeiten mit journalistischen Texten

Wirklichkeitsnahe Schreibformen finden sich in allen Tageszeitungen. Viele davon betreffen unmittelbar deine Lebenswelt und motivieren zur Nachahmung. Berichte und Reportagen in journalistischer Schreibweise können gute Anregungen zum eigenen Schreiben geben – und immer wieder gibt es kuriose Meldungen, die sich zu anregenden Erzählungen ausgestalten lassen.

2.1 Die Reportage

Die Reportage in der Zeitung informiert den Leser über ein Thema sowohl mit Beobachtungen und **Schilderungen** als auch mit **Sachinformationen**. Die Aufsatzform, die dieser journalistischen Darstellungsform am nächsten kommt, ist der Erlebnisbericht.

Die Grundlage bildet das in der Unterstufe sorgfältig geübte Erzählen. Erzählende und informierende Teile wechseln einander ab. Das heißt, du musst den Erzählgang mit Beschreibungen, Schilderungen, Interviews und Augenzeugenberichten unterbrechen. In wörtlicher Rede können Personen ihre Meinung zu dem Thema mitteilen oder auch Sachinformationen geben. Als Autor setzt du deine Augen und Ohren, deine Sinne ein, erfasst die Stimmung, hörst Augenzeugen und trägst das Gesehene und Gehörte sprachlich so zusammen, dass der Leser den Eindruck gewinnt, er sei selbst dabei gewesen.

Mit den eingebauten Informationen stellst du das Geschehen in einen umfassenderen Bedeutungszusammenhang. So kann man allgemeine Themen durch eine konkret erfassbare, reale Situation vermitteln. Zum Beispiel kann das Thema Umweltschutz gut aufgegriffen werden anhand von Beobachtungen im eigenen Klassenzimmer.

Die Reportage sollte einen roten Faden enthalten, der sich sinnvoll vom Anfang bis zum Ende durchzieht. Jeder Abschnitt bildet eine Sinneinheit.

All diese Elemente gehören zur Reportage. Dennoch gibt es, im Gegensatz zur Nachricht, kein allgemeines Rezept für das Schreiben. Jedes Thema erfordert eine besondere Behandlung.

Zur Textform gehören Überschriften und ein Vorspann, der bereits ganz kurz die wesentliche Aussage des Textes enthält und damit auch über die wesentlichen W-Fragen informiert (Wer, Was, Wo). Der eigentliche Text beginnt idealerweise mit realen Beobachtungen: Man springt quasi sofort mit beiden Füßen hinein ins Geschehen.

Mit größter Vorsicht nähern sich die Einsatzkräfte dem rätselhaften Ding, das sich als Phosphor-Granate entpuppt. FOTO: ERNST SAMMER

Aufregung um „seltsames Ding" (Frankenpost)

Lesetext

FUND STAMMT AUS ZWEITEM WELTKRIEG	Dachzeile: allgemeine Zuordnung des Inhalts
Aufregung um „seltsames Ding"	Haupttitel: macht neugierig
Großaufgebot an Feuerwehren/Befürchtungen über Gefährlichkeit bestätigen sich nicht	Untertitel: weitere zentrale Inhalte

Ein rätselhafter brennender Gegenstand, der am späten Donnerstagabend auf einem Feld bei Neuhaus für allergrößte Aufregung sorgte, hat sich als Phosphor-Brandgranate aus dem zweiten Weltkrieg entpuppt.	Vorspann: knappe Zusammenfassung der wesentlichen Inhaltspunkte des Ereignisses
SELBITZ – Sternenklar und mild war die Nacht, aber am Ortsrand von Neuhaus bei Selbitz herrschte helle Aufregung. Landwirt Roland Kießling hatte am Abend die Polizei verständigt und von einem rätselhaften Fund berichtet. Er erzählt, dass er bereits am Nachmittag gegen 16.30 Uhr beim Ansäen von Getreide auf seinem Feld unterhalb von Neuhaus bemerkte, dass an einer Stelle Rauch aufstieg. Als er hinging, entdeckte er einen Gegenstand, etwa so groß wie zwei Fäuste, der wie ein Stein aussah und von dem der Rauch austrat.	Beginn der Reportage Stil: Stimmungsbild Anlass: das rätselhafte Ereignis Vorgeschichte Stil: genaue Namen und Uhrzeit Stimmungshaltige und genaue Adjektive Ungefähre Beschreibung Vergleich
Als Kießling mit dem Schuh dagegen trat, fing das Ding an zu brennen und verschmorte seinen Schuh. „Ich hab erst gedacht, es ist vielleicht etwas von meinem Traktor abgefallen“, berichtet er. Er deckte das Ding mit Erde ab und maß ihm erst mal keine weitere Bedeutung zu. Gegen 19.30 Uhr, es war bereits dunkel, ging er noch einmal hin zu dem komischen Gegenstand und entfernte die Erde darüber – worauf es wieder anfing zu brennen. Jetzt informierte er die Polizei.	Nähere Beschreibung mit Fortsetzung der Vorgeschichte Stil: Wörtliche Rede zur Betonung der Betroffenheit (Stilmittel in der Reportage zur Herstellung von Authentizität)
Blinkendes Blaulicht Der Nailaer Polizeichef Georg Märkl war einer der ersten auf dem Feld, mit den Einsatzleitern der Selbitzer und Nailaer Feuerwehr. Die Wehren waren „heimlich“, ohne Sirenengeheul, ausgerückt und bald stand an der Straße nach Rodesgrün eine lange Reihe von Einsatzfahrzeugen, Löschfahrzeugen und Sanitätsautos mit blinkendem Blaulicht. Was tun mit diesem	Zwischentitel als optisches Element im Zeitungstext Beschreibung der Situation vor Ort Stil: Nennung von Namen (immer Vor- und Zuname) und Funktion der Verantwortlichen

seltsamen Ding, war die Frage. Es lag nun unter einem kleinen Erdhaufen, aus dem es deutlich sichtbar rauchte, beleuchtet von den Scheinwerfern von Roland Kießlings Traktor.

Ein kleiner Trupp Neuhauser stand einige Meter daneben; die Menschen wurden dann gebeten, sich weiter weg zu entfernen, denn keiner wusste, ob das Ding gefährlich war oder nicht. Was könnte das sein? Ein Meteor vielleicht? Georg Märkl mutmaßte: „Eher nicht. Der wäre in den Stunden seit dem Fund inzwischen abgekühlt, und das da brennt weiter.“ Vielleicht ein Teil, das aus einem Flugzeug gefallen ist, vielleicht etwas Militärisches? Ist es vielleicht radioaktiv?

Die letztgenannte Frage sollte zuerst geklärt werden. Vorsorglich wurde der Gerätewagen „Gefahrgut“ aus Hof angefordert.

Inzwischen schickte die Nailaer Feuerwehr drei Kameraden in Schutzanzügen mit einem Messgerät zu dem rauchenden Ding. Eine Szene, die an die Bilder von einer Mondlandung erinnerte: Drei Gestalten in weißen Anzügen, die auf der grauen Erde des Feldes hantieren. Sie legten das Ding aus der Erde frei, und wieder schlugen Flammen daraus hervor, die grünlich-blau waren; weißer Qualm stieg auf. Wenige Minuten später die Entwarnung: Keine Radioaktivität war festzustellen.

Doch was tun? Nach einigen Diskussionen wurde beschlossen, zu sehen, ob das Ding abbrennt, wenn man es mit einer Schaufel zerteilt, und dann zu versuchen, es zu löschen und zu bergen. Als die drei „Astronauten“ es weiter mit einer Schaufel bearbeiteten, brannte es mit einer Flamme so groß wie ein Lagerfeuer und qualmte heftig. Von einem Löschtankwagen, der bis zum Rand des Feldes fuhr, wurde ein Schlauch gelegt. Vorsichtig, mit dünnem Was-

Reaktion der Bevölkerung

Ratespiel um den Gegenstand

Stil: Montage von wörtlichen Redeteilen zur Charakteristik des Fundes

Überleitung zum ersten Untersuchungsschritt; präzise Bezeichnung des Fahrzeuges

Zweiter Einsatzschritt

Anschauliche Beschreibung der Szenerie

Stil: präzise Adjektive

Dritter Schritt – Annäherung; Messung

Genaue Beschreibung des Vorgangs

Stil: Vergleich, Bildlichkeit

Präzise Wortwahl

serstrahl, begann man, zu löschen. Bald darauf gab „das Ding“ sein Geheimnis preis: Die Einsatzkräfte erkannten, dass es sich um eine alte Granate handelte – ein längliches Metallteil, in dem ein Schlitz zu erkennen war.

Vierter Schritt: Enthüllung der Natur des geheimnisvollen Gegenstands

Vielleicht wurde die Granate im Laufe der Zeit durch das Ackern aus dem Erdreich hochgehoben, bei der Feldarbeit beschädigt und fing dann an zu rauchen, wurde vermutet. Allerdings wollte das Roland Kießling, dem das Feld gehört, nicht so recht einleuchten: „Das Feld ist immer bearbeitet worden, und jetzt lag das da plötzlich oben auf der Erde“, meinte er.

Vermutungen über die Herkunft der Granate

Keine Gefahr

Zwischentitel: Entwarnung

Die Granate, nun ziemlich abgekühlt, wurde in eine Metallwanne gelegt. Die Anwesenden konnten den Gegenstand, der für so viel Aufregung gesorgt hatte, in Ruhe begutachten. Und alle waren erleichtert, dass dieses Rätsel nichts gewesen war, von dem eine ernsthafte Gefahr ausgegangen wäre. Hätte die Granate auch explodieren können? Georg Märkl sagt: „Nein. Phosphorgranaten sollen Brände entzünden und nicht explodieren.“ Auch Burgermeister Klaus Adelt kam zum Ort des Geschehens und sagte hinterher zu der sehr vorsichtigen Vorgehensweise durch die Feuerwehr: „Sie haben richtig gehandelt, denn man hatte ja nicht wissen können, was das gewesen ist.“

Sachliche Erklärung

Direktheit und Einfachheit durch wörtliche Rede

Offizielle Stellungnahme zum Einsatz

Stil: Name wieder vollständig mit Vor- und Zunamen sowie der Funktion

Nach 23 Uhr wurde der Einsatz beendet, die Granaten-Hülse kam zur Polizei. Sie wird vom Sprengkommando Feucht entsorgt.

Stil: präzise Zeitangabe

Präzise Ortsangabe

Fachbegriff

Vielleicht, so wird spekuliert, haben am Ende des Zweiten Weltkrieges durchziehende Truppen ihre Munition hier weggeworfen oder vergraben. Das könnte eine Erklärung sein dafür, warum über 60 Jahre nach Kriegsende plötzlich eine Phosphorgranate an diesem idyllischen

Spekulationen über die Herkunft der Granate

Stil: Präzise Benennung der historischen Dimension

Fleckchen Erde aufgetaucht ist und für helle Aufregung gesorgt hat.	Rückführung zum Einstieg (so genannter Ringschluss)
Sabine Gebhardt	

In dieser eher erzählenden Reportage ergibt sich der rote Faden aus dem Ablauf der Ereignisse.
Würde man das Thema des Granatenfundes aufgreifen, indem man recherchiert, wie die Situation vor Ort am Ende des Zweiten Weltkrieges gewesen ist, entstünde dagegen ein Bericht.
In der Reportage beobachtet der Autor mit allen seinen Sinnen und berichtet direkt vom Ort des Geschehens; dabei bemüht er sich um ein hohes Maß an Genauigkeit.

Schülerbeispiel: Mehr Glück beim nächsten Mal

Musteraufsatz

FÜHRERSCHEINPRÜFUNG	Dachzeile: Worum geht es?
Mehr Glück beim nächsten Mal!	Titel
Ganz schön ins Schwitzen kommen angehende Autofahrer bei ihrer Führerscheinprüfung – jeder, der Auto oder Motorrad fahren will, muss als erste Hürde die theoretische Prüfung bestehen. Nicht jedem gelingt das auf Anhieb.	Vorspann vermittelt genauer, wovon der Text handelt
Nervosität stellt sich unter den etwa ein Dutzend Anwärtern ein, als der Prüfer aus Bayreuth den Prüfungsraum im Gebäude des Technischen Überwachungsvereins (TÜV) betritt. Der Regierungsbeauftragte aus der Bezirkshauptstadt wirkt dagegen ruhig und gelassen. Für ihn ist die Abnahme der Prüfung für angehende Mofa-, Motorrad-, Auto-, Bus- oder Lkw-Fahrer ein alltäglicher Vorgang.	Eingangssituation als Schilderung Gut: Erklärung scheinbar selbstverständlicher Abkürzung
Zuerst muss jeder seine Prüfungsgebühr entrichten, je nach der Führerscheinklasse und	Organisatorischer Ablauf

der Anzahl der vorangegangenen Prüfungen. Dann schildert der Mann vom TÜV den Kandidaten, wie die Prüfung ablaufen soll. Bevor er die Unterlagen austeilt, erläutert er noch, wie Fehler auf den Prüfungsbögen auszubessern sind. Dann wird es ernst.

Da liegen sie nun: Der doppelseitige DIN A4-Bogen mit etwa 30 Prüfungsfragen und ein weiteres Blatt Papier mit acht Fragen zum Umweltschutz. Die Prozedur verläuft ähnlich wie bei einer Schulaufgabe: Name, Geburtsdatum, Fahrschule, Führerscheinklasse und Unterschrift werden gefordert. Dann der Befehl: „Kein Wort mehr, alles ausfüllen und abgeben!"

Beschreibung der Prüfungsunterlagen

Wörtliche Rede

Es werden Fragen zu allen möglichen Situationen im Straßenverkehr gestellt, zum Beispiel: „Wie ist zu reagieren, wenn man durch Fernlicht geblendet wird?" Neben der Zeichnung einer Kreuzung wird gefragt: „Welches Fahrzeug darf nach den Vorfahrtsregeln als erstes

Beginn der eigentlichen Prüfung

Konkrete Beispiele aus den Prüfungsfragen

die Kreuzung überqueren?“ Man überlegt: „Auf Kinder, die auf der Straße spielen, mit erhöhter Geschwindigkeit zufahren?“ Also nein, das bestimmt nicht. Oder „Kann aus der Seitenstraße einer herauskommen?“ Ach nein, das ist ja eine Einbahnstraße.

Montage aus Prüfungsfragen und Gedankenrede

Mit solchen Überlegungen verfliegen die maximal 30 Minuten. Hinten in einer Ecke des Raumes versucht ein Schüler zu spicken, was der Prüfungsvorsitzende sofort unterbindet. Darauf denkt man, ich versuche es erst gar nicht, dann passiert mir auch nichts.

Weiterer Ablauf der Prüfung

Wer vorzeitig fertig ist, gibt seinen ausgefüllten Bogen ab und muss draußen vor der Türe das Ende der Prüfung abwarten. Einige rauchen eine Zigarette, um sich zu beruhigen, andere reden und reden und quatschen jeden voll, um allen zu beweisen, wie locker sie sind. Wieder andere lehnen nur an der Hauswand und denken über ihre Leichtsinnsfehler nach, die sie dazu zwingen könnten, die Prüfung wiederholen zu müssen. Denn der Prüfer hatte ja angemerkt: „Wer drei Fragen falsch beantwortet hat, kann ziemlich sicher sein, dass er die Prüfung nicht zum letzten Mal abgelegt hat.“

Situation nach der Prüfung

Knappe Charakteristik der Prüfungsteilnehmer

Zentrale Information in wörtlichem Zitat wiedergegeben

Nachdem alle Bögen korrigiert sind, werden die Prüflinge wieder in den Raum geholt, um das Ergebnis zu erfahren. Da sitzt man nun, ganz vorne, unsicher wie alle anderen, mit mulmigen Gefühlen. „Meine Damen und Herren“, beginnt der Prüfer, „Sie wissen, dass maximal acht Fehlerpunkte erlaubt sind. Haben Sie mehr als acht Fehler, haben Sie die Prüfung nicht bestanden.“ Dann teilt er die Bögen aus, ungeordnet, kreuz und quer. Ab und zu steckt er eine Arbeit an das Ende des Stoßes. Schüler, die ihren Bogen bekommen haben und das Ergebnis kennen, freuen sich, wenn sie bestanden haben. Ande-

Bekanntgabe der Ergebnisse

Vorgangsbeschreibung mit schildernden Elementen und wörtlicher Rede

re ärgern sich, weil sie zu viele Fehler gemacht haben. Einige Prüflinge sind verwundert, als der Prüfer die restlichen Bögen zurück in seine Mappe legt; sie sitzen ohne korrigierte Unterlagen verdutzt auf dem Stuhl. Dann die Erlösung. Der Prüfer teilt ruhig mit: „Wer eben keinen Bogen zurückbekommen hat, hat mit null Fehlern bestanden." Es folgt großes Aufatmen und allgemeine Erleichterung: „Gott sei Dank!"

Pointierter Schluss

Der Prüfer wünscht den angehenden Autofahrern, die bestanden haben, viel Erfolg bei der praktischen Prüfung, den Durchgefallenen mehr Glück beim nächsten Mal.

Aufgreifen der Eingangssituation

Der Autor folgt dem tatsächlichen Ablauf der Prüfung und verwendet gezielt Stilmittel der Schilderung, des Erzählens und Beschreibens.

Kleines Wunder vor den Toren Hofs

Muster-aufsatz

AUSFLUG INS JEAN-PAUL-MUSEUM IN JODITZ

Dachzeile

Kleines Wunder vor den Toren Hofs

Titel

„Die Erinnerung ist das einzige Paradies, aus dem wir nicht vertrieben werden können." (Jean Paul)

Zitat Jean Pauls als Einstimmung

Gänzlich unromantisch-praktisch machten sich die Schüler der Klassen 12 A und 13 nach einer kurzen Einführung in die Biografie von Jean Paul morgens per Automobil auf den Weg nach Joditz. Unbeeindruckt von den nur knapp über dem Gefrierpunkt liegenden Temperaturen empfing uns Eberhard Schmidt, der das Museum seit vielen Jahren mit viel Liebe und En-

Einleitung: Worum geht es?

Temperatur als roter Faden der Reportage

Wichtige Person: Charakterisierung

gagement betreibt, in häuslicher Kluft vor der Pfarrkirche in Joditz. Bereits seine ersten, stets mit etwas verklärtem „Jean-Paul-Blick“ vorgetragenen Ausführungen waren von zahlreichen Anekdoten und Bonmots gewürzt. Hatte man über den einen Kalauer noch gelacht, so folgte bald unweigerlich der nächste, das alles auf eine unnachahmliche Weise verknüpft mit Leben und Werk Jean Pauls.

Treffende Beschreibungen

In der evangelischen Pfarrkirche, mit unvermutet barockem Inventar, durften wir nun sitzend weiterfrieren, aber stets erwärmt von den teils deklamierenden, teils innerlich versunken vorgebrachten Erzählungen Herrn Schmidts, den (und dessen Frau) ein Redakteur der F.A.Z. nach einem Besuch im Museum einmal als „Hippie-Paar, das in einer Ecke des Anwesens sicher Hanf anpflanzt“ und „das nicht müde wurde, die Echtheit der im Museum ausgestellten Exponate immer wieder in Frage zu stellen“ bezeichnet hat. Zum Schluss wurden wir noch auf den – in der Tat ungewöhnlichen – „Jesus mit dem nackten Arsch“ hingewiesen.

Ortswechsel
Kontrast: kalte Kirche, erwärmende Anekdoten

Weitere Charakterisierung

Wieder im Freien inspirierte der Anblick des Pfarrhauses Herrn Schmidt zu neuen Geschichten, die uns in die Welt der Kindheit Jean Pauls führten.

Ortswechsel
Ortsbeschreibung

Nun ging es in das gegenüberliegende Museum, das aus zwei liebevoll eingerichteten (und beheizten ...) Räumen besteht. Ausgestellt sind dort Exponate aus der Zeit Jean Pauls, seine Werke, Bücher, die er gelesen hat sowie zahlreiche Portraits von ihm und Zeitgenossen, darunter auch die Damen der „erotischen Akademie“. Nach dem großen Erfolg seiner Romane sah sich Jean Paul der Verehrung seiner weiblichen Bewunderinnen ausgesetzt und traf sich mit einigen von ihnen regelmäßig zu literarisch-musikalischen Zusammenkünften in Hof. Herr Schmidt machte in dem Zusam-

Herausgreifen bezeichnender Inhalte aus dem Vortrag über Jean Paul

menhang den Vorschlag, Hof doch künftig nicht mehr „Hochschulstadt", sondern „Stadt der erotischen Akademie" zu nennen, was dem Tourismus sicherlich förderlich wäre.

Verknüpfung zur Gegenwart

Im ersten Stock des Museums setzte Herr Schmidt seinen humorvoll-hintersinnigen Vortrag über Leben und Schaffen dieses außergewöhnlichen Dichters fort. So erfuhren wir von der „Pisssteuer", die Jean Paul zu entrichten hatte, als er von einer alten Frau angezeigt wurde, die ihn beim Urinieren gegen eine Hauswand erwischte, von seinem Aufenthalt in Bayreuth, „das ja so schön wäre, wenn nicht so viele Bayreuther dort lebten", von den Hofern, die so dumm wären, „dass es eine Beleidigung für jeden ehrbaren Menschen wäre, wenn sie einen dann doch einmal verstehen würden".

Skurriles über Jean Paul

Zum Schluss dieser kurzweiligen zwei Stunden konnte man sich im Museum und in dem angegliederten kleinen Verkaufsraum noch etwas umsehen. Begeistert dankten wir Herrn Schmidt und machten uns auf den „Jean-Paul-Weg", der von Joditz nach Hof führt. Diesen Weg lief der Dichter in seiner Kindheit jeden Samstag zu seinen Großeltern, um sich dort mit Lebensmitteln einzudecken.

Ortswechsel: der Wanderweg

Inzwischen war die Sonne aus der grauen Wolkendecke hervorgetreten und überglänzte eine wildromantische Wiesenlandschaft, durch die sich der gut befestigte Weg zwischen Waldrand und Saale schlängelte. Bereits nach zwanzig Minuten erreichten wir die Fattigsmühle, wo wir die verdiente Brotzeit einnahmen. Für die Autofahrer ging es nun zurück nach Joditz, für die Gruppe weiter auf dem wunderschönen Wanderweg nach Hof.

Es braucht nicht immer weite Wege, um solche kleinen Wunder vor der eigenen Haustür zu entdecken; dies ganz im Geiste Jean Pauls, der in seinem Leben kaum gereist ist und doch die

Schluss: Verknüpfung eigenes Erleben – Leben Jean Pauls

wunderbarsten Romane und Reisebeschreibungen verfasste. Es lohnt sich, diesen großen deutschen Dichter vor den Toren Hofs vielleicht für sich neu zu entdecken.

Daniel Mylow

Diese Reportage von dem Besuch zweier Schulklassen in einem Museum vermittelt vor allem die Atmosphäre, ist eine Beschreibung der Besonderheit dieses Ortes. Dazu tragen die Charakterisierung des Museumsleiters, des Dichters Jean Paul und der Landschaft bei, die sich zu einem Gesamtbild fügen, das gleichermaßen Skurrilität wie Bodenständigkeit vermittelt. Diese Stimmung zu treffen ist dem Autor wichtiger als eine detailgetreue Beschreibung des Museums. Er vermischt beständig eigenes Erleben mit dem lebhaften Vortrag des Museumsleiters und greift daraus heraus, was seinem Empfinden nach am treffendsten ist, nämlich eher kuriose Begebenheiten.

2.2 Die Nachricht als Quelle wirklichkeitsnaher Erzählungen

Wer aufmerksam Zeitung liest, findet insbesondere in den Polizeiberichten mitunter kuriose Ereignisse, die sich vorzüglich für Erzählungen eignen. Die Aufgabe des Schreibers besteht darin, die Informationen in eine Erzählstruktur umzubauen und sprachlich auszugestalten. Die Handlung muss sich chronologisch auf einen Höhepunkt zu entwickeln. Nicht immer, aber oft, stehen bei Nachrichten die wichtigsten Informationen am Anfang. In der Regel muss die Informationsfolge daher umgekehrt werden.

Hilfsschäfer in stockfinsterer Nacht (Frankenpost)

STRASSDORF – Wahrlich nicht mit Schlafproblemen zu kämpfen hatten zahlreiche Feuerwehrleute und zwei Polizeistreifen, obwohl sie in stockfinsterer Nacht Schäfchen zählen mussten. Acht Schafe hatten sich in der Nacht auf Donnerstag aus ihrer umzäunten Weide davongemacht und tippelten auf der Straße zwischen Göhren und Straßdorf umher.
Um nicht auch noch den Straßenverkehr auf der nahen Bundesstraße

zu gefährden, blieb Feuerwehrleuten und Polizei nichts anderes übrig, als gemeinsam die Schafe fast sechs Stunden lang in der Wiese im Zaum zu halten. Dieses Unterfangen war äußerst schwierig, da die Tiere in alle Richtungen auseinanderstoben, sobald sich einer näherte. Die Autofahrer rings um Schwarzenbach und auf der nahen Bundesstraße wurden durch eine Durchsage im Rundfunk von der drohenden Gefahr durch die herrenlose Schafherde gewarnt.

Am frühen Donnerstagmorgen hatten Polizeibeamte endlich den Besitzer ausfindig gemacht. Er traf gegen 6.30 Uhr ein und siehe da – seine Schäfchen folgten ihm lammfromm aufs Wort. Die vielen Hilfsschäfer konnten nach dem tierischen Abenteuer und einer durchwachten Nacht wieder abrücken.

Schreibplan

Sinnvoll ist es, zuerst einen Schreibplan zu erstellen, um sich über den Aufbau der Erzählung im Klaren zu sein. Ein guter Schreibplan ordnet nicht nur das Geschehen, sondern enthält auch die Stimmungen, die die einzelnen Erzählschritte begleiten. Adjektive, die die Stimmung beschreiben, sollten in der Erzählung umgesetzt werden in lebendige Redeeinführungen, in Beschreibung von Mimik und Gestik. Damit verbildlichst du die Adjektive, indem du beispielsweise einen Gesichtsaudruck beschreibst oder dir die Handlungen der hütenden Polizisten oder des gelassenen Schäfers vorstellst.
Zuerst musst du die Handlungsschritte dem Erzählaufbau zuordnen.

Info

Schreibplan

Gliederung

A Warnmeldung der Polizei	A. Guter Einstieg mit wörtlicher Rede
B. Hilfsschäfer in stockfinsterer Nacht	B. Hauptteil mit Spannungssteigerung
I. Rückblende – Telefonanruf bei der Polizei: ausgebrochene Schafe zwischen Göhren und Strassdorf	Kurze berichtende Rückblende einbauen
II. Anrücken von zwei Polizeistreifen und der Feuerwehr um Mitternacht (gelassen, lässig, frohgemut)	Jetzt Namen nennen, zwei Polizisten, Feuerwehrleute

III. Das Hüten der acht Schafe – sechs Stunden unsicher hektisch verkrampft verbissen hohe Konzentration	Hier steckt die eigentliche Geschichte – der Kampf der Feuerwehrmänner mit den Schafen in dunkler Nacht; dies gut ausgestalten
IV. Höhepunkt Der Schäfer und die lammfrommen Ausreißer Der Schäfer: gelassen, verwundert, lächelnd Die Feuerwehrleute: überrascht, todmüde, bewundernd, wütend	Erschöpfung, Bewunderung
C. Abrücken der Polizei und der Feuerwehr	C. Schluss knapp

Schülerbeispiel: Hilfsschäfer in stockfinsterer Nacht

M Musteraufsatz

„An alle Autofahrer, die im Gebiet Straßdorf unterwegs sind: Auf der Straße zwischen Göhren und Straßdorf befinden sich Schafe auf der Fahrbahn. Bitte fahren Sie vorsichtig oder umfahren Sie das Gebiet weiträumig." So tönte es in der Nacht von Mittwoch auf Donnerstag aus dem Verkehrsrundfunk.	A. Einleitung Wörtliche Rede für das zentrale Ereignis
Ein nächtlicher Spaziergänger hatte kurz vorher die ausgebrochenen Schafe bemerkt und die Polizei informiert. Aufgeregt hatte er ins Telefon gestottert: „Schafe auf der Fahrbahn, zwischen Göhren und Straßdorf, kommen Sie schnell, bevor noch etwas passiert!"	B. Hauptteil I. Erster Handlungsschritt: Rückblende, Notruf Vermittlung der aufgeregten Stimmung durch die Redeeinführung
„Die paar Viecher können wir doch locker in Zaum halten", scherzte Dieter Müller, der in dieser Nacht die Einsatzleitung in der Polizeiinspektion hatte. Er informierte die Feuerwehr und machte sich mit drei Kollegen sogleich auf den Weg zu den Unruhe stiftenden Tieren. Dem Kollegen, der in der Wache blieb, rief er zu: „In	II. Zweiter Handlungsschritt Anrücken der Polizei und Feuerwehr Vermittlung der Gefühle durch wörtliche Rede, Adverbien, Adjektive, Gedanken

einer halben Stunde sind wir wieder da!" Auf dem Weg beschwerte sich Streifenpolizist Herbert Huber genervt: „Das sind doch nur acht Schafe, und deswegen mussten wir unsere Wache verlassen! In einer Stunde ist Dienstschluss." „Ach was", beruhigte ihn sein Chef, „die haben wir gleich wieder eingefangen. Die Feuerwehrleute sollen so einen Zaun mitbringen, bei dem man die Stecken in die Erde rammen kann, und schon sind die Schafe gefangen."

Hier: der eine zuversichtlich, der andere überheblich, genervt

Als die Polizisten aus den Autos ausstiegen, rannte die kleine Schafherde sofort weg. Allmählich verschwand das Lächeln im Gesicht der Männer. „Die hauen ja alle ab, sobald sich einer von uns nähert", rief Müller. Huber stampfte auf den Boden und rief: „Ihr müsst die Herde zusammenhalten, Männer." Mit ernsten Mienen versuchten die Polizisten und die inzwischen eingetroffenen Feuerwehrleute, die Schafe zusammenzutreiben. Den gewünschten mobilen Zaun hatten sie aber auf die Schnelle nicht auftreiben können. Immer wieder büxte eines der Tiere aus, sodass die Männer langsam der Geduldsfaden riss. Müller schimpfte ärgerlich: „Wann kommt denn dieser elende Schafer?"

III. Dritter Handlungsschritt
Das Hüten der acht Schafe
Lebendigkeit durch
Wörtliche Rede
Gestik
Mimik
Beschreibende Elemente

Die Einsatzkräfte wurden immer unruhiger, mussten aber ihre Arbeit konzentriert erledigen, um die davonrennenden Schafe von der Straße fern zu halten. So verging Stunde um Stunde, ohne dass der Besitzer der Herde auftauchte.

Insgesamt gute Entwicklung durch Beschreibung der Erwartungshaltung der Männer und der Stimmungsänderung

Die tapferen Männer mussten die ganze Nacht die Schafe hüten. Erst nach sechs Stunden gab die Zentrale eine Meldung durch: „Der Besitzer der Herde wurde ausfindig gemacht. Er wird in zehn bis zwanzig Minuten eintreffen." „Na endlich", freuten sich die Beamten im Chor.

Ein alter, erfahren aussehender Mann mit Schlapphut kommt lässig auf die Männer zu. Im Mund klemmt eine rauchende Pfeife, neben ihm laufen zwei Hirtenhunde. „Was ist denn hier los?", lacht er die Hilfsschäfer an. „Was machen Sie denn mit meinen Schafen?" „So ein arroganter Typ. Wir müssen die ganze Nacht seine doofen Viecher hüten, und der lacht uns auch noch aus", ärgert sich Huber.

IV. Höhepunkt
Historisches Präsens oder Erzählpräsens

Schäfer amüsiert, Polizist verärgert

Die unfreiwilligen Hilfsschäfer zogen sich zurück und sahen erstaunt und bewundernd, wie die acht störrischen Schafe ihrem Herrn aufs Wort folgten und ihm langsam hinterher trotteten. Ohne Widerstand ließen sie sich aus dem Bereich der Landstraße fortführen.

Rückkehr zur Erzählzeit Präteritum am Ende des Höhepunkts

„Diese Nacht werde ich so schnell nicht vergessen", stöhnte ein übermüdeter Feuerwehrmann. Zu guter Letzt fuhren die Polizisten und Feuerwehrleute erschöpft, aber auch erleichtert zurück. „Ich habe ja schon viel erlebt", seufzte Dieter Müller im Auto, „aber so was." Er schmunzelte dem immer noch mürrischen Huber zu: „Wenn ich das meiner Frau erzähle, die lacht sich krank."

C. Schluss – Rückkehr zur gelösten Stimmung am Anfang der Haupthandlung

3 Standardisierte Schreiben

Standardisierte Scheiben folgen in stärkerem Maße als die anderen Aufsatztypen bestimmten äußeren Formen und inhaltlichen Prinzipien.
Gerade weil sie in der Regel einen offiziellen Charakter haben, ist es besonders wichtig, auf eine sehr ordentliche Aufmachung der Schreiben zu achten.

3.1 Das Protokoll

Die Formen des Protokolls

Protokolle lassen sich einerseits nach Anlässen einteilen, zu denen sie verfasst werden, zum Beispiel:

- Vereinsprotokoll
- Protokolle von Konferenzen und Sitzungen im Berufsleben
- Gerichtsprotokoll
- Unterrichtsprotokoll

Andererseits unterscheidet man – je nachdem, worauf der inhaltliche Schwerpunkt liegt – zwischen Verlaufs- und Ergebnisprotokoll.

Jedem Protokoll wird ein Kopf vorangestellt, der folgende Aspekte enthält:

- Anlass des Protokolls
- Ort
- Zeit
- Anwesende und abwesende / entschuldigte Personen
- Tagesordnung.

Die Sprache des Protokolls ist sachlich. Auf unnötige Ausschmückungen wird verzichtet, damit der Leser rasch die gewünschten Textzusammenfassung einholen kann. Insofern steht das Protokoll dem Bericht und auch der Inhaltsangabe nahe. Als Tempus wird in der Regel die Gegenwart (Präsens) gewählt, aber auch die Vergangenheit (Präteritum) ist nicht unüblich.

3.1.1 Das Vereinsprotokoll

Eingetragene Vereine (mit dem Zusatz „e. V." nach dem Vereinsnamen) folgen bestimmten rechtlichen Vorgaben. Egal, um welche Art von Verein es sich handelt: Fußballverein, Kaninchenzüchterverein oder Kunstverein – wenigstens einmal pro Jahr ist eine offizielle Vereinsversammlung notwendig, zu der alle Mitglieder eingeladen sind und in der bestimmte Vereinsangelegenheiten besprochen werden müssen. Dazu gehört immer die finanzielle Lage des Vereins. Wegen ihres offiziellen Charakters muss ein Protokoll abgefasst werden. Diese Aufgabe übernimmt der Schriftführer des Vereins.

Muster-
aufsatz

Protokoll

Protokollkopf

der Jahreshauptversammlung 2006
des Vereins Künstlertreff e. V.

Anlass des Vereinstreffens, Vereinsname

Ort:	Bamberg, Künstlerklause
Zeit:	27. Februar 2004, 19.30 Uhr
Anwesend:	12 Mitglieder (siehe Anwesenheitsliste)

Angaben wie in der Einladung bekannt gegeben

Tagesordnung:

Tagesordnungspunkte (auch „TOP" abgekürzt)

1. Bericht des Vorsitzenden: Rückblick und Ausblick – Ausstellungen und Aktionen 2006 und 2007
2. Bericht des Kassierers
3. Entlastung des Kassierers und des Vorstandes
4. Neuwahl des Vorstandes und des Beirates
5. Künstlertreff im Internet: Mitglieder machen Werbung (Visitenkarten)
6. Sonstiges

Zu 1.:

Ausführungen zu den jeweiligen TOP

Bericht von Andi Schmidt:
Rückblick Ausstellungen 2006:
Drei Ausstellungen wurden 2006 in der „Ausstellungshalle 3" durchgeführt:

a) Daniela Meier, Pferde-Aquarelle,
   8. bis 30. März
b) Markus Fink, Phantasiereisen,
   28. Juni bis 20. Juli
c) Karla Kunkel, Herbststürme,
   8. bis 30. November

Als zusätzliche Ausstellung unter dem Titel „Hier-Sein" zeigt Andi Schmidt seine bearbeiteten Fotografien. Zu einer Vernissage in der „Ausstellungshalle 3" wurde eingeladen. Die

Ausstellung kann bis Mai 2007 nach vorheriger Terminvereinbarung besichtigt werden.

Beim diesjährigen Stadtfest konnten die Kinder am Künstertreff-Stand Tiere aus Holz bemalen, was Ina Mayer vorbereitet hatte, das Angebot wurde rege angenommen.

Gute Übersicht durch Leerzeilen

Ein Sommerfest des Künstlertreffs fand bei Egon Haitmeier statt.

Vorschau Ausstellungen 2007:
Derzeit laufende Ausstellung bis 5. Mai 2007: Andi Schmidt, bearbeitete Fotografien

Ab 5. Juni: Seidenmalerei von Tine Schneider
Ab 10. Oktober: Objekte von Dieter Peterson

Der Künstlertreff wird sich dieses Jahr wieder am Stadtfest beteiligen, die Veranstaltung findet am 6. August statt. Vorschlag: dünne Baumstämme oben schräg absägen und die Schnittstellen als Gesichter bemalen.
Des Weiteren sollten neue Fahnen für das Wiesenfest hergestellt werden, da die alten allmählich unansehnlich werden.
Ein Sommerfest soll wieder stattfinden, diesmal bei Anja Kiepmann.

Sachliche Sprache

Zu 2.:
Den Bericht des Kassierers Hans Schulze trug Andi Schmidt vor, Hans Schulze war entschuldigt:
Der Kassenstand am 1.1.2006 belief sich auf 1250 Euro, am 31.12.2006 auf 735 Euro. Einnahmen gab es aus den Mitgliedsbeiträgen und den Provisionen von Bilderverkäufen, Ausgaben für Einladungen, Material, Porto und

Abgaben an die Künstlersozialkasse. Der Umsatz betrug 3174 Euro.

Zu 3.:
Die beiden Kassenprüfer Heinrich Wirz und Dr. Karin Wagner bestätigten die ordnungsgemäße Führung der Kasse. Die Mitglieder entlasteten Kassierer und Vorstand einstimmig.

Prüfen der Kassenführung stets vor der Versammlung
Entlastung: Anerkennung der vorgelegten Berichte

Zu 4.:
Neuwahl von Vorstand und Beirat:
Den Wahlausschuss bildeten Mirko Bauch und Werner Weigand.

Entsprechend dem Satzungsrecht wurden gewählt und damit in ihren Ämtern bestätigt:

Andi Schmidt zum 1. Vorsitzenden,
Gottfried Hink zum stellvertretenden Vorsitzenden,
Hans Schulze zum Kassierer und
Kathrin Schmidtbauer zur Schriftführerin

Immer Vor- und Nachnamen nennen

sowie die Beisitzer Egon Haitmeier und Anja Kiepmann und die Kassenprüfer Heinrich Wirz und Dr. Karin Wagner.

Die nicht anwesenden Mitglieder hatten bereits vorher ihre Bereitschaft gegenüber dem Vorsitzenden erklärt, ihre Ämter wieder zu übernehmen.

Zu 5.:
Künstlertreff im Internet.
Andi Schmidt verwies auf die Internet-Seite des Künstlertreffs e.V. und gab den Mitgliedern Visitenkarten, um diese an Interessierte weitergeben zu können.

Zu 6.:
Im Herbst wird der Künstlertreff zusammen mit der Stadtverwaltung eine große Ausstellung oberfränkischer Künstler veranstalten.

Einbringen weiterer Themen

Der Verein wird zwei Fotokurse anbieten, bei denen es insbesondere um die Bildgestaltung geht.

Bamberg, den 27. Februar 2007

Für die Niederschrift

Kathrin Schmidtbauer	Andi Schmidt
Schriftführerin	Vorsitzender

Unterschriften von Protokollant und Vereinsvorsitzendem

3.1.2 Verlaufs- und Ergebnisprotokoll

Das Verlaufsprotokoll ist dann wichtig, wenn Diskussionen um strittige Themen festgehalten werden sollen. Später kann dann nachvollzogen werden, wer welchen Redebeitrag geleistet hat. Für die Wiedergabe dieser Redebeiträge gibt es verschiedene Möglichkeiten. Häufig wird für Protokolle, die in der Schule verfasst werden, die indirekte Rede verlangt.

Weil das Ergebnisprotokoll, wie der Name schon sagt, nur Ergebnisse, etwa einer Diskussion, festhält, ist es wesentlich knapper gehalten als das Verlaufsprotokoll. Dadurch kann sich der Leser zwar schneller über die wichtigsten Aspekte einer Diskussion informieren, andererseits erhält er aber keine genaueren Informationen über die einzelnen Redebeiträge, was bei umstrittenen Entscheidungen aber durchaus wichtig sein kann.

In jeder Klasse finden Stunden statt, in denen über Organisatorisches gesprochen oder verhandelt wird. Anhand einer solchen Stunde soll im Folgenden der Unterschied zwischen dem Verlaufs- und dem Ergebnisprotokoll aufgezeigt werden.

Der Protokollkopf ist für beide Formen identisch und wird somit im Folgenden nur einmal abgedruckt.

Dientzenhofer-Gymnasium Bamberg
Klasse 9 a

Wichtig: genaue und vollständige Angaben zu den genannten Punkten!

G – Gliederung

Protokoll der „Zeit-für-uns-Stunde" vom 20.09.2006

Ort:	Raum 144N, Dientzenhofer-Gymnasium Bamberg
Zeit:	11.25 Uhr bis 12.10 Uhr
Teilnehmer:	31 Schüler und Schülerinnen der Klasse 9 a
Entschuldigt:	– –
Vorsitzende:	StRin Katja Schößler
Schriftführerin:	Sandra M.
Thema:	Planung des ersten Wandertages

Inhalt der Stunde:

1 Termin des Wandertags
2 Vorschläge der Klasse
3 Stellungnahme zu den Vorschlägen und Abstimmung
4 Abstimmungsergebnis

Keine TOP – anders als in Vereinsversammlungen Dafür Inhaltsübersicht

Diskussion über geplanten Wandertag (Verlaufsprotokoll)

Die Klassensprecherin und Diskussionsleiterin Katrin Müller gibt ihren Mitschülern das heute zur Diskussion stehende Thema bekannt und bittet um eine Einhaltung der Gesprächsregeln, damit die Klasse zu greifbaren Ergebnissen kommt, denn die Zeit dränge.

Hinführung Bekanntgabe des Themas: Diskussion über Ziele des Wandertages

M – Musteraufsatz

1 Termin des Wandertages
Als Termin für den ersten Wandertag dieses Schuljahres wurde von der Schulleitung der 27.09. festgelegt.

2 Vorschläge der Klasse
Katrin Müller sammelt zunächst Vorschläge, die sie an der Tafel festhält:

Festhalten der Diskussionsgrundlagen

1. Fahrt ins Freizeitland Geiselwind
2. Besuch der Nürnberger Sternwarte
3. Wanderung auf den Kreuzberg mit Grillen
4. Wanderung nach Memmelsdorf mit anschließendem Basketballturnier
5. Bowling in einer der Schule benachbarten Bahn

3 Stellungnahme zu den Vorschlägen und Abstimmung
Anschließend fordert sie die Klasse auf, zu den Vorschlägen Stellung zu nehmen, bevor darüber abgestimmt werden soll.

Eröffnung der Diskussion

Martin Schmid spricht sich gegen die Ziele 1, 2 und 5 aus, weil sie alle mit recht hohen Kosten verbunden seien. Außerdem sei der Sinn eines Wandertages schließlich zu wandern, deswegen kämen nur die Ziele 3 und 4 in Frage.
Anja Schulze gibt daraufhin zu bedenken, dass beim Wandertag möglicherweise das Wetter schlecht sei und es dann absolut keinen Spaß mache, zu grillen oder Basketball zu spielen.
Sina Maier wendet ein, dass eine kurze Wanderung bei Regen nicht so schlimm sei und schlägt vor, bei schlechtem Wetter Schloss Seehof zu besichtigen statt ein Basketballturnier durchzuführen. Hier schaltet sich die Klassleiterin in die Diskussion ein und meint, dass eine Schlossbesichtigung vorher angemeldet werden müsse.

Sammeln einzelner Redebeiträge, inhaltliche Zusammenfassung

Die Alternativen könnten also nur „Wanderung mit Schlossbesichtigung und Basketballturnier" oder „Wanderung mit Schlossbesichtigung" lauten.
Die Klassensprecherin ergänzt die Vorschlagsliste auf der Tafel entsprechend.
Nun meldet sich Peter Schmitt zu Wort. Er hält Bowling-Spielen für einen guten Kompromiss, weil es auch bei schlechtem Wetter möglich sei, sich alle bewegen würden und die Bahngebühren längst nicht so viel kosten würden wie Fahrt und Eintritt zu den Zielen 1 und 2.

Abstimmung

Da keine weiteren Diskussionsbeiträge mehr folgen, lässt Katrin Müller nun per Handzeichen abstimmen. Es gilt das Prinzip der einfachen Mehrheit. Die jeweils erreichten Stimmen notiert sie an der Tafel:

Abstimmungsergebnis

1. Fahrt ins Freizeitland Geiselwind (3 Stimmen)
2. Besuch der Nürnberger Sternwarte (1 Stimme)
3. Wanderung auf den Kreuzberg mit Grillen (2 Stimmen)
4. Wanderung nach Memmelsdorf mit anschließendem Basketballturnier (7 Stimmen)
5. Wanderung nach Memmelsdorf mit Schlossbesichtigung und anschließendem Basketballturnier bei gutem Wetter (11 Stimmen)
6. Bowling in einer benachbarten Bahn (7 Stimmen)

4 Abstimmungsergebnis

Festlegung des Zieles für den ersten Wandertag

Damit stellt die Klassensprecherin fest, dass das Ziel des nächsten Wandertages Memmelsdorf mit Besichtigung von Schloss Seehof und eventuell einem Basketballturnier ist.

Die Klassenlehrerin bedankt sich bei der Diskussionsleiterin und fragt die Schüler, ob jemand dazu bereit sei, sich bei der Schlossverwaltung nach einer Gruppenführung und den Eintrittspreisen zu erkundigen. Emma Leipold meldet sich.

Abschluss der Diskussion, weitere Planungen

Bamberg, 20.09.2006

Ort, Datum des Protokolls

Vorsitzende Schriftführerin

Unterschriften

Diskussion über geplanten Wandertag (Ergebnisprotokoll)

M Musteraufsatz

Zu 1:

Ziel der Diskussion unter der Leitung von Klassensprecherin Katrin Müller ist es, ein Ziel für den nächsten Wandertag festzulegen, der von der Schulleitung auf den 27.09. terminiert wurde.

Thema und Ziel der Diskussion

Zu 2:

Nach einer Abwägung der einzelnen Ziele wurde über folgende Vorschläge abgestimmt und die Ergebnisse an der Wandtafel festgehalten:

Darstellung nur der Abstimmungsergebnisse, nicht des Diskussionsverlaufs

1. Fahrt ins Freizeitland Geiselwind (3 Stimmen)
2. Besuch der Nürnberger Sternwarte (1 Stimme)
3. Wanderung auf den Kreuzberg mit Grillen (2 Stimmen)
4. Wanderung nach Memmelsdorf mit anschließendem Basketballturnier (7 Stimmen)
5. Wanderung nach Memmelsdorf mit Schlossbesichtigung und anschließendem

Basketballturnier bei gutem Wetter (11 Stimmen)
6. Bowling in einer benachbarten Bahn (7 Stimmen)

Zu 3:
Das Ziel des nächsten Wandertages ist somit Memmelsdorf mit Besichtigung von Schloss Seehof und bei gutem Wetter ein anschließendes Basketballturnier.

Festlegung des Ergebnisses

Auf Bitte der Klassleiterin hin wird sich Emma Leipold nach einer Gruppenführung und den Eintrittspreisen in Schloss Seehof erkundigen.

Weitere Planungen

Bamberg, 20.09.2006

Ort, Datum

Vorsitzende Schriftführerin

Unterschriften

Im Ergebnisprotokoll entfallen die Stellungnahmen, da es nur auf die Ergebnisse ankommt.

3.1.3 Das Unterrichtsprotokoll und die Mitschrift im Unterricht

Das Unterrichtsprotokoll ist eine Mischform zwischen Verlaufs- und Ergebnisprotokoll, das heißt, es ist umfangreicher als die kürzere der beiden Formen, ohne allerdings jeden einzelnen Redebeitrag – außer besonders wichtigen – inhaltlich und namentlich zu erfassen. Deine Aufgabe als Protokollant ist es also, gleichartige Redebeiträge sinnvoll zusammenzufassen, aber natürlich nichts Wesentliches wegzulassen.

Info

Für den formalen Rahmen des Protokolls ist die Vorgabe der jeweiligen Schule zu beachten. Vielerorts wird gefordert, die Unterrichtsstunden nach Tagesordnungspunkten zu gliedern. In diesem Falle muss man für die einzelnen Phasen oder Arbeitsschritte mit TOP 1 usw. arbeiten.

Tatsächlich ist diese Einteilung aber nur bei richtigen Versammlungen sinnvoll, in denen Tagungsordnungspunkte zu verschiedenen Themen vorkommen (siehe das Beispiel für ein Vereinsprotokoll). Sie sollten als Zwischenüberschriften den Protokolltext untergliedern und damit übersichtlich gestalten. Sinnvoll kann auch eine inhaltliche Präzisierung der einzelnen Phasen sein.
Das Protokoll steht gedanklich der Textzusammenfassung nahe. Daher gelten für das Protokoll inhaltlich und stilistisch auch die Regeln der Textzusammenfassung. Jeder thematisch in sich geschlossene Punkt ist demnach logisch oder chronologisch zusammenzufassen. Das Tempus ist Präsens.

Noch einige Anmerkungen zum Schriftsatz beim Schreiben am PC:
Wir schreiben in Arial, Schriftgröße 12. Diese Schriftart ist weit verbreitet und auch internetfähig.
Zur Hervorhebung dienen weder Unterstreichungen noch Kästchen, sondern lediglich Fett- oder Kursivdruck.
Fettdruck empfiehlt sich für Überschriften und Zwischenüberschriften,
Kursivdruck für wichtige Teile innerhalb des Protokolltextes.
Absätze und die äußere Form spielen eine wichtige Rolle. Sie dienen der Übersichtlichkeit des Protokolls.

Damit dir ein inhaltlich korrektes Unterrichtsprotokoll gelingt, musst du während der Stunde eine hinterher brauchbare Mitschrift anfertigen. Kein Mensch kann sich alle entscheidenden Einzelheiten merken. Verwende für die Mitschrift DIN A-4-Blätter mit möglichst breitem Rand; er erlaubt dir spätere Ergänzungen oder Hinweise zur Gliederung der Stunde.
Bewährt hat sich ein System mit Kürzeln, um schnell genug mitzukommen. Nutze alle gängigen Abkürzungen. Anders als in der Endfassung sind auch „persönliche" Abkürzungen erlaubt. Wichtig ist in erster Linie, dass du später selbst noch weißt, was gemeint war. Auch Symbole können sinnvoll sein.

Unterrichtsprotokoll einer Geschichtsstunde

Musteraufsatz

Protokollkopf

Dientzenhofer-Gymnasium Bamberg
Klasse 9 b

Protokoll der Geschichtsstunde vom 05.10.2006

Ort:	Raum 031N, Dientzenhofer-Gymnasium Bamberg
Zeit:	9.45 Uhr bis 10.30 Uhr
Teilnehmer:	27 Schüler und Schülerinnen der Klasse 9 b
Entschuldigt:	J. D.
Vorsitzende:	StRin K. Schößler
Schriftführer:	F. D.
Thema:	Die Lösung des österreichisch-preußischen Dualismus im 19. Jahrhundert

Beschreibung der inhaltlichen Schwerpunkte

Inhalt der Stunde

1 Wiederholung: Entstehung der „deutschen Frage" im 19. Jahrhundert
2 Erarbeitung: Dualismus Österreich und Preußen
2.1 Innenpolitische Konflikte in Preußen
2.2 Der Konflikt um Schleswig Holstein
2.3 Der preußisch-österreichische Krieg und seine Ergebnisse
3 Vertiefung: Folgen für die „deutsche Frage"
4 Hausaufgabe

Unterrichtsphase 1: Hinführung durch sprachliche Überleitung

1 Wiederholung

Im Anschluss an die Begrüßung wird im Unterrichtsgespräch gemeinsam das Thema der vorangegangenen Geschichtsstunde wiederholt: Die Entstehung der „deutschen Frage" im 19. Jahrhundert und die Rolle, die Preußen und Österreich als Konkurrenten um die Vormacht in einem künftigen deutschen Nationalstaat spielten.

2 Erarbeitung

Nach der Wiederholung leitet Frau Schößler zum Thema der heutigen Stunde über, nämlich wie die Konkurrenzsituation zwischen Österreich und Preußen, auch Dualismus genannt, beendet wurde.

Unterrichtsphase 2: Überleitung zum neuen Thema

2.1 Innenpolitische Konflikte in Preußen

Zunächst fordert die Lehrkraft die Schüler dazu auf, die Ergebnisse, die jetzt schrittweise an der Tafel mitnotiert würden, in ihre Hefte zu übernehmen.

Übersichtlichkeit durch Leerzeilen und Zwischenüberschriften

Dann klärt sie in einem Lehrervortrag die Rolle des preußischen Ministerpräsidenten Otto von Bismarck, der bei der Lösung der „deutschen Frage“ eine zentrale Rolle spielte. Seine Ziele waren die Stärkung Preußens sowie die Lösung innenpolitischer Probleme mit dem Parlament, das keine Gelder für eine Heeresvergrößerung bewilligen wollte; Bismarck überging dieses parlamentarische Recht einfach und ließ das Heer trotzdem vergrößern. Nun musste er das Abgeordnetenhaus aber wieder beschwichtigen.

Sprachliche Überleitungen bei Absätzen

Wie der Ministerpräsident seine Ziele erreichen wollte, erarbeitet die Klasse anschließend mit Hilfe einer historischen Quelle, und zwar an einem Ausschnitt aus der sogenannten „Eisen-und-Blut-Rede“ Bismarcks, die ein Schüler zunächst im Buch vorliest. Im Unterrichtsgespräch wird der Text nun erschlossen. Frau Schößlers Frage nach Bismarcks erklärten Zielen beantwortet Anna Z. damit, dass der preußische Ministerpräsident die „deutsche Frage“ durch einen Krieg lösen wollte. Michael F. ergänzt,

Absätze für Zwischenschritte

so könnte er gleichzeitig Preußen stärken und dem Parlament beweisen, dass die Heeresvergrößerung wirklich nötig war.

2.2 Der Konflikt um Schleswig-Holstein
Danach liest die Klasse gemeinsam eine Darstellung im Geschichtsbuch, die den weiteren Verlauf des Konfliktes erläutert. Im darauf folgenden Unterrichtsgespräch wird zusammengefasst, dass Bismarck, dem es letztlich um ein Kräftemessen mit dem Rivalen Österreich ging, sich nun förmlich auf die Suche nach einem geeigneten Konfliktherd begab. Diesen fand er mit Schleswig-Holstein, um das ein schon längerer Konflikt mit Dänemark schwelte. Den gemeinsam mit Österreich geführten Krieg verlor Dänemark, sodass sich die beiden Bündnispartner nun die Verwaltung Schleswigs und Holsteins teilten.

Sprachliche Abwechslung: Aktiv – Passiv

2.3 Der preußisch-österreichische Krieg und seine Ergebnisse
In einem nächsten Schritt erklärt Frau Schößler der Klasse, dass die Konflikte um die geteilte Verwaltung der beiden Herzogtümer Bismarck gerade recht waren, weil er letztlich einen Krieg zwischen Österreich und Preußen anstrebte. Tatsächlich brach er aus und Preußen gewann ihn dank seiner militärischen Überlegenheit. Letztendlich erhielt Preußen nicht nur Schleswig und Holstein, sondern erlangte auch eine Vormachtstellung unter den deutschen Staaten.

Geschehen in der Unterrichtsstunde im Präsens
Wiedergabe historischer Tatsachen im Präteritum

Anhand einer Tafelskizze, die die Umrisse der beteiligten Staaten zeigt, veranschaulicht die Lehrkraft im Folgenden das Ergebnis des preußisch-österreichischen Krieges: die Bildung des „Norddeutschen Bundes“ unter Ausschluss Österreichs, während die süddeutschen Staa-

Ergebnisse der Unterrichtsphase 2

ten durch so genannte „Schutz- und Trutzbündnisse“, also Verteidigungsbündnisse für den Kriegsfall, mit Norddeutschland verknüpft waren.

3 Vertiefung: Folgen für die „deutsche Frage“
Nun stellt die Lehrkraft die Frage in den Raum, welche Folgen diese Ergebnisse für die Lösung der „deutschen Frage“ haben könnten. Laura K. meint, dass jetzt möglicherweise drei Staaten entstehen könnten: die vereinigten norddeutschen, die süddeutschen und Österreich. Christoph S. ergänzt, dass sich vielleicht die süddeutschen den Nordstaaten anschließen könnten und so ein Gesamtstaat gegründet werden würde.
Frau Schößler kündigt die Lösung dieser Frage als Thema der nächsten Geschichtsstunde an.

Unterrichtsphase 3: Weiterführende Aufgabe, Ausblick auf die kommende Stunde

4 Stellen der Hausaufgabe
Abschließend stellt die Geschichtslehrerin der Klasse die Hausaufgabe, den Stoff der Stunde mit Hilfe des Hefteintrages zu lernen.

Unterrichtsphase 4:

Bamberg, den 5.10.2006

Ort, Datum

Vorsitzende Schriftführer

Unterschriften

3.2 Die Bewerbung

„Bewerbung“ hat etwas mit Werbung zu tun – Werbung für dich!

Wenn du dich auf eine Stellenausschreibung bewirbst, sendest du eine ganze Bewerbungsmappe. Diese enthält:
- ein Anschreiben
- einen Lebenslauf
- einen Anhang

Das **Anschreiben** soll dem Leser – in der Regel ist das ein Mitarbeiter der Personalabteilung eines Unternehmens oder, bei kleineren Betrieben, der Chef persönlich – zeigen, warum gerade du für die angestrebte Stelle in Frage kommst.

Übertriebene Anbiederung ist dabei genauso fehl am Platz wie ein wortkarger Zweizeiler. Auch soll das Anschreiben nicht so klingen, als hättest du die Formulierungen einfach nur abgeschrieben und mit deinen Daten versehen. Es muss sich schon auf das Stellenprofil beziehen und zu deiner eigenen Persönlichkeit passen. Deswegen ist das folgende Beispiel auch nicht einfach zum Abschreiben gedacht, sondern soll Hinweise darauf liefern, worauf es im Wesentlichen ankommt.

Um einen guten Eindruck zu hinterlassen, ist natürlich eine tadellose äußere und auch korrekte sprachliche Form unabdingbar. Deswegen lass deinen Entwurf im „Ernstfall" von jemandem Korrektur lesen, der wirklich sattelfest in Bezug auf Grammatik und Rechtschreibung ist!

Der **Lebenslauf** soll lückenlos sein. Er enthält außer persönlichen Angaben zur Herkunft vor allem deinen bisherigen Ausbildungsweg, aber auch Hinweise zu außerschulischen Aktivitäten, die für die Stellenbesetzung interessant sein könnten, wie ehrenamtliches Engagement in einem Verein, Hobbys, die etwas mit der angestrebten Tätigkeit zu tun haben oder bereits abgeleistete Praktika.

In der **Anlage** werden die Belege deiner bisherigen Leistungen abgeheftet. Für die Bewerbung auf einen Ausbildungsplatz sind dies das Abschlusszeugnis oder das letzte Schulzeugnis in Kopie. Dazu kommen Nachweise für außerschulische Betätigungen, wie Praktikumsnachweise oder Teilnahmebestätigungen von Kursen.

Ein Praktikum kann der Einstieg in einen späteren Ausbildungsplatz sein. Es lohnt daher, sich bereits bei der Bewerbung um einen Praktikumsplatz Mühe zu geben und die Bewerbung so optimal wie möglich zu gestalten.

Alle Bewerbungsunterlagen sollen im Format DIN A4 sein.

3.2.1 Das Anschreiben: Bewerbung um einen Praktikumsplatz

Das Anschreiben entspricht von der Form her einem sachlichen Brief oder Geschäftsbrief. Es muss also sowohl die vollständige Adresse samt Telefonnummer und, soweit vorhanden, der E-Mail-Adresse des Absenders enthalten, als auch die vollständige Adresse des Empfängers.

Wenn in einer Ausschreibung ein spezieller Ansprechpartner genannt ist, wird die Bewerbung ihm persönlich zugesandt. Er wird dann auch in der Anrede persönlich angesprochen. Sind dem Bewerber keine Namen bekannt, so verwendet er die Standardformel „Sehr geehrte Damen und Herren".

Das Anschreiben soll auf eine Seite passen – der Personalchef oder Firmenschef will sich schließlich schnell informieren.

Es muss übersichtlich gegliedert sein. Folgende Punkte sind wichtig:

- die Motivation des Bewerbers, sich gerade um diese Stelle zu bewerben
- die fachlichen/stellenbezogenen Kenntnisse und Fertigkeiten
- die persönlichen Stärken.

M Muster-aufsatz

Bewerbung um einen Praktikumsplatz

Anja Musterfrau Tel.: ... Sonnenleite 3 E-Mail: ... 00000 Musterstadt	Vollständiger Name und Adresse des Bewerbers
Radio 2 Herrn Carlo Off Soundstr. 27 00000 Musterstadt	Adressat Persönlicher Ansprechpartner
12. Mai 2006	Datum
Bewerbung um einen Praktikumsplatz	Betreff des Schreibens
Sehr geehrter Herr Off,	Förmliche Anrede
über Ihre Homepage habe ich erfahren, dass Sie in den Sommerferien Praktikumsplätze für Schüler in der Redaktion von Radio 2 vergeben. Als begeisterte Hörerin Ihres Programms wünsche ich mir schon seit Längerem, einmal ausgiebig hinter die Kulissen Ihres Senders blicken zu können.	Hinführung: Motive für die Bewerbung Persönliche Vorliebe für Radioprogramm
Vor allem aber möchte ich nach meinem Schulabschluss gerne eine Ausbildung im Medienbereich absolvieren und würde daher sehr gerne schon jetzt in einem solchen Betrieb mitarbeiten, um kennenzulernen, was alles dazugehört.	Berufswunsch
Derzeit besuche ich die 10. Klasse des Mustergymnasiums. Meine Interessenschwerpunkte liegen im Fach Deutsch und den Fremdsprachen. Darüber hinaus engagiere ich mich in der Theater-AG sowie in der Redaktion unserer Schülerzeitung, für die ich seit zwei Jahren regelmäßig Artikel verfasse.	Kenntnisse und Fertigkeiten in Verbindung mit der Stelle

Für das kommende Schuljahr planen wir, mit einem eigenen Schulradio auf Sendung zu gehen. Vor Unterrichtsbeginn sollen die Schüler durch ein Schülerteam über Neuigkeiten informiert werden, gute Musik hören und so gut gelaunt in den neuen Schultag starten. Ich habe mich bereits theoretisch mit dem Thema „Radio machen“ auseinandergesetzt, hoffe nun aber, durch ein Praktikum bei Ihnen einen Einblick in die Praxis zu bekommen und so fit zu sein für unser neues Projekt.	Unterstreichen des fachlichen Interesses aus aktuellem Anlass
Über eine Einladung zu einem Vorstellungsgespräch würde ich mich sehr freuen.	Verbindlicher Nachsatz
Mit freundlichen Grüßen	Schlussformel
Anja Mustermann	Unterschrift

3.2.2 Der tabellarische Lebenslauf

Heute ist der tabellarische Lebenslauf überall üblich, ein handgeschriebener Lebenslauf wird nur noch sehr selten verlangt.
Auf dem Lebenslauf ist der richtige Platz für das Bewerbungsfoto. Es wird oben rechts aufgeklebt, der Platz dafür extra freigehalten.
Lasse dir Bewerbungsfotos von einem Fotografen anfertigen, denn er weiß, worauf es bei einem guten Bild ankommt.

Info

In der linken Spalte des Lebenslaufes stehen die Rubriken, die abgefragt werden. Dabei interessieren sowohl die persönlichen Daten als auch der schulische und berufliche Werdegang. Diese Rubriken können individuell an den Lebenslauf angepasst werden, damit alle Elemente vorkommen, über die man etwas mitteilen möchte.
Daher gilt auch, dass man nicht ein und denselben Lebenslauf für alle Bewerbungen nehmen kann: Schickt man eine Bewerbung ab, muss man den Lebenslauf anpassen an die Stelle, auf die man sich bewirbt, so dass die dafür besonders geeigneten Fertigkeiten betont werden.

In der rechten Spalte stehen die Informationen und die Zeitangaben.

Tabellarischer Lebenslauf

Muster-aufsatz

LEBENSLAUF

Name, Vorname	Patrick Schneider
Anschrift	Gartenstraße 12 95436 Hallstadt Telefon: 09 25 1/12 34 56 7 E-Mail: ps@abs.de
Geburtsdatum/-ort	27.8.1988, Bamberg
Familienstand	ledig
Staatsangehörigkeit	deutsch
Eltern	Sabine Schneider, Sekretärin bei der Firma Kolb, Bamberg Hans Schneider, Technischer Zeichner bei der Firma Kolb, Bamberg
Geschwister	Sebastian Schneider, Schüler, geboren am 15.10.1992
Schule	1994–1999: Grundschule in Hallstadt seit 1999: Dientzenhofer – Gymnasium in Bamberg
angestrebter Abschluss	Abitur
Sprachkenntnisse	Englisch gut (2004 zwei Wochen Sprachferien in Bournemouth) Französisch Grundkenntnisse Italienisch Grundkenntnisse

PC–Kenntnisse	Word gut, Photoshop gut Excel Grundkenntnisse, Autocad Grundkenntnisse LINUX Grundkenntnisse
Lieblingsfächer	Mathematik, Werken, technisches Zeichnen (zusätzlicher Wahlkurs), Informatik (zusätzlicher Wahlkurs)
Hobbys	Fotografieren und digitale Bildbearbeitung (Februar 2005 Teilnahme an einer Gemeinschaftsausstellungjunger Künstler in der Stadthalle, organisiert vom Kunstverein) Snowboarden
Ferienarbeit und Praktika	August 2005: Vier Wochen Ferienarbeit bei der Maschinenbaufirma Weber in Bamberg; eingesetzt in der Montage- und der Prüfabteilung April 2006: Zweiwöchiges Betriebspraktikum in der Entwicklungsabteilung der FirmaBauer, Bamberg (Bau von Pumpen)
Ehrenamtliche Tätigkeiten	Seit 2006: Lehrer für Snowboard im Verein „Spaß im Schnee“ (Ausbildung beim Deutschen Skilehrer-Verband)
Weitere Interessen	Mitarbeit an der Schülerzeitung Mitorganisation von Lan-Partys (bis zu 50 Teilnehmer)

3.3 Umgang mit Formularen

Formulare ausfüllen zu müssen ist äußerst unbeliebt, aber das ganze Leben lang begleiten die Formulare den Menschen. Allerdings verlieren sie schnell ihren Schrecken, wenn man den Umgang mit ihnen ein bisschen übt.

Beim Ausfüllen von Formularen muss man auf den verlangten Schrifttyp und erlaubte Zeichen achten. In der Regel wird Blockschrift (Druckschrift) verlangt, manchmal nur Großbuchstaben. Teilweise sind die Umlaute ä, ö, ü als ae, oe, ue zu schreiben beziehungsweise das „scharfe" ß als doppeltes „ss".

Oft werden in Formularen so genannte „personenbezogene Daten" verlangt, die man vielleicht nicht immer sofort auswendig parat hat. Deswegen ist es sinnvoll, sich einen Merkzettel anzulegen, der diese Informationen enthält, und ihn einfach im Geldbeutel mitzuführen. So könnte ein solcher „Spickzettel" aussehen:

Merkzettel

Nachname	
Alle Vornamen	
Geburtstag und Ort	
Wohnsitz mit allen Ziffern	
Zweitwohnsitz	
Nummer des Personalausweises	
Nummer des Reisepasses	
Telefonnummer	
E-Mail-Adresse	
Vor- und Nachnamen der Eltern plus Geburtsdatum	

Beruf der Eltern	
Namen und Geburtstage der Geschwister	
Krankenversicherung	
Krankenversicherungsnummer	
Kontonummer	
Bank	
Bankleitzahl	
Registriertes Eigentum	
Fahrgestellnummer des Fahrrads, Mofas, Mopeds oder Motorrads	
Markenbezeichnung	

Im Folgenden werden einige Formulartypen gezeigt, die so praktisch jedem einmal im Leben begegnen.

Fahrradregistrierung

Plötzlich ist es weg, das Fahrrad. Nun muss man eine Diebstahlsanzeige bei der Polizei aufgeben und dabei das Fahrrad beschreiben. Nur – normalerweise hat man die notwendigen Details nicht mehr im Kopf, und nachschauen kann man ja nun nicht mehr. Es ist also sinnvoll, sofort, wenn man ein Fahrrad bekommt, eine Fahrrad-Registrierung auszufüllen. Fahrräder werden vom Hersteller grundsätzlich mit eingestanzten Individualnummern ausgeliefert. Ist bei der Anzeigenerstattung die Rahmennummer bekannt, wird die Nummer in Verbindung mit weiteren Beschreibungsmerkmalen im polizeilichen Fahndungssystem ausgeschrieben. Die Chance ist in diesem Fall ungleich höher, das Fahrrad wiederzubekommen. Diese Formulare sehen so oder so ähnlich aus:

Fahrradregistrierung

Fahrradbeschreibung

Bitte alles Zutreffende ankreuzen bzw. in Druckschrift eintragen:

Name, Vorname: ______________________

Straße, Hausnummer, PLZ, Wohnort: ______________________

____

Telefon: ______________________

E-Mail: ______________________

Art des Rades:

O Kinderrad	O Damenrad	O Sportrad	O Mountainbike
O BMX-Rad	O Jugendrad	O Herrenrad	O Klapprad
O Rennrad	O Sonstiges		

Marke und Modell des Rades:

____

Kaufdatum: ____________ Kaufpreis: ____________

Rahmen-Nummer: ______________________

(siehe Tretlager, hintere Gabel, Sattelkopf oder Widerlager des Gepäckträgers. Falls nicht vorhanden, nachträglich codieren lassen)

Farbe des Rahmens: ______ der Schutzbleche: ______

Reifengröße: O 28 O 27 O 26 O 24 O 20

Federgabel: O vorne O hinten

Sattelform: O Standard O Sport O Renn

Gangschaltung:

O ohne O Nabenschaltung O Kettenschaltung

Zahl der Gänge: ______

Zubehör/Besonderheiten (z. B. Tacho mit Markenangabe, Lenker-/ Bowdenzugumwicklung mit Farbangabe):

______

Sonstiges: ______

Beschädigungen: ______

Ort, Datum: ______

______

Unterschrift (unter 18 Jahren die Erziehungsberechtigten)

Mit Ihrer Unterschrift erlauben Sie, dass die Daten Ihres Fahrrades und Ihre persönlichen Daten gespeichert werden. Die Speicherung Ihrer Daten dient lediglich dem Zweck der Wiedererlangung Ihres Fahrrades!

Anzeige über den Verlust eines Personalausweises oder Passes

Info

Geht ein Personalausweis oder Reisepass verloren oder wird er gestohlen, so muss man diesen Verlust bei der Stadt oder Gemeinde anzeigen, bei der man gemeldet ist. Zuständig ist das jeweilige Einwohnermeldeamt, das Vordrucke wie diesen, der einem Formular der Stadt Bamberg nachempfunden wurde, bereithält. Dem entsprechend gibt es auch Formulare, falls sich das verlorene Stück doch wieder findet.

Anzeige über den Verlust eines Personalausweises oder Passes

Hiermit zeige ich:

Familienname, Vornamen: ____________________

Geburtsname: ____________________

Ordensname/Künstlername: ____________________

Geburtsdatum/-ort: ____________________

Wohnung: ____________________

den Verlust des folgenden Dokumentes an:

Art des Dokumentes: ____________________

Seriennummer: ____________________

Ausstellungsdatum: ____________________

Gültig bis: ____________________

Ausstellende Behörde: ____________________

Angaben zum Verlust:

Zeitpunkt des Verlustes: ____________________

Ort des Verlustes: ____________________

Umstände des Verlustes: ____________________

Hinweise:

Auf missbräuchliche Nutzung: ____________________

Anzeige erstattet bei: ____________________

____

Unterschrift Sachbearbeiter

Versicherung des Betroffenen:

Ich versichere, dass die obigen Angaben über den Verlust meines Passes / Ausweises richtig und vollständig sind.

Ich bin darüber unterrichtet,

- dass ich den Verlust meines Passes / Ausweises für den Erwerb eines neuen Passes / Ausweises anzuzeigen und glaubhaft zu machen habe;
- dass ich den alten Pass / Ausweis zurückgeben muss, wenn er aufgefunden wird;
- dass ich mich strafbar bzw. einer Ordnungswidrigkeit schuldig mache, wenn ich mir unbefugt Pässe / Ausweise ausstellen lasse oder benutze, oder wenn ich meinen Pass / Ausweis einem anderen zur Täuschung im Rechtsverkehr überlasse, oder wenn ich die Ausstellung eines neuen Passes / Ausweises durch falsche Angaben erwirke (§§ 271, 281 StGB, § 25 Abs. 2 Nr. 1 und 3 PassG)

Bamberg, den ____________________

____

Unterschrift Anzeigender

3.4 Schreiben an Behörden und Firmen

Wo es in den folgenden Schreiben um Überzeugen und Argumentieren geht, ergeben sich natürlich Überschneidungen mit der begründeten Stellungnahme (siehe Kapitel 4, S. 101).

Info

Wichtig sind:
- Vollständige Adressen von Absender und Empfänger
- Datum
- Nennen des Anliegens in der Betreffzeile
- Allgemeine oder persönliche Anrede
- Nennen des Anliegens – erst allgemein, dann mit allen notwendigen Detailinformationen
- Sachlicher, dabei aber freundlicher Stil
- Höfliche Grußformel zum Abschluss
- Unterschrift

Nutzung eines Jugendzentrums für Schulfeier

Muster-aufsatz

Hans Mustermann Sonnenleite 3 Tel.: … E-Mail: 00000 Musterstadt	Vollständiger Name, Anschrift / Erreichbarkeit
Stadt Musterstadt Stadtverwaltung – Abt. Jugendpflege Frau Jansen Regierungsallee 1 00000 Musterstadt	Name der Behörde Zuständige Abteilung Zuständiger Mitarbeiter
12. Januar 2007	Datum
Anfrage: Nutzung des Jugendzentrums für eine Schulfeier	Betreff-Zeile für schnellen Überblick
Sehr geehrte Frau Jansen!	Förmliche Anrede
Durch einen Anruf bei der Stadtverwaltung habe ich erfahren, dass die Räume des Jugend-	Hinführung: Anlass des Schreibens

zentrums am Festdamm angemietet werden können.	
Als Kollegstufensprecher möchte ich mich im Namen der K13 des Mustergymnasiums erkundigen, ob es möglich ist, im Jugendzentrum unsere Abiturfeier zu veranstalten. Wir erwarten etwa 400 Gäste. Für die Musikanlage sorgen wir selbst. Als Termine kommen entweder der ... oder der ... in Frage.	Anfrage mit genauen Angaben als Grundlage für Entscheidung des Mitarbeiters
Bitte teilen Sie mir mit, ob das Jugendzentrum an einem dieser Tage zur Verfügung steht und was die Raummiete kostet.	Erwünschte Informationen
Herzlichen Dank für Ihre Mühen! Für Rückfragen stehe ich unter der oben angeführten Telefonnummer zur Verfügung.	Verbindlicher Nachsatz
Mit freundlichen Grüßen	Schlussformel
Hans Mustermann	Unterschrift

Druckauftrag für Schülerzeitung

Muster-aufsatz

Sonja Schreiber Redaktion Schülerzeitung „Sketch" Dientzenhofer-Gymnasium Feldkirchenstr. 22 96052 Bamberg	Vollständiger Name, Anschrift / Erreichbarkeit
Druckhaus Fahne Herrn Letter Gutenbergstraße 1 12345 Buchstadt	Firmenname Zuständiger Mitarbeiter, Adresse

4.7.2007	Datum
Betreff: Angebot für den Druck einer Schülerzeitung	Betreff-Zeile
Sehr geehrter Herr Letter!	Förmliche Anrede
Im Namen der Redaktion der Schülerzeitung „Sketch“, die am Dientzenhofer-Gymnasium Bamberg erstellt wird, möchte ich ein Angebot für den Druck unserer Zeitung bei Ihrer Firma einholen.	Schreibanlass
Der „Sketch“ soll im Schuljahr 2007/2008 – also zwischen September 2007 und Juli 2008 – dreimal in einer Auflagenhöhe von jeweils 800 Exemplaren im Format DIN-A5 erscheinen. Jede Ausgabe umfasst circa 80 Seiten. Der Umschlag soll im folgenden Schuljahr zunächst schwarz-weiß bedruckt werden. Möglichst viele Vorarbeiten in digitaler Form würden wir selbst übernehmen.	Grundlegende Informationen für Angebotserstellung
Bitte senden Sie uns ein Angebot! Für Rückfragen stehen wir Ihnen auch per E-Mail unter der Adresse sonja@abc.de zur Verfügung.	Bitte um konkretes Angebot, verbindlicher Nachsatz
Mit freundlichen Grüßen	Schlussformel
Sonja Schreiber	Unterschrift

4 Argumentieren und Appellieren

Gliederungssysteme

Bei den argumentativen Schreibformen wird immer eine Gliederung verlangt. Vor allem muss ein gültiges Gliederungssystem verwendet werden, das bestimmten formalen Prinzipien folgt.
Grundsätzlich gibt es davon zwei verschiedene, formal korrekte Möglichkeiten:

- eine Gliederung mit einer **Kombination aus Buchstaben und Ziffern**
- eine rein numerische Gliederung **nur mit Ziffern**.

Vermeide es, beide Systeme miteinander zu vermischen.

Traditionell wird die erste Variante verwendet, die Buchstaben-Ziffern-Gliederung. Sie ist übersichtlicher, sofern sie nicht zu viele Unterpunkte enthält.
Das numerische System ist moderner und lässt ohne große Umstände eine starke weitere Untergliederung zu, wirkt aber weniger übersichtlich. Für Seminararbeiten und längere Abhandlungen bietet sich das numerische System jedoch sehr gut an.

Merke für beide Systeme:
Zu jedem Punkt einer Gliederungsebene muss mindestens noch ein zweiter hinzukommen, das heißt, ein Punkt steht nie alleine.

Auf I. muss ein Punkt II. folgen beziehungsweise auf 1. folgt immer 2., auf a) immer b) und so fort.

Gliederung

Buchstaben-Ziffern-Gliederung	Numerische Gliederung
A. Einleitung	1 Einleitung
B. Hauptteil / Thema	2 Hauptteil / Thema
I. Argumentationsblock 1	2.1 Argumentationsblock 1
1. Argument 1	2.1.1 Argument 1
a) Beweis 1	2.1.1.1 Beweis 1
b) Beweis 2	2.1.1.2 Beweis 2
2. Argument 2	2.1.2 Argument 2
a) Beweis 1	2.1.2.1 Beweis 1
b) Beweis 2	2.1.2.2 Beweis 2
II. Argumentationsblock 2	2.2 Argumentationsblock 2
1. Argument 1	2.2.1 Argument 1
a) Beweis 1	2.2.1.1 Beweis 1
b) Beweis 2	2.2.1.2 Beweis 2
2. Argument 2	2.2.2 Argument 2
a) Beweis 1	2.2.2.1 Beweis 1
b) Beweis 2	2.2.2.2 Beweis 2
C. Schluss	3 Schluss

Arbeitsplan und Gliederung

Vor dem Schreiben des Aufsatzes füllst du das Gliederungsschema inhaltlich mit dem Gedankengang, der dir vorschwebt. Dies ist dein Arbeitsplan. Dann schreibst du an Hand dieses Leitfadens deinen Aufsatz.

Am Ende stellst du oft fest, dass sich während des Schreibens die Gedankenführung an einzelnen Stellen verändert hat. In diesen Fällen muss daher auch der Arbeitsplan nachträglich geändert werden, damit er dem tatsächlichen Aufsatz entspricht.

Erst, wenn du dies getan hast, schreibst du die tatsächliche Gliederung zu deinem Aufsatz; dies ist also der letzte Arbeitsschritt. Die Gliederung muss der tatsächlichen Gedankenführung im Aufsatz

entsprechen. Man könnte sie als eine Inhaltsangabe deiner Ausführungen bezeichnen.
Schließlich sind bei der Gliederung stilistische Merkmale zu beachten. Die Gliederung ist grundsätzlich im Nominalstil zu verfassen, der ja ansonsten zu vermeiden ist.

Argumentationsaufbau

In den argumentativen Aufsatzformen wie der begründeten Stellungnahme und der Erörterung setzt du dich mit einem vorgegebenen Problem auseinander.
Basis dieser Auseinandersetzung ist eine **Argumentationsreihe** oder ein Argumentationsblock. Über diese Begriffe gibt es eine gewisse sprachliche Unklarheit, weil der Argumentationsblock auch als Argument im allgemeinen Sinne bezeichnet wird. Als Argument bezeichnen viele aber auch die Begründung selbst, somit die Beweisführung. Es kommt also darauf an, welche Begriffe bei dir im Unterricht verwendet werden.

Damit eine Argumentationsreihe vollständig ist, muss sie mindestens
- eine Behauptung oder These
- eine Begründung oder ein Argument
- einen Beweis oder Beleg
- ein Beispiel

enthalten.

Der Gedankenweg geht somit vom Abstrakten zum Konkreten, von der These bis hinunter zum Beispiel. Inhaltlich müssen sich alle Elemente aufeinander beziehen und dürfen sich nicht widersprechen.
Damit die Argumentationsblöcke im Aufsatz nicht zu einförmig klingen, kann man die Abfolge ihrer Bestandteile variieren, also etwa mit dem Beispiel oder der Begründung beginnen, um dann erst das Argument und die eigentliche These folgen zu lassen.

4.1 Die begründete Stellungnahme

Stellung zu etwas nehmen – das heißt, die eigene Meinung zu einem Thema zu äußern. Das Partizip „begründet" verrät aber schon, dass der eigene Standpunkt nicht einfach nur aus dem Bauch heraus, also

nach Gefühl, vorgebracht werden darf, sondern durch **Argumente** belegt werden soll, die wirklich überzeugen können.
Was dir selbst klar ist, gilt für die Leser deiner Stellungnahme noch lange nicht. Deshalb musst du deine Argumente so nachvollziehbar und allgemeingültig wie möglich formulieren. Dabei kann es hilfreich sein, dich in die Rolle deines Gegenübers zu versetzen und dich dann zu fragen: Was könnte mich in dieser Situation überzeugen?

4.1.1 Argumentierend: Klassenraumgestaltung

Häufig wird die begründete Stellungnahme in der Form eines sachlichen Briefes verlangt. Hierfür gelten natürlich die formalen Regeln für das Abfassen eines sachlichen Briefes.
Das Thema ist meistens ein Anliegen, von dem zum Beispiel eine offizielle Stelle überzeugt werden soll. Dieses Anliegen wird auf sachliche Art und Weise vorgebracht und anschließend durch eine Argumentationsreihe begründet. Der Schluss unterstreicht das Anliegen noch einmal.

Aufgabe

Aufgabenstellung:
Viele Klassenzimmer sind in einem renovierungsbedürftigen Zustand. Deine Klasse möchte gerne etwas an der Situation ändern und ihr Klassenzimmer neu gestalten. Hierfür benötigt sie allerdings die finanzielle Unterstützung des Elternbeirats.
Verfasse im Namen deiner Klasse eine begründete Stellungnahme, in der du die zuständige Stelle von eurem Anliegen überzeugen könntest!

Gliederung

Renovierung des Klassenzimmers

A. Renovierung des Klassenzimmers im Rahmen eines Projekttages	Hinführung zum Thema: Vorbringen des Anliegens
B. Begründung des Anliegens I. Vorteile eines neuen Wandanstrichs 1. Beseitigung von Wandverschmutzungen 2. Herstellen einer freundlichen Lernatmosphäre durch warme Farbtöne 3. Verbesserter Gemeinschaftssinn durch gemeinsames Streichen	Argumentationsreihe Erste Maßnahme und ihre Notwendigkeit: Drei Vorteile des Wandanstrichs mit Nennung der Folgen
II. Notwendigkeit weiterer Wandausstattung 1. Fachtafeln zur Veranschaulichung von Grundwissen 2. Leseleine als Präsentationsmedium für Bücherempfehlungen	Zweite Maßnahme und ihre beiden Vorteile für den Unterricht
III. Notwendigkeit der Anschaffung von Hydrokübeln 1. Pflegeleichte Pflanzmethode 2. Anregende Lernatmosphäre durch Grünpflanzen	Dritte Maßnahme mit zwei Begründungen
C. Aufstellung der benötigten Geldbeträge	Informationen zu den finanziellen Grundlagen, Wiederholung des Anliegens

Renovierung des Klassenzimmers

Musteraufsatz

Bamberg, 30.08. 2007
Klasse 8 d
Dientzenhofer-Gymnasium
Bamberg

Briefkopf mit Datum und Absender

An den Elternbeirat
des Dientzenhofer-Gymnasiums Bamberg
Feldkirchenstr. 20–22
96052 Bamberg

Allgemeine Adresse

Verschönerung des Klassenzimmers

Betreffzeile

Sehr geehrte Damen und Herren,

Formale Anrede (wenn kein Ansprechpartner namentlich bekannt)

im Rahmen eines Projekttages möchte die Klasse 8d ihr Klassenzimmer im 1. Stock, Raum 109, neu gestalten. In einer „Zeit für uns"-Stunde hat die Klasse in Absprache mit dem Klassenleiter, Herrn Schmidt, Ideen für dieses Projekt entwickelt und bereits die Zustimmung zur Verwirklichung durch die Schulleitung erhalten. Auch die Eltern der Klasse haben auf einem Elternabend einstimmig ihre Unterstützung zugesagt.

A. Einleitungsgedanke, Hinführung auf das Grundanliegen des Projekttages

Aus folgenden Gründen hält die Klasse die geplanten Maßnahmen für notwendig:
Die Klasse 8d verfügt zwar über ein grundsätzlich gut ausgestattetes Klassenzimmer. Wände, Möbel und Ausstattung wirken jedoch etwas heruntergekommen.

B. Das eigentliche Thema

Ausgangslage: renovierungsbedürftiger Klassenraum

Zunächst sollen die Wände neu gestrichen werden. Die Wände der Klasse sind sehr verschmiert und wirken in ihrer blassgrünlichen Farbgebung kalt und abschreckend.

I. Erste Maßnahme mit 1. Begründung

Das Klassenzimmer möchten wir nach Absprache mit unserem Kunstlehrer in einem warmen, hellen Gelb streichen.
Saubere Wände in einer freundlichen Farbe tragen zu einem guten Lernklima bei. Es ist erwiesen, dass Schüler sich in einer angenehmeren Lernumgebung wohler fühlen. Eine angenehme Grundstimmung ist wiederum eine gute Voraussetzung für besseres Lernen.

2. Farbwunsch und Wirkung der neuen farblichen Gestaltung; Rückgriff auf psychologische Erkenntnisse

Der Anstrich der Wände verbessert ferner den Gemeinschaftssinn in der Klasse. Der Klassensprecher muss die Arbeitsteams einteilen. Die Teams sprechen sich untereinander ab und koordinieren die Arbeitsaufträge. Alle Schüler sind zur Selbstdisziplin und Zuverlässigkeit angehalten. Eine Gruppe kann beispielsweise nicht gut arbeiten, wenn nur die Hälfte erscheint oder nicht genügend Arbeitsmaterialien oder Arbeitsgeräte zur Verfügung stehen – dies müssen die Schüler selbstverantwortlich unter sich regeln.

3. Verbesserung des Gemeinschaftssinns durch Zusammenarbeit (mit beispielhafter Beschreibung des geplanten Vorgehens)

Nach dem neuen Anstrich, durch den Lernklima und die Klassengemeinschaft verbessert werden können, sollen die Wande neu gestaltet werden.

Überleitung zu Argument II. (mit kurzer Zusammenfassung)

An den Seitenwänden planen wir Bereiche für die zentralen Unterrichtsfächer in Form von Tafeln. Für die Rückwand wünschen wir uns eine Leseleine.

Überblick über geplante Maßnahmen

An den Fachtafeln bringen wir zentrale Lerninhalte der verschiedenen Fächer an. So könnten die Zeiten im Englischen oder die Satzzeichenregeln im Deutschen auf Großpostern verdeutlicht werden. Da Schüler diese Wände ständig im Blick haben, prägen sich die Elementarregeln gut ein.

1. Vorzüge von Fachtafeln

An der Leseleine hängen Steckbriefe der Bücher, die Schüler der Klasse gelesen haben. Sie regen

2. Vorteile einer Leseleine

zur Lektüre der Bücher an oder auch zum Austausch der empfohlenen Werke unter den Schülern. Dadurch erhöht sich die Lesefreude. Wenn Schüler viel lesen, dann erweitern sie nach Meinung von Experten ihren Wortschatz erheblich und festigen nebenher auch noch die Rechtschreibung.

Als Abschluss des Projekts möchten wir unser Klassenzimmer begrünen. Dafür soll ein großer Hydrokübel gekauft und mit großen Pflanzen versehen werden.

III. und letzte Maßnahme mit sprachlicher Überleitung

Dieses Pflanzverfahren ist recht robust und die Pflanzen müssen nur alle vier Wochen gegossen werden.

1. Eingangsargument: Pflegeleichtigkeit

Grünpflanzen verbessern die Luft erheblich und tragen, wie die anderen Maßnahmen, dazu bei, dass Schüler, Lehrer und auch Eltern sich im neu gestalteten Klassenzimmer wohl fühlen.

2. Gesundheitliche Vorteile der Begrünung

Das Streichen der Wände und die Begrünung kosten natürlich einiges. Die Farben kosten 140 Euro, für Arbeitsmaterialien wie Pinsel, Rollen und Material zum Abkleben rechnen wir mit weiteren 70 Euro. Die Wandtafeln belaufen sich auf 100 Euro, für den Hydrotopf veranschlagen wir 100 Euro. Für die Gesamtkosten von 410 Euro erbitten wir einen Zuschuss von 300 Euro. Den übrigen Betrag spenden die Eltern der Klasse.

C. Briefabschluss mit präzisem Nachweis der beantragten Mittel

Ein solches Klassenzimmer ist nicht nur gut für unsere Klasse, sondern auch eine erstklassige Visitenkarte für die gesamte Schule.

Zusammenfassende Begründung für Notwendigkeit

Schon jetzt möchten wir uns für Ihre Bemühungen bedanken und Sie einladen, sich nach Abschluss unserer Renovierung vom Erfolg unserer Arbeit zu überzeugen.

Verbindlicher Schlusssatz: Einladung zur Begutachtung der Ergebnisse

Mit freundlichen Grüßen
Ihre Klasse 8 d

4.1.2 Appellierend: Umweltgerechtes Verhalten in der Schule

Argumentieren und Appellieren gehen oft Hand in Hand: Wer einen Appell an jemanden richtet, möchte ihn nicht nur von der eigenen Meinung überzeugen, sondern auch dazu bewegen, etwas Bestimmtes zu tun. Dazu braucht man schlagkräftige Argumente.
Appelle, die ohne Begründungen oder lediglich mit Scheinbegründungen arbeiten, kennen wir zum Beispiel aus der Werbung, bei der ein Kaufappell ausgesprochen wird.
Die hier vorgestellte begründete Stellungnahme ist eine Mischform aus argumentierenden und appellierenden Textstellen. Ihr erklärtes Ziel ist es, in einem offenen Brief Schüler und Lehrer zu umweltgerechtem Verhalten in der Schule aufzurufen. Dieses Anliegen wird durch Argumente gestützt.
Anders als im oben abgedruckten Brief steht hier aber der Appell deutlich und auch sprachlich erkennbar im Vordergrund. Wichtig sind eingängige, nicht zu langatmige Formulierungen.
Damit eignet sich diese Stellungnahme auch zum Vortrag, etwa als Aufruf in Form einer Lautsprecherdurchsage.

Aufgabe

Aufgabenstellung:
In letzter Zeit fällt auf, dass viele Schüler an deiner Schule ihren Müll achtlos wegwerfen oder nicht mehr auf Mülltrennung achten. Du gehörst der Umweltgruppe deiner Schule an und möchtest das Verhalten deiner Mitschüler ändern. Verfasse eine überzeugende Stellungnahme, die sich auch als Lautsprecherdurchsage eignen würde.

Musteraufsatz

Umweltgerechtes Verhalten in der Schule

Hallo liebe Mitschülerinnen und Mitschüler, liebe Lehrerinnen und Lehrer!	Direkte Ansprache der Leser/Hörer, um persönliche Betroffenheit zu erzeugen
Heute im Schulhof schon auf einer Bananenschale ausgerutscht? Nein? Glück gehabt!	A. Povozierende Frage zum Thema zur Erregung der Aufmerksamkeit
Es kann jedem täglich passieren, und wenn es keine Bananenschale ist, dann tritt man eben gegen eine Glasflasche, die dann mit etwas Glück nicht zerbricht!	I.1. Gefährdung: Hineinversetzen in Gefahrensituation
Riskiert man nach den Pausen einen Blick auf unseren Pausenhof, sind sie nicht zu übersehen: achtlos hingeworfene, oft unappetitliche Abfälle – schon manch einer hat als „Souvenir" einen Kaugummi unter den Sohlen mit ins Klassenzimmer gebracht.	2. Wiederum krasses Beispiel mit „Ekelfaktor"
Und das an einer „Umweltschule", die dafür schon mehrfach Preise bekommen hat! Was sollen bloß Eltern und andere Besucher von uns denken?	3. Zweifelhafte Außenwirkung; rhetorische Frage
Wir von der Umweltgruppe finden, dass unsere Schule wieder sauberer werden muss – und alle Schülerinnen und Schüler müssen dazu beitragen!	II. Appell der Umweltgruppe, die Situation mit folgenden konkreten Anregungen zu ändern:

Müllkübel sind überall in erreichbarer Nähe – spätestens auf dem Rückweg ins Klassenzimmer kommt ihr an den Eingängen daran vorbei.	1. Ganz einfache Nutzung der Müllkübel
Leichter kann Mülltrennung gar nicht sein: Plastik kommt in die gelben Eimer, Biomüll, wie zum Beispiel Essensreste, in die braunen Behälter und Restmüll in die schwarzen. Für den Papiermüll stehen blaue Körbe in den Klassenzimmern.	2. Gut organisiertes und bequemes System der Mülltrennung
A propos Klassenzimmer: Nicht nur Lehrer klagen, dass sie oft schon zu Unterrichtsbeginn der reinste Müllhaufen sind. Wer lernt schon gerne auf einer Müllhalde?	Hinführung zu 3. 3. Hyperbel (Übertreibung): Situation in Klassenzimmern; rhetorische Frage als Denkanstoß, was zu ändern ist
Es ist eure Schule – macht was draus!	C. Knapper Schlussappell an das soziale Gewissen

4.2 Die Erörterung

Während sich die begründete Stellungnahme an einen bestimmten Adressaten richtet, ist dies bei der Erörterung einfacher Sachverhalte nicht mehr der Fall. Der Schwerpunkt der Erörterung liegt in der sachlich-begründenden Auseinandersetzung mit einem vorgegebenen Thema.

Zwei verschiedene Aufgabentypen lassen sich grundsätzlich unterscheiden:

- die lineare oder steigernde Erörterung
- die Pro-Contra-Erörterung

Lineare Erörterung
Bei der linearen Erörterung ist keine kontroverse Frage zu erörtern und zwischen zwei Positionen zu entscheiden; hier wird das Thema in einer **steigernden**, eben einer linearen Argumentation bearbeitet, an deren Ende die eigene Meinung steht, auf die die Argumentation hinläuft.

Pro-Contra-Erörterung
Die Pro-Contra-Erörterung hingegen verlangt die sachliche Auseinandersetzung mit einer **Entscheidungsfrage**, die am Ende auf der Basis der Argumentationsreihen beantwortet werden soll. Die jeweiligen Argumentationsblöcke sollten sinnvollerweise ebenfalls steigernd ausgearbeitet werden.

4.2.1 Die lineare Erörterung

Aufgabe

Aufgabenstellung:
Umfragen zeigen, dass eine steigende Zahl von Jugendlichen neben der Schule, zum Teil mehrmals pro Woche, arbeitet.
Erörtere, welche Nachteile ein Nebenjob für Schüler haben kann!

Gliederung

Welche Nachteile kann ein Nebenjob für Schüler haben?

A. Nebenjobs mehrerer Mitschüler	Einstieg mit Bezug zu persönlicher Erfahrung
B. Nachteile eines Nebenjobs für Schüler	
I. Vernachlässigung des Privatlebens	
1. Weniger Zeit für Hobbys 2. Vernachlässigung sozialer Kontakte	Steigernde Anordnung der Argumente ohne Beispiele
II. Gefährdung der eigenen Gesundheit 1. Zeit- und Schlafmangel durch Arbeitsüberlastung 2. Psychische und physische Auswirkungen	Parallele Struktur mit jeweils zwei Argumenten
III. Schulische Auswirkungen 1. Absinkende Leistungen wegen Konzentrationsschwäche und fehlender Lernzeit 2. Beeinträchtigung der eigenen Zukunftschancen	
C. Schluss: Ferienjob in den großen Ferien als Alternativlösung	Kompromissvorschlag im Schluss

Musteraufsatz

Welche Nachteile kann ein Nebenjob für Schüler haben?

In meiner Klasse arbeiten mehrere Mitschüler schon an mindestens zwei Nachmittagen nebenbei. Sie verteilen zum Beispiel Werbeprospekte oder räumen im Supermarkt Regale ein.	A. Einleitungsgedanke: Persönlicher Bezug zum Thema

Welche Nachteile ein solcher Nebenjob mit sich bringen kann, soll im Folgenden erörtert werden.	Überleitung zum Hauptteil: Nennung des Themas
Wir in der neunten Klasse haben bereits an zwei Nachmittagen Pflichtunterricht. Manche von uns belegen auch noch Wahlkurse, wie zum Beispiel Orchester. Somit bleibt ohnehin, rechnet man die Zeit für Hausaufgaben sowie für die Vorbereitung auf Prüfungen mit ein, nicht allzu viel Freizeit übrig. Arbeitet jemand nun noch zusätzlich, verringert sich dieser Anteil weiter.	B. Aufbau des Argumentationsganges: Einstieg mit Beispiel, Begründung als Folgerung daraus
Somit kann der Betroffene sich nicht mehr seinen Hobbys widmen.	These, die zuvor bewiesen wurde
Noch wichtiger erscheint, dass weniger Zeit bleibt, Freundschaften zu pflegen. Oft kann man sich nicht einmal an den Wochenenden mit den Freunden treffen, weil jetzt vor allem für die Schule gelernt werden muss. So beschränken sich die sozialen Kontakte auf Telefonate oder Chats.	Zweite Möglichkeit: Einstieg mit These, dann Anführung der Begründung, am Schluss Nennung des Beispiels
Darüber hinaus kann eine derartige Überlastung gerade Jugendliche krank machen. Um neben dem Job alle schulischen Verpflichtungen und Freizeitinteressen unterzubringen, gehen viele zu spät ins Bett und sitzen am nächsten Tag völlig übermüdet in der Schule.	Überleitung zur Verknüpfung der übergeordneten Punkte
Ständige Übermüdung führt jedoch zu Konzentrationsschwäche und Überforderung. Man wird unzufrieden und empfindet den Alltag als stressig. Selbst schlecht gelaunt, behandelt man dann oft auch seine Mitmenschen ungerecht. Außerdem ist ein ständig überlasteter Mensch auch anfälliger für Infekte wie zum Beispiel Erkältungskrankheiten.	Weiterführung des erstgenannten Argumentes im Sinne des Steigerungsprinzips

Übermüdet kann sich zudem niemand richtig auf den Unterricht konzentrieren und bekommt daher nicht alles mit. Doch auch am Nachmittag können die Lücken nicht beseitigt werden, weil wiederum die Zeit für eine ordentliche Nachbereitung des Unterrichts sowie für Hausaufgaben fehlt. Deshalb besteht die Gefahr, dass sich die persönlichen Leistungen verschlechtern, weil man weniger Unterrichtsbeiträge einbringen kann und auf Prüfungen schlechter vorbereitet ist.
Zeitmangel und Überlastung können sich somit unmittelbar auf die schulische Leistungsfähigkeit auswirken.

Nochmals Weiterführung und Steigerung

Halten diese Probleme zu lange an, muss man möglicherweise das Schuljahr wiederholen, weil man das Klassenziel nicht erreicht hat. Ändert sich auch dann nichts am eigenen Arbeitsverhalten, kann es sogar sein, dass man den gewünschten Schulabschluss nicht erreicht, weil man vorher die Schule verlassen muss. Das im Nebenjob verdiente Geld ist mit der Gefährdung der eigenen Zukunft somit teuer erkauft.

Blick in die Zukunft als letzte Steigerung innerhalb der Argumentation

Wie gezeigt wurde, sprechen einige schwer wiegende Argumente gegen Nebenjobs während des Schuljahres. Viele Jugendliche haben aber Wünsche, die sich allein mit Taschengeld nicht bezahlen lassen, wie zum Beispiel den Mopedführerschein zu machen. Um dennoch zusätzlich Geld zu verdienen, ohne sich zu Unterrichtszeiten unter Druck zu setzen, bietet es sich an, in den Sommerferien zu arbeiten – ohne dabei die Erholung zu vergessen.

C. Eigenständiger Schlussgedanke: Kompromisslösung, wiederum aus dem eigenen Erfahrungsbereich

4.2.2 Die Pro-Contra-Erörterung

Aufgabe

Aufgabenstellung:
An vielen Schulen findet zum Valentinstag ein von der SMV organisierter Rosenverkauf statt, der auf Lehrer- und Schülerseite immer wieder auf Befremden stößt.
Sollte die SMV am Valentinstag weiterhin einen Rosenverkauf organisieren?

Sollte die SMV am Valentinstag weiterhin einen Rosenverkauf organisieren?

Gliederung

A. Valentinstag als Anlass für kleine Geschenke	Begriffsklärung in der Einleitung
B. Argumente für und gegen den Rosenverkauf (Aufgabenstellung)	Formulierung des Themas
I. Argumente für den Rosenverkauf (Pro)	Erster Argumentationsblock Pro mit drei Beweisen, jeweils mit
1. Sicherer Verdienst für die Schülermitverwaltung (SMV)	

a) Hohe Einnahmen b) Förderung von SMV-Aktivitäten	zwei Begründungen
2. Freude durch Rosen a) Stärkung des Selbstwertgefühls b) Positive Wirkung auf Klassenklima 3. Chance für Schüchterne a) Möglichkeit zur Artikulation von Gefühlen b) Anonymität als Chance	
II. Argumente gegen den Rosenverkauf (Contra) 1. Valentinstag als Geschäftemacherei a) Werbefeldzug der Blumenindustrie b) Notwendigkeit einer kritischen Haltung der Schule 2. Hohe Preise für geringe Qualität a) Missverhältnis zwischen Laden- und Verkaufspreis b) Valentinsrosen von geringer Qualität 3. Hoher organisatorischer Aufwand a) Enorme Vorbereitungszeit b) Unangemessener Zeitaufwand für Bestellung und Verkauf 4. Störung des Unterrichtsablaufs a) Unterbrechung des Unterrichts durch Verkäufer b) Störung der Konzentration 5. Diskriminierung der Schüler a) Nichtbeschenkte in Außenseiterrolle b) Rosengeschenk als Mobbing	Größerer zweiter Argumentationsblock Contra (schwerer wiegende Argumente)
III. Kein Rosenverkauf mehr – Abwägung zwischen Gewinn und Schaden für die Konsumopfer	Antwort auf die Entscheidungsfrage
C. Persönliche Geschenke oder Nettigkeit als Alternative	Alternative zum Rosen-Verkauf als weiterführender Gedanke

Sollte die SMV am Valentinstag weiterhin einen Rosenverkauf organisieren?

Am 14. Februar ist Valentinstag, eigentlich der Namenstag des heiligen Valentin. Für die meisten ist es der Tag, an dem man sich gegenseitig Rosen, Pralinen oder andere Kleinigkeiten schickt, um sich seine Zuneigung zu zeigen. Auch an unserer Schule organisiert die SMV zu diesem Termin regelmäßig den Verkauf von Rosen. Hierzu können einige Zeit vorher Rosen bestellt werden, die dann am Valentinstag von den SMV-Mitgliedern an die Adressaten verteilt werden. Diese Aktion ist jedoch sowohl bei Schülern als auch bei Lehrern nicht unumstritten.

A. Einleitung: Erklärung des Brauchs, Aktionen an Schulen

Hinweis auf Streitfrage um Verkaufsaktion

Ich setze mich im Folgenden mit der Frage auseinander, ob die SMV weiterhin den Rosenverkauf am Valentinstag durchführen sollte.

B. Überleitung mit Nennung des Themas

Zuerst werden Argumente für die Beibehaltung der Rosenaktion angeführt.

I. Klare Nennung des ersten Argumentationsblocks

Die Erfahrungen der letzten Jahre haben gezeigt, dass der Rosenverkauf eine gute und sichere Verdienstmöglichkeit für die SMV darstellt. So wurden jedes Mal etwa 250 Euro eingenommen. Diese Summe wird von der SMV für Aktivitäten verwendet, die allen Schülern zugute kommen, wie die Klassensprecherfahrt und die Schülerzeitung. Auch bei Veranstaltungen wie dem Schulball und dem Schulfest wird dieses Geld eingesetzt.

1. Sichere Einnahmequelle
   a) Hohe Einnahmen
   b) Förderung der SMV-Aktivitäten

Außerdem bereiten die Rosen anderen eine Freude und sie stärken die Gemeinschaft. Die Schüler machen andere glücklich, indem sie ihnen eine Rose schicken. Es stärkt deren Selbstwertgefühl, denn sie sehen, dass sie beliebt sind. Die freudige Stimmung kann sich auch positiv auf das Klassenklima auswirken.

2. Freude durch Rosen
   a) Stärkung des Selbstwertgefühls
   b) Positive Wirkung auf Klassenklima

Rosen zu schicken ist auch ein Weg für schüchterne Menschen, um ihre Gefühle zu offenbaren. Der Valentinstag ist gerade der Tag, an dem man seine Gefühle für jemanden zeigen kann. Auch kann man dabei anonym bleiben. Die Rosen werden von der SMV überreicht, so bekommt niemand mit, wer die Rose geschickt hat.

3. Chance für Schüchterne
   a) Möglichkeit für Gefühlsäußerung
   b) Anonyme Bekundung von Sympathie

Der Rosenverkauf eröffnet somit der SMV eine gute Verdienstmöglichkeit, schafft vielleicht ein angenehmes Klassenklima an der Schule und gibt schüchternen Menschen eine große Chance, Gefühle zu zeigen.

Überleitung zum Argumentationsblock Contra im Sinne einer Zusammenfassung

Auf der anderen Seite lassen sich aber zahlreiche Argumente finden, die gegen die Rosenverkaufsaktion sprechen.

II. Argumentationsblock Contra

Zunächst muss man bedenken, dass der Valentinstag vor allem auf Konsum ausgerichtet ist. Blumengeschäfte und Geschenkartikelhersteller haben durch ihre Werbeaktionen in der Vergangenheit erst dazu beigetragen, dass der Valentinstag heute bei manchen Menschen fast den Stellenwert von Geburtstag und Weihnachten einnimmt – im Unterschied dazu hat er aber keine so lange Tradition und verdankt seine Bekanntheit geschickten Marketingstrategien. Schule soll aber auch die Kritikfähigkeit gegenüber Werbung sichern – durch den Rosenverkauf trägt sie genau zum Gegenteil und zur Vermarktung von Gefühlen bei.

1. Valentinstag als Geschäftemacherei
   a) Werbeaktion der Blumenindustrie
   b) Notwendigkeit einer kritischen Position der Schüler

Steigende Nachfrage sorgt für steigende Preise – dieser Zusammenhang gilt auch für Blumen am Valentinstag. Viele Schüler beschweren sich über die Preise, die im Verhältnis zur Qualität der Rosen zu hoch seien. Der Preis einer Rose beträgt 1,50 Euro, während man bei einer Rose besserer Qualität im Laden nur 0,50 Euro zahlen muss. Auch sind die Rosen der SMV von

2. Hohe Preise für geringe Qualität
   a) Missverhältnis zwischen Laden- und Verkaufspreis
   b) Valentinsrosen von geringer Qualität

minderer Qualität. Die Köpfe hängen, Blätter fallen ab und nach wenigen Tagen sind sie schon verwelkt.

Das nächste Problem ist der große Organisationsaufwand für die SMV. Deren Mitglieder wenden extrem viel Zeit dafür auf, den Rosenverkauf vorzubereiten und durchzuführen. Zunächst müssen die Bestellzettel gedruckt, verteilt, eingesammelt und ausgewertet werden. Anschließend heißt es, entsprechend viele Rosen zu bestellen und dann mit den wieder eingesammelten Zetteln an die Adressaten auszugeben. Dies alles fordert zusätzliche Sitzungen und Telefonate. Die SMV-Mitglieder verpassen am Valentinstag etliche Unterrichtsstunden.

3. Hoher organisatorischer Aufwand
   a) Enorme Vorbereitungszeit
   b) Unangemessen hoher Zeitaufwand für Bestellung und Kauf

Die Verteilung der Rosen während des Vormittags führt außerdem zur Unterrichtsunterbrechung, was vor allem manche Lehrer stört, zumal oft die Konzentration auch nach dem Besuch der SMV nicht wieder hergestellt werden kann – sei es aus Freude über ein Rosengeschenk oder die Spekulation über den anonymen Absender, sei es aus Enttäuschung, weil man keine Rosen bekommen hat.

4. Störung des Unterrichts
   a) Unterrichtsunterbrechung
   b) Beeinträchtigung der Konzentration

Somit komme ich zum eigentlich entscheidenden Argument. Bei aller Freude für diejenigen, die beschenkt wurden, gehen etliche Schüler am Valentinstag auch leer aus. Wer auf diesen Brauch keinen großen Wert legt, mag dies verschmerzen, andere jedoch sind tief enttäuscht, weil sie nicht bedacht wurden, gilt eine Rose doch als Sympathiebeweis. Somit fühlen sich die Betroffenen unter Umständen in einer Außenseiterrolle, vor allem dann, wenn die leer Ausgegangenen noch von ihren Mitschülern verspottet werden. Teilweise wird aber auch ein

5. Diskriminierung der Schüler
   a) Nichtbeschenkte in Außenseiterrolle

b) Rosengeschenk als Mobbing

Rosengeschenk – dann mit anonymem oder gefälschtem Absender – gemacht, um jemanden, der unglücklich verliebt ist, zu verspotten.
In all den genannten Fällen werden die Betroffenen enttäuscht und auch das Klassenklima kann darunter leiden.

III. Abwägung Gewinnstreben und Opfer der Rosenaktion

Zusammenfassend lässt sich sagen, dass der Rosenverkauf an der Schule zwar einerseits auch positive Auswirkungen hat, indem die SMV gute Gewinne erzielt und vielen damit eine Freude bereitet werden kann, dass aber andererseits viele von uns zu Konsumopfern werden und manche diesen Tag sehr niedergeschlagen erleben.

C. Persönliche Meinung Rhetorische Frage als Denkanstoß

Meiner Meinung nach überwiegen daher die Argumente, die gegen einen solchen Rosenverkauf sprechen. Wäre es nicht besser, seine Sympathie durch wirklich persönliche Geschenke oder einfach durch Nettigkeit zu zeigen, statt die eigenen Gefühle vermarkten zu lassen?

4.3 Die Problemerörterung

Info

Ursprung der antithetischen Erörterung ist die Gerichtsrede, in der zwei gegensätzliche Positionen (eine These und eine Antithese) gegeneinander abgewogen und dann in einer Synthese vermittelt werden.
Wie bei der einfachen Pro-Contra-Erörterung liegt der antithetischen Problemerörterung eine **Entscheidungsfrage** zugrunde, die jedoch aus dem weiteren menschlichen Erfahrungsbereich entnommen ist. Damit eine wirklich fundierte Auseinandersetzung mit dem Thema möglich ist, muss man sich häufig aus zusätzlichen Quellen über weitere Zusammenhänge informieren, etwa um Fachbegriffe im Vorfeld zu klären und geeignetes Material zu haben, mit dem man die eigenen Aussagen belegen kann.

Aufgabe

Aufgabenstellung:
Schuluniformen gehören beispielsweise in Großbritannien zum gewohnten Bild. Auch hierzulande wird immer wieder diskutiert, ob die Einführung von Schuluniformen sinnvoll ist. Setzen Sie sich mit dieser Frage auseinander!

Sollten bei uns Schuluniformen eingeführt werden?

Gliederung

A. Einleitung: Vergleich mit der Situation in Großbritannien	Vergleichende Einleitung
B. Sollten bei uns Schuluniformen eingeführt werden?	Thema
I. Sinn von Schuluniformen	These
1. Ordentliches Erscheinungsbild	
a) Erziehungsauftrag der Schule	Argumente mit
b) Vorbereitung auf das Berufsleben	Beweisführung
2. Außenwirkung der Schule	
a) Identität nach außen	
b) Zusammengehörigkeitsgefühl	

3. Unabhängigkeit von modischen Trends
   a) Markenkleidung teuer
   b) Diskriminierung aufgrund billiger Kleidung ausgeschlossen

II. Schuluniformen durchaus problematisch — Antithese
1. Förderung von Konkurrenzdenken
   a) Privilegierung bestimmter Schulen — Breit gestreute Aspekte: schulisch, individuell, wirtschaftlich, sozial
   b) Diskriminierung einzelner Schulformen
2. Mangelnde Entfaltung der Individualität
   a) Unterdrückung persönlicher Vorlieben
   b) Aufbau unnötiger Zwänge
3. Hoher Kostenaufwand
   a) Hohe Kostenbelastung durch Büchergeld und schulische Veranstaltungen
   b) Schuluniform zusätzliche Belastung zur ohnehin notwendigen Freizeitkleidung
4. Statussymbole bleiben
   a) Teurer Schmuck
   b) Pflege der Kleidung

III. Abwägung – Einführung von Uniformen nur sinnvoll bei Bezuschussung von Einkommensschwachen — Synthese: Entscheidung der Frage und Aufzeigen eines Kompromisses

C. Tradition an deutschen Schulen — Neuer Aspekt

Sollten bei uns Schuluniformen eingeführt werden?

Musteraufsatz

A. Einleitung: Vergleich mit der Situation in Großbritannien

Wie vor allem diejenigen wissen, die schon einmal an einem Schüleraustausch teilgenommen haben, gibt es in zahlreichen Staaten Uniformpflicht an den Schulen, beispielsweise in Großbritannien. Auch in Deutschland laufen derzeit an einigen Schulen Versuche mit einheitlicher Schulkleidung.

B. Thema: Anführung des Themas,

Im Folgenden möchte ich mich mit der Frage auseinandersetzen, ob an deutschen Schulen

Uniformen eingeführt werden sollten oder nicht.

Überleitung zum Hauptteil

Zunächst führe ich Argumente an, die für die Einführung von Schuluniformen sprechen.

Hinführung zu I. Argumentationsblock Pro

Gelegentlich hört man als Schüler Klagen von Eltern und Lehrern über das aus ihrer Sicht schlampige oder unpassende Erscheinungsbild mancher Jugendlicher. Schule jedoch soll ins öffentliche Leben einüben, nicht nur durch die Vermittlung von Wissen, sondern auch durch Erziehung zu einem angemessenen Auftreten, was zum Beispiel im späteren Berufsleben eine wichtige Rolle spielt. Das Tragen einer Schuluniform kann dazu beitragen, solch ein Auftreten als selbstverständlich zu empfinden.

1. Ordentliches Erscheinungsbild
   a) Erziehungsauftrag der Schule
   b) Vorbereitung auf das Berufsleben

Wenn jede Schule ihre eigene Schuluniform hat, könnte dies dazu beitragen, dass das Zugehörigkeitsgefühl der Jugendlichen zu ihrer Schule steigt. Auch können sie sich untereinander zum Beispiel auf dem Schulweg gegenseitig erkennen, wodurch auch mehr Kontakte zwischen Älteren und Jüngeren geknüpft werden könnten. Möglicherweise steigt so das Zusammengehörigkeitsgefühl der Schüler untereinander.

2. Außenwirkung der Schule
   a) Identität nach außen
   b) Zusammengehörigkeitsgefühl

Schlussfolgerung

Die meisten Jugendlichen wollen modisch auftreten, andere bewusst auffallen oder ihre Zugehörigkeit zu einer bestimmten Gruppierung zeigen. Teure Markenkleidung spielt hier eine große Rolle: So wird der Pausenhof geradezu zum Laufsteg. Nicht jeder aber kann diesen Markenwahn finanzieren. Damit besteht die Gefahr, dass er wegen seiner billigen Kleidung von anderen ausgeschlossen wird. Tragen alle dieselbe Schuluniform, so wird diese Gefahr zumindest innerhalb der Schule gebannt.

3. Unabhängigkeit von modischen Trends
   a) Markenkleidung teuer
   b) Diskriminierung aufgrund billiger Kleidung ausgeschlossen

Wechsel im Aufbau: Einstieg mit der Begründung, Beispiele, These in Form der Schlussfolgerung

Nun wende ich mich denjenigen Argumenten zu, die gegen die Einführung von Schuluniformen sprechen.

II. Argumentationsblock Contra

Zunächst lässt sich feststellen, dass schultypische Uniformen zu einer Privilegierung von Schulen führen können. Wenn sich Jugendliche auf dem Schulweg begegnen, könnten sie sofort erkennen, welche Schule sie besuchen. Dies könnte das Konkurrenzdenken zwischen den jeweiligen Schülerschaften fördern oder zu gegenseitiger Ablehnung führen. Es bestünde beispielsweise die Gefahr, dass es zu Problemen zwischen Gymnasiasten und Hauptschülern kommt.

1. Förderung von Konkurrenzdenken
   a) Privilegierung einzelner Schulen
   b) Diskriminierung einzelner Schulformen

Ein weiteres Argument gegen die Einführung von Schuluniformen ist, dass hierdurch die Schüler nicht mehr so individuell auftreten könnten wie bisher. Trotz aller Modeerscheinungen hat doch jeder seine persönlichen Vorlieben. Manche Jugendliche wollen durch ihre Kleidung auch ihre Zugehörigkeit zu einer bestimmten Gruppe zeigen, zum Beispiel die Punks. Das könnten sie nun nicht mehr, wenn sie eine Schuluniform tragen müssten. Sie und andere Jugendliche würden sich in der Schule dann zusätzlichen Zwängen ausgesetzt fühlen, was ihre Lernmotivation senken könnte.

2. Mangelnde Entfaltung der Individualität
   a) Unterdrückung persönlicher Vorlieben
   b) Aufbau unnötiger Zwänge

Wichtig erscheint zudem, dass zusätzliche Kosten entstünden, wenn Schuluniformen eingeführt würden. Obwohl in Deutschland der Schulbesuch grundsätzlich kostenlos ist, müssen die Eltern jedes Jahr eine größere Summe aufbringen, um Büchergeld, Kopiergeld, Schreibmaterial und Zusatzveranstaltungen wie etwa Klassenfahrten zu bezahlen. Vor allem einkommensschwächere Familien würden zusätzlich belastet, wenn sie nun auch noch eine Schuluniform in mindestens zweifacher Ausführung kaufen müssten, um auch einen Wechsel zu ermöglichen. Freizeitkleidung wäre außerdem weiterhin erforderlich.

3. Hoher Kostenaufwand
   a) Hohe Kostenbelastung durch Büchergeld und schulische Veranstaltungen
   b) Schuluniform zusätzliche Belastung zur ohnehin notwendigen Freizeitkleidung

4. Statussymbole bleiben
a) Teurer Schmuck
b) Pflege der Kleidung

Besonders gewichtig erscheint jedoch folgendes Argument: Befürworter von Schuluniformen behaupten häufig, dass durch sie der „Markenwahn" an Schulen abnehme und auch Schüler aus ärmeren Familien den anderen zumindest äußerlich gleichgestellt würden. Sie beachten jedoch nicht, dass Träger von Schuluniformen auch auf andere Statussymbole ausweichen können, beispielsweise auf Schmuck oder teure Handys. Auch Schuluniformen zeigen Gebrauchsspuren. Wohlhabendere Eltern können sich mehrere Uniformen leisten, während Schüler aus weniger begüterten Familien in eher abgetragenen Uniformen erscheinen. Auch können Schuluniformen bei nachlässiger Behandlung durchaus schlampig aussehen. Soziale Diskriminierung lässt sich somit nicht einfach durch die Einführung von Schuluniformen beheben.

III. Abwägung – Einführung von Uniformen nur sinnvoll, wenn deutliche Hilfen für Einkommensschwächere gewährt werden.

Aus meiner Sicht überwiegen diejenigen Argumente, die gegen die Einführung von Uniformen an deutschen Schulen sprechen. Sollte es dennoch einmal Pflicht werden, dann wäre es jedoch nur unter einigen Bedingungen sinnvoll. So sollten die Kosten für Familien mit geringerem Einkommen beispielsweise durch Zuschüsse in Grenzen gehalten werden. Außerdem wäre es wichtig, die Schüler über das Aussehen der Uniform selbst abstimmen zu lassen.

C. Tradition an deutschen Schulen

Schuluniformen haben ihre Tradition im anglikanischen Raum. In Deutschland gibt es die Tradition des Individualismus. Im erzieherischen Bereich ist eher darauf hinzuwirken, dass die Persönlichkeit eines Menschen nicht anhand seiner Kleidung beurteilt wird, denn nur in seltenen Fällen machen Kleider Leute.

4.4 Die Erörterung auf der Grundlage von Informationsmaterialien

Um ein Thema angemessen erörtern zu können, muss man viel darüber wissen. Da man dies aber nicht alles im Kopf haben kann, erhältst du mit der Aufgabenstellung auch Informationsmaterialien. Dies können zum Beispiel Texte von Fachleuten sein, Statistiken, Fotos, Info-Grafiken oder Zeitungsartikel zum Thema.
Dir steht es allerdings nicht frei, ob du die Materialien verwendest oder nicht – du musst Informationen daraus in deinen Aufsatz einbeziehen. Bei der Bewertung wird mitberücksichtigt, wie sinnvoll diese Materialien in der eigenen Darstellung verwendet werden.

Grundsätzlich gibt es – abhängig vom Inhalt des Materials – zwei verschiedene Möglichkeiten, die Informationen einzubeziehen:
- zur Umrahmung des Themas in Einleitung und Schluss
- zur Stützung der eigenen Argumentation im Hauptteil der Erörterung, häufig als Beweise und Beispiele

Aufgabenstellung:
Gewalt unter Kindern und Jugendlichen ist ein Phänomen, das in den Medien seit dem Amoklauf eines Schülers an seiner Erfurter Schule im Jahr 2002 verstärkt diskutiert wird.
Setzen Sie sich unter Einbeziehung der folgenden Informationsmaterialien mit Erscheinungsformen und möglichen Ursachen von Gewalt unter Kindern und Jugendlichen auseinander und zeigen Sie Gegenmaßnahmen im schulischen Rahmen auf!

Die Zusatzinformationen zur Aufgabenstellung werden im Folgenden ebenfalls mitgeliefert und auch kommentiert. Welche Besonderheiten bei bestimmten Materialtypen beachtet werden sollten, wird im Folgenden an der jeweiligen Textstelle erläutert.

4.4.1 Formen des zusätzlichen Informationsmaterials

Die Definition / der Lexikonartikel

Wenn du bestimmte Begriffe aus deinem Erfahrungsbereich nicht selbst definieren kannst, dann ist es erwünscht und erlaubt, Definitionen aus Lexika heranzuziehen. Diese kannst du entweder ganz zitieren oder so kürzen, dass sie den Zweck der Begriffsklärung innerhalb deines Aufsatzes erfüllen.

Definition

Lesetext

> „Ein Schüler oder eine Schülerin ist Gewalt ausgesetzt oder wird gemobbt, wenn er oder sie wiederholt und über eine längere Zeit den negativen Handlungen eines oder mehrerer anderer Schüler oder Schülerinnen ausgesetzt ist." (Olweus 1986, 1991; Quelle: www.km.bayern.de/gewalt-praevention)

Diese Definition ist sehr allgemein gehalten. Auffällig ist, dass der Gewaltbegriff an eine längere zeitliche Dauer geknüpft wird. Beispiele für Gewalterscheinungen werden nicht genannt, anders als im folgenden Lexikonartikel. Um diesen für die eigene Darstellung verwenden zu können, empfiehlt es sich, die angeführten Beispiele zu ergänzen und geeigneten Überbegriffen zuzuordnen. Eine Möglichkeit hierfür kannst du der Gliederung entnehmen.
Der zweite Teil des Lexikonartikels bietet sich für die Bearbeitung des zweiten Themenschwerpunktes – mögliche Ursachen von Gewalt unter Kindern und Jugendlichen – an, wiederum zu ergänzen durch eigene Argumente.

Lexikontext

Lesetext

> Gewalt an Schulen äußert sich in physischer Gewalt, Diebstahl, Erpressungen und Mobbing zwischen Schülern, zwischen Schülern und Lehrern sowie Gewalt gegen Schuleigentum und Gegenstände. Gegebenenfalls können auch Schulfremde beteiligt sein, die das Schulgelände betreten.
>
> **Ursachen**
>
> Als äußere Ursachen werden Gewalt im Fernsehen und in Computerspielen vermutet, mangelnde Integration in so genannten Brennpunktschulen mit hohem Anteil von Schülern mit Migrationshintergrund, die schlechte Perspektive der Jugendlichen auf dem Arbeitsmarkt und Probleme in der eigenen Familie wie zum Beispiel Armut, Arbeitslosigkeit, Alkoholismus und häusliche Gewalt, sowie Desinteresse der Eltern an einer konsequenten, weil anstrengenden Erziehung.
> Der Jugendpsychiater Max Friedrich nennt auch Leistungsdruck und mangelnde Kommunikation im Elternhaus. Sozialforscher wie zum Beispiel Ferdinand Sutterlüty nennen mangelnde gesellschaftliche Anerkennung als Gewaltmotiv. Der Soziologe Norbert Elias warnte 1989: „Wenn die Gesellschaft den Menschen der heranwachsenden Generation eine kreative Sinnerfüllung versagt, dann finden sie schließlich ihre Erfüllung in der Zerstörung."
> (Quelle: www.wikipedia.org, Stichwort: Gewalt an Schulen)

Infografik

Um eine Grafik sinnvoll auszuwerten, musst du dir zunächst genau klar machen, welches Thema dargestellt wird. Die Kurve des folgenden Schaubildes, das auf der Basis des Jugendberichtes des Bayerischen Landeskriminalamtes aus dem Jahr 2005 entstanden ist, zeigt nicht sämtliche Gewalttaten an bayerischen Schulen, sondern nur solche, die zur Anzeige kamen, also polizeilich erfasst wurden. Daher sind vor allem schwerere Delikte dargestellt, besonders gefährliche und schwere Körperverletzung.

Von 1999 bis 2000 sowie von 2002 bis 2004 lässt sich der Kurve ein deutlicher Anstieg der Gewaltkriminalität entnehmen. Zwar nimmt die Zahl der Gewaltdelikte von 2004 bis 2005 deutlich ab, allerdings ist sie noch immer höher als im Jahr 1997.

Diese Erkenntnisse lassen sich bei der vorliegenden Aufgabenstellung sinnvoll sowohl in die Einleitung oder auch in den ersten Teil des Themas – Erscheinungsformen von Gewalt – integrieren.

Gewaltkriminalität mit Tatort Schule
für die Jahre 1997 bis 2005

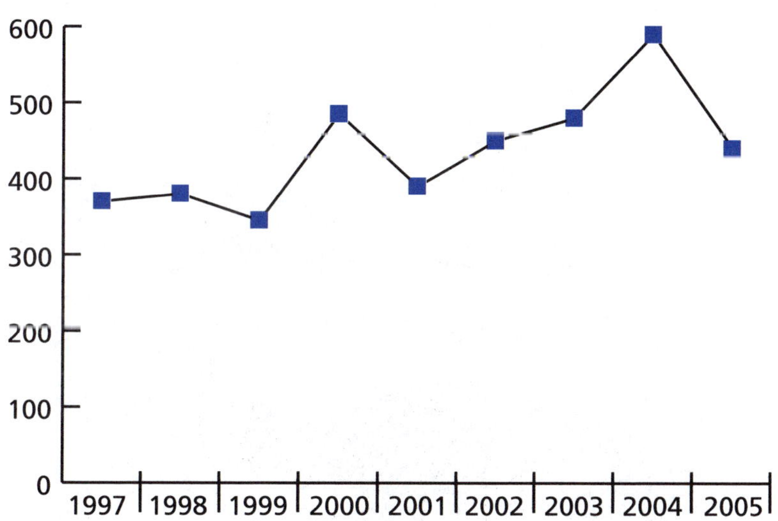

(Quelle: www.km.bayern.de/gewaltpraevention)

Karikatur

Die Karikatur lebt von der Übertreibung und Zuspitzung eines Problems auf die wesentlichen Elemente. Die Zeichnung von Peter Thulke karikiert die Hilflosigkeit vieler Eltern bei der Erziehung ihrer Kinder. Tatsächlich gibt es auch einen faktischen Hintergrund, denn es kommt durchaus vor, dass Kinder auch Gewalt gegenüber ihren Eltern ausüben. Diese Zeichnung zeigt aber noch mehr. Als eine Ur sache erscheint der Alkoholmissbrauch, als weitere die Nachgiebigkeit der Eltern. Ferner weist sie auf die Dimensionen von Gewalt hin, nämlich Gewalt gegen Sachen und Gewalt gegen Personen.
Falls dein Ausgangsmaterial eine Karikatur enthält, bietet sie sich gut für die Einleitung an. Auch am Ende kannst du nochmals auf die Karikatur zurückgreifen.

Reportage

Besonderheiten dieser Textsorte werden an anderer Stelle dieses Buches erläutert.

Bei der Auswertung von Texten solltest du Textstellen markieren, die du für die Erörterung gebrauchen kannst – am Rand kannst du dir wichtige Inhalte notieren, vielleicht auch schon, an welcher Stelle du sie in der Erörterung verarbeiten möchtest.

Generell gilt:
Dies alles darf in die Erörterung nicht einfach „hineingestopft" werden. Du sollst zeigen, dass du Informationen wirklich sinnvoll, das heißt zielgerichtet auswählen kannst. Es reicht auch nicht, einfach nur ganze Textpassagen abzuschreiben, sondern sie müssen inhaltlich und grammatikalisch korrekt mit deiner eigenen Darstellung verknüpft werden.
Wenn du Textstellen – gezielt und sparsam! – direkt in deine Erörterung einbaust, musst du auf die korrekte Wiedergabe von Zitaten achten. Wörtliche Zitate müssen nach den Regeln der wörtlichen Rede gekennzeichnet werden, indirekte Zitate treten entweder als berichtete oder als indirekte Rede auf, dann mit korrektem Konjunktivgebrauch.
Wie die Randbemerkungen zeigen, lassen sich die folgenden Texte vor allem für den dritten Schwerpunkt des Themas – Gegenmaßnahmen im schulischen Rahmen – verwenden.

Klaus Gerlach übt in dem Kurs auch mit den einzelnen Kindern.
FOTO: GEBHARDT

Auf das Gefühl im Bauch achten (Frankenpost)

Lesetext

SEMINAR IM KINDERGARTEN — Dachzeile

Auf das Gefühl im Bauch achten — Haupttitel

Wie Kindergartenkinder lernen können, Gewalt untereinander sowie durch Erwachsene vorzubeugen — Untertitel

„Nein! – Nein! – Nein!“ Immer lauter werdend üben die Kinder im Kindergarten in der Schützenstraße in Schwarzenbach am Wald, wie sie sich wehren können. Gewalt aus dem Weg zu gehen oder sich verteidigen zu können, das vermittelt Klaus Gerlach von der Wing Tsun-Schule Naila.

Thema des Seminars: Abwehr von Gewalt; Methoden schon für Kindergartenkinder

SCHWARZENBACH AM WALD – Kinder sind oft in einem Dilemma, weiß Klaus Gerlach und spricht es in der großen Runde der Schwarzenbacher Kindergartenkinder aus: „Ihr sollt höflich zu den Erwachsenen sein. Aber es gibt nicht nur gute Menschen. Ihr müsst auch vorsichtig sein und euch selbst schützen.“ Was soll ein Kind tun, wenn es in eine Situation gerät, die ihm irgendwie komisch vorkommt? Die Tipps, die Klaus Gerlach gibt und mit den Kindern übt, sind ganz praktisch: Abstand halten – den anderen nicht nah an sich herankommen lassen. Auf das Gefühl im Bauch hören – und im Zweifelsfall lieber unhöflich sein und weglaufen. Ist eine Situation bedrohlich, nicht nur „Hilfe“ rufen, sondern „Hilfe, Feuer!“ „Dann passen alle sofort auf“, erklärt Klaus Gerlach. Wenn man Hilfe braucht, gezielt einzelne Personen bitten: „Helfen Sie mir!“ Kommt man in die Situation, vor jemandem weglaufen zu müssen, dann in ein Haus hineinlaufen oder in ein Geschäft und um Hilfe bitten, rät er seinen kleinen Schülern.

Zwiespältige Situation für Kinder zwischen Höflichkeit im Umgang mit Erwachsenen und Abwehr von Übergriffen

Konkrete Maßnahmen zum Umgang mit Gewalt
- auf die innere Stimme hören
- sich entschieden bemerkbar machen, durchaus übertreiben
- ohne Hemmungen Hilfe suchen

Gebannt hängen die Augen der über 20 Kinder an Klaus Gerlach, der in den Kindergarten gekommen ist zu einem zweiteiligen Gewalt-Präventionskurs. Auch wenn die Kleinen dieses Wort sicher nicht kennen – sie verstehen, was gemeint ist: Nämlich sich selbst so zu verhalten, dass es zu Streit, Schlägereien und Erpressungen unter Kindern erst gar nicht kommt, und dass sie drohender Gewalt durch Erwachsene nicht willenlos ausgeliefert sein müssen.

Anliegen des Gewalt-Präventionskurses: frühzeitige Vorbeugung kindlicher Gewalt, Abwehr von Gewalt durch Erwachsene – Verhaltensmerkmale erlernen, die Gewalt von Anfang an vermeiden

Wo zum Beispiel ist der sicherste Platz, wenn einen ein Autofahrer aus dem heruntergekurbelten Fenster anspricht? Nicht direkt am Fenster, sondern etwas weiter vorne, neben dem Reifen. Denn dann kann der Erwachsene zum einen das Kind nicht einfach packen und womöglich durchs Fenster ins Auto ziehen, er muss beim Aussteigen auch erst um die geöffnete Türe herumlaufen – das lässt genug Zeit, um wegrennen zu können.

Gängige Verhaltensmuster erkennen und Gefahren vermeiden – sich einem fragenden Autofahrer von vorne nähern

Das Programm dieses Gewaltpräventionskurses für Kinder hat die Europäische Wing Tsun-Organisation (EWTO) zusammen mit Psychologen, Polizeibeamten, Lehrern, Erziehern und erfahrenen Selbstverteidigungsexperten entwickelt. Klaus Gerlach, von Beruf der Küchenchef im Seniorenheim Frankenhöhe in Langenbach, betreibt den Kampfkunststil Wing Tsun Kung Fu seit vielen Jahren und hat zahlreiche Kurse und Lehrgänge besucht. Er leitet das Kinder- und Jugendtraining der Wing Tsun-Schule Naila. In einem Seminar in Kiel erlernte er dieses Kinder-Gewaltpräventionstraining, das seit einigen Jahren an Schulen, Volkshochschulen, Kindergärten, Jugendeinrichtungen, Mädchen- und Fraueninstituten mit Erfolg angeboten wird.

Selbstverteidigung als Mittel gegen direkte Angriffe

Klaus Gerlach war damit bereits an Schulen. In Schwarzenbach am Wald wendet er das Programm zum ersten Mal in einem Kindergarten an – und es klappt hervorragend. Erzählen und Erklären wechseln mehrfach ab mit praktischem Üben, sei es mit einem Partner, in der Gruppe oder auch bei Rollenspielen. Ziel ist es, den Kindern ein Bewusstsein dafür zu vermitteln, dass sie untereinander die Verantwortung für ihre Sicherheit selbst übernehmen und dass sie in die Lage kommen, Gefahr erkennen zu können und angemessen zu reagieren – durch selbstbewusstes und bestimmtes Auftreten, durch den Einsatz von Stimme, Mimik, Gestik und Körperhaltung: „Ihr müsst mit den Händen reden und dem Mund", erklärt Klaus Gerlach – und übt dies auch mit den Kindern. „Jeder Täter sucht sich ein leichtes Opfer aus", erläutert er weiter, „keiner greift einen an, der ihm stark vorkommt." Er fordert die Kinder auf, sich den Friedlichen anzuschließen und die Aggressiven nicht zu unterstützen. Und selbst nicht aggressiv zu sein: „Wenn ihr einem anderen etwas antut, kommt es immer auf euch zurück, es gibt nur Ärger. Womöglich kommt die Polizei, eure Eltern sind böse auf euch." Er fordert zur Gelassenheit auf: „Wenn einer zu mir sagt, ich sei ein Idiot – na gut, dann soll er das halt denken, das ist mir doch egal, da muss ich doch nicht aggressiv reagieren." Wer eine Beleidigung ausspreche, suche Streit – aber darauf müsse man nicht eingehen.

Auch Schüler als Adressaten des Präventionsprogrammes

- Selbstverantwortung bei drohenden Gefahren übernehmen
- selbstbewusst und bestimmt auftreten
- Stimme schulen
- Mimik, Gestik und Körperhaltung trainieren
- Isolation aggressiver Mitschüler
- unbegründete Beleidigungen einfach nicht ernst nehmen

Oder wenn Kinder sich mal aus Versehen anrempeln, muss man nicht gleich zurückschubsen: Man kann sich freundlich entschuldigen. Das führen Klaus Gerlach und sein Assistent Manuel in einem kleinen Rollenspiel gleich vor. Dass es immer zu Rangeleien zwischen Kindern kommen wird, ist natürlich auch Klaus Gerlach klar, der aber ermahnt: „Man muss immer fair bleiben!"

Umgang mit Aggressionen ohne selbst aggressiv zu werden

- auf unbeabsichtigte Gewalt locker reagieren

Die Kinder sind mit einer erstaunlichen Aufmerksamkeit bei der Sache, die zum Ende hin sogar noch zunimmt. Klaus Gerlach hat schon fast eine halbe Stunde überzogen, als die Kinder immer noch näher an ihn heranrutschen und zuhören; immer mehr Kinder melden sich und erzählen, was sie selbst schon gesehen oder gehört haben an Situationen, in denen Kindern Gewalt angetan wurde. Dass das Thema sie beschäftigt, das ist deutlich zu spüren.

– Gewaltsituationen vor Augen führen und durchdenken

Hohe Motivation bei den Teilnehmern

Kontakt: Wing Tsun-Kampfkunstschule Oberfranken, Am Anger 33, 95119 Naila, Klaus Gerlach, Telefon 0 92 88/5 52 62; www.wt-action.de

Kontaktadresse

„Faustlos ist in": Streitschlichter helfen (Frankenpost)

Lesetext

VOLKSSCHULE SELBITZ

Dachzeile

„Faustlos" ist in: Streitschlichter helfen

Haupttitel

„Wenn man mit keinem über seine Probleme spricht, kann einem auch nicht geholfen werden", steht auf einem großen roten Herz aus Papier, das an der Pinnwand hängt. Reden, zuhören und schlichten zwischen Kindern, die Probleme miteinander haben – wie das gelingen kann, lernen derzeit acht Jungs und Mädchen in der Streitschlichter-Ausbildung an der Grundschule Selbitz.

Vorspann mit Thema: Streitschlichter-Ausbildung bereits an Grundschulen

SELBITZ – Vorausgegangen ist dieser Ausbildung ein Sozialkompetenztraining, an dem alle Kinder der zwei dritten Klassen teilgenommen haben. Was sich hinter diesem sperrigen Begriff verbirgt, erläutert Lehrerin Renate Meier so: „Es geht darum, dass den Kindern bewusst wird, dass sie als Person auf andere wirken, und dass auch andere auf sie wirken." Gemeint ist, dass

Begriffsklärung: „Sozialkompetenz-training"

die Kinder lernen, nicht nur sich selbst zu sehen, sondern auch auf die Stimmung des anderen zu achten. Zwischen den Kindern gibt es täglich unzählige Situationen, in denen sie aneinander geraten können – oder auch nicht, wenn sie mit der Situation umzugehen wissen. Renate Meier gibt ein simples Beispiel: Zwei Schüler sitzen nebeneinander und der eine nimmt ohne zu fragen den Radiergummi des anderen, weil er seinen verloren hat. Sein Banknachbar möchte aber nicht, dass jemand einfach in seinen Bereich hineinlangt. „Beide müssen lernen", meint Renate Meier dazu. „Der eine, dass er nicht einfach ohne zu fragen etwas nehmen kann, und der andere sollte sich etwas öffnen können. Wir sind eine soziale Gesellschaft und müssen lernen, über gewisse Schwächen auch einmal hinwegzusehen."

Beispiel zur Veranschaulichung der allgemeinen Definition

„Faustlos" heißt das Trainingsprogramm, das Renate Meier mit allen Drittklässlern durchgearbeitet hat und das ihnen helfen soll, sich selbst darüber klar zu werden, was sie eigentlich tun. Und durch das sie lernen sollen, sich bewusster zu verhalten – und friedlicher. Dazu führen mehrere Schritte:

Spezieller Inhalt des Trainingsprogrammes „Faustlos"

- ein Empathietraining: lernen, auf die Stimmung des anderen zu achten;
- Impulskontrolle: eine womöglich wütende Reaktion hinauszögern, also erst mal bis zehn zählen, tief Luft holen oder an etwas Schönes denken;
- der Umgang mit Ärger und Wut: Lernen, selbst ganz ruhig bleiben zu können.

Einzelne Trainingsstufen

Der Sinn des Trainings besteht darin, dass die Kinder lernen, erst zu reden anstatt gleich bockig zu reagieren oder zuzuschlagen.

Sinn des Trainings: Reden statt zuschlagen!

Die acht angehenden Streitschlichter müssen darüber hinaus noch viel mehr lernen. Jede Woche erarbeiten sie zusammen mit Renate Meier, was alles zu ihrer zukünftigen Aufgabe gehört. Angeleitet durch die Fragen ihrer Lehrerin, suchen sie selbst die Antworten darauf, worauf sie in welchen Situationen achten müssen und was sie dann zu tun haben. Denn als Streitschlichter sollen sie mit allen Situationen souverän umgehen.

Aufgaben der künftigen Streitschlichter

Ihre zukünftige Aufgabe sieht so aus: Wenn sie, etwa im Schulhof, einen Streit beobachten, bieten sie ihre Hilfe an. In einem eigenen Streitschlichter-Zimmer geben sie jedem der Kontrahenten Gelegenheit zu sagen, was er denkt und warum er sich so verhalten hat. In der Unterrichtsstunde bei Renate Meier erarbeiten die Jungen und Mädchen selbst, worauf es ankommt bei diesen Gesprächen im Streitschlichterraum: gut zuzuhören; selbst ruhig, höflich und gelassen zu bleiben; Mitgefühl zu zeigen; die Kontrahenten dazu ermuntern, auszusprechen, was sie denken. Und, was sehr wichtig ist: Natürlich bleibt alles vertraulich. Streitschlichter erzählen nichts weiter.

Konkretes Verhaltenstraining

Die Streitschlichter schlagen Lösungen vor, die für beide Kontrahenten akzeptabel sein müssen. So können manche Konflikte von den Kindern selbst gelöst werden, ohne dass ein Lehrer einbezogen wird.

Konfliktlösung ohne Lehrer-Autorität

Renate Meier hofft, dass die Streitschlichter, die ihre Ausbildung bis zu den Sommerferien abschließen und im neuen Schuljahr ihre Arbeit aufnehmen sollen, als Vorbilder auf die anderen Schüler weiterwirken. Sehr wichtig ist es ihr, das Sozialkompetenztraining an der Schule so auszubauen, dass alle Grundschüler es durchlaufen.

Modellwirkung der Streitschlichter

Aber die Lehrerin ist sich auch klar: „Alle erreichen wir nicht damit.“ In dem Sozialkompetenztraining geht es darum, impulsives aggressives Verhalten zu vermeiden, sodass die alltäglichen Reibereien zwischen den Kindern nicht eskalieren. „Es hat aber auch Grenzen“, meint Renate Meier, „wo etwa schon zwischen den Elternhäusern Streit herrscht, können wir bei den Kindern auch nichts machen.“

Grenzen des Streitschlichtersystems

4.4.2 Erörterung auf der Grundlage von Informationsmaterialien

Gewalt in der Schule

Gliederung

A. Gewalt zu Hause

Themenverwandter Aspekt zur Einleitung

B. Gewalt unter Kindern und Jugendlichen – Erscheinungsformen, mögliche Ursachen, Gegenmaßnahmen im schulischen Bereich

Kurzfassung des Themas entsprechend der vorgegebenen Reihenfolge

I. Erscheinungsformen von Gewalt
   1. Sachbeschädigung
   2. Gewalt gegenüber Personen
      a) Körperliche Gewalt
      b) Psychische Gewalt

Übergeordnete Punkte, noch keine Nennung von Beispielen in der Gliederung

II. Mögliche Ursachen
   1. Schulische Probleme
      a) Leistungsdruck
      b) Schlechtes Klassen-/ Schulklima
      c) Falsche Streitkultur
   2. Probleme im Elternhaus
      a) Eltern als schlechte Vorbilder
      b) Verschärfung der Situation durch persönliche Probleme der Erwachsenen

Systematik: Ausweitung des Gesichtskreises vom schulischen in den gesamtgesellschaftlichen Bereich

3. Gesamtgesellschaftliche Probleme
   a) Gewaltdarstellungen in Medien als Modell für die Ausführung von Gewalttaten
   b) Fehlende Zukunftsperspektiven vieler Jugendlicher

III. Gegenmaßnahmen im schulischen Rahmen
   1. Freundliche Gestaltung des Schulgebäudes
   2. Offene Unterrichtsatmosphäre
   3. Klare Verhaltensregeln und Konsequenzen bei Verstößen
   4. Beteiligung der Schüler am Schulleben
   5. Training im Umgang mit Gewalt
      a) Stärkung des Selbstbewusstseins durch Selbstverteidigungskurse
      b) Friedliche Konfliktlösung mit Hilfe von Streitschlichtern

Systematik: vom „Äußeren" des Gesamtgebäudes zum „Inneren" des Einzelnen

C. Gewalt als gesamtgesellschaftliches Problem

Weiter reichender Zusammenhang der Thematik; Bogen zur Einleitung

Gewalt in der Schule

M Musteraufsatz

Ein betrunkener Junge mit einer Keule in der Hand und einem Dolch am Gürtel liegt schlafend auf dem Sofa in einer demolierten Wohnung. Seine Mutter kommentiert die Szene gegenüber dem Vater mit den Worten: „Sei leise, der Junge schläft!“ Blaue Augen, blutende Nasen bei den Eltern – der Karikaturist Peter Thulke stellt überspitzt die Gewalt eines Jugendlichen und die Hilflosigkeit der Eltern dar, in diesem Fall hinter geschlossenen Türen, im häuslichen Bereich. Jugendliche Gewalt tritt aber auch oft im öffentlichen Bereich auf, so, wenn jugendliche Gewalttäter ihr Unwesen an Schulen treiben.

Hinführung zum Thema anhand der überspitzten Gewaltdarstellung in der Karikatur aus dem Material

Welche Erscheinungsformen von Gewalt es dort gibt, worin die Ursachen zu suchen sind und welche möglichen Gegenmaßnahmen von

Überleitung: Klare Nennung der Themenaspekte

Seiten der Schule ergriffen werden können, ist Gegenstand der folgenden Erörterung.

Zunächst wird erläutert, in welchen Formen Gewalt zwischen Kindern und Jugendlichen auftritt.

Verdeutlichung des zuerst angesprochenen Aspektes

Eine allgemein gültige Definition des Begriffes „Gewalt" existiert nicht. Aber immer handelt es sich um negative Verhaltensweisen unterschiedlichen Schweregrades, die entweder Sachen oder Personen schädigen.

Versuch einer allgemeinen Definition

Typische Formen von Gewalt gegen Sachen reichen von leichten Beschädigungen bis hin zur völligen Zerstörung. In der Schule kann es zum Beispiel sein, dass Wände mit Sprüchen und Graffitis beschmiert, dass Einrichtungsgegenstände wie Schulbänke mutwillig beschädigt oder etwa Fensterscheiben und Glastüren bewusst eingeworfen werden. Diese Gewalt kann sich nicht nur auf das Schulgebäude oder dessen Einrichtungen beziehen, sondern auch gegen das Privateigentum anderer Schüler gerichtet sein, wenn etwa Stifte zerbrochen werden. Ein Sonderfall ist sicherlich der Diebstahl, weil hier die Sache ja nicht unbedingt beschädigt wird, aber dennoch der Eigentümer einen Verlust erleidet.

Gewalt gegen Sachen

Ausführliche Auflistung von Beispielen aus dem schulischen Bereich

Damit komme ich zur zweiten großen Gruppe der Gewalttaten, nämlich der gegen Personen. Hier lässt sich ein Unterschied zwischen körperlicher und psychischer Gewalt erkennen, die sich aber häufig auch überschneiden. Für viele der Inbegriff von Gewalt schlechthin ist die Körperverletzung. Diese reicht von leichten Übergriffen wie zum Beispiel einer Ohrfeige bis hin zu Fällen, wo sich Jugendliche krankenhausreif schlagen und möglicherweise dauerhafte Schäden davontragen.

Gewalt gegenüber Personen

Körperverletzung als Inbegriff physischer Gewalt

Dass diese Art von Gewalt an Schulen wirklich ernst zu nehmen ist, zeigt eine Statistik aus dem Jugendbericht des Bayerischen Landeskriminalamtes von 2005. Von 1999 bis 2000 sowie von 2002 bis 2004 lässt sich der Kurve ein deutlicher Anstieg der Gewaltkriminalität entnehmen. Zwar nimmt die Zahl der Gewaltdelikte von 2004 bis 2005 deutlich ab, allerdings ist sie noch immer höher als im Jahr 1997.

Rückgriff auf einen Beleg aus dem Materialfundus

Themenorientierte Angaben als Zeichen für die Kompetenz, eine Info-Grafik korrekt auszuwerten

Körperliche Gewalt oder ihre Androhung geht häufig mit Formen von psychischer Gewalt einher, beispielsweise mit Erpressung. Immer wieder liest man von Fällen, wo Einzeltäter oder ganze Banden zum Beispiel durch Schutzgelderpressung bei ihren Mitschülern Angst und Schrecken verbreiten. Mag dies ein extremes Beispiel sein, so gibt es doch verstecktere Formen psychischer Gewalt unter Kindern und Jugendlichen häufiger, als man denkt.

Zusammenhang zwischen physischer und psychischer Gewalt als sinnvolle Überleitung zum folgenden Aspekt

Diese beginnt bereits mit dem oft als harmlos abgetanen Hänseln, Beleidigen und Ausgrenzen von Außenseitern der Klasse. Opfer sind häufig Schüler, die sich in irgendeiner Form auffällig kleiden oder verhalten und die nicht selbstbewusst genug sind, sich gegen ihre Peiniger zu wehren. Treten solche Übergriffe über einen längeren Zeitraum hinweg auf, spricht man auch von Mobbing.

Weitere Beispiele für psychische Gewalt; Begriff „Mobbing"

Alle genannten Formen von Gewalt haben gemeinsam, dass sie bei ihren Opfern ein Gefühl der Hilflosigkeit und Angst erzeugen, die dazu führen können, dass die Betroffenen ungern zur Schule gehen und dort auch gar keine guten Leistungen erreichen können oder gar krank werden.

Zusammenfassung: Mögliche Folgen der Gewalt

Wo liegen nun die Ursachen dafür, dass Kinder und Jugendliche gewalttätig werden?

Frage als Überleitung zum nächsten Themenblock

Im schulischen Bereich kann der Leistungsdruck mit zur Gewaltbereitschaft von Kindern und Jugendlichen beitragen. Gerade in Zeiten der Lehrstellenknappheit spielt schulischer Erfolg für die meisten eine wichtige Rolle. Wer ihn nicht erreicht, lässt seinen Frust darüber möglicherweise an anderen, vielleicht erfolgreicheren Mitschülern aus oder an Gegenständen in der Schule.

Schulische Faktoren:

Leistungsdruck

Zusammenhang Frust – Gewaltausbrüche

Besonders wahrscheinlich ist eine solche Reaktion, wenn das Klassen- und/oder Schulklima unangenehm ist. Das fängt in vielen Schulen schon bei tristen, ungepflegten Räumen und Gebäuden an und endet bei einer angespannten Atmosphäre, in der man sich gegenseitig unfreundlich behandelt, in der keine gute Klassengemeinschaft besteht und beispielsweise die Jahrgänge und Klassenstufen sich als „Feinde" sehen. Eine solche „Paukschule" wirkt sicher auf niemanden einladend.

Weiterführung: Unangenehmes Schulklima als weiterer Faktor
Nennung nachvollziehbarer Beispiele

Hinzu kommt, dass viele Schüler weder zu Hause noch in der Schule gelernt haben, wie man konstruktiv und friedlich mit Konflikten umgeht, die ja immer auftreten, wenn Menschen mit unterschiedlichen Interessen aufeinander treffen. Ein Problem entsteht aber eben dann, wenn die Betroffenen damit nicht gewaltlos umgehen können. So kann dann aus einer harmlosen Meinungsverschiedenheit eine Prügelei entstehen.

Kurze Überleitung zur Ankündigung des nächsten Punktes: fehlende Streitkultur

Mögliche Folgen mit Beispiel

Wie bereits der letzte Punkt gezeigt hat, sind die Ursachen für die Entstehung von Gewalt natürlich nicht nur in der Schule selbst zu suchen. Wichtig ist auch das Elternhaus und wie dort Erwachsene und Kinder miteinander umgehen. Auf dieses Problem geht die in der Einleitung angesprochene Karikatur von Peter Thulke ein, wo die Eltern dem Verhalten ihres gewalttätigen

Zusammenhang von vorangehendem und folgendem Aspekt

Hinweis auf Zusatzmaterial

Sohnes völlig hilflos gegenüber stehen und selbst zu Gewaltopfern werden.

Sind die Eltern selbst nicht in der Lage, Konflikte friedlich zu lösen, dann sind sie ein schlechtes Vorbild für ihre Kinder, die das von klein auf mitbekommen und das Verhalten ihrer Eltern nachahmen.

Argumentativer Zusammenhang

Verstärkt wird eine solche unangenehme Atmosphäre möglicherweise durch persönliche Probleme der Eltern, wie etwa Arbeitslosigkeit, eine Scheidung, die in die reinste Schlammschlacht ausarten kann, oder Süchte wie den Alkoholismus.

Beispiele zur Stützung der Argumentationsreihe

Schließlich dürfen weder Schule noch Elternhaus unabhängig von gesamtgesellschaftlichen Problemen gesehen werden.

Überleitung zum letzten Aspekt des zweiten Themenblocks

Computerspiele und Gewaltdarstellungen in Filmen und anderen Medien sind spätestens seit dem Amoklauf eines Schülers in Erfurt in den Verdacht geraten, Gewaltexzesse auszulösen, denn im Zimmer des Täters fand man so genannte „Ballerspiele“. Gegen eine Verallgemeinerung dieser Annahme spricht, dass nicht jeder Computerspieler oder Actionfilm-Fan diese Szenen nachspielt. Allerdings benutzen Jugendliche, die eine Gewalttat planen, unter Umständen die Szenen aus den Medien als eine Art „Drehbuch“. Deshalb werden immer wieder Forderungen laut, noch mehr Computerspiele als bisher mit einer Zensur zu belegen beziehungsweise die Kontrollmaßnahmen zu erhöhen.

Hinweis auf Beispiel aus der Aufgabenstellung

Anführung eines Gegenbeweises, Warnung vor Verallgemeinerung

„Wenn die Gesellschaft den Menschen der heranwachsenden Generation eine kreative Sinnerfüllung versagt, dann finden sie schließlich ihre Erfüllung in der Zerstörung.“ Dieses Zitat des Soziologen Norbert Elias nennt einen weiteren gesellschaftlichen Faktor, der die

Anführung eines Zitats aus dem Materialblock als Ausgangsthese und zugleich Stütze

Entstehung von Gewalt unter Kindern und Jugendlichen begünstigt. Viele von ihnen hören täglich in den Medien, dass die Arbeitslosenzahl nur geringfügig sinkt, dass die Lehrstellen derzeit knapp sind, und sie folgern daraus unter Umständen, dass sie keine Zukunftsperspektive haben, vor allem, wenn sie keinen höheren Schulabschluss erreichen. Problematisch wird diese Gefühlslage, wenn sie den Jugendlichen nicht dazu animiert, sich deswegen besonders anzustrengen, sondern wenn Frustration und das Gefühl der Sinnlosigkeit sowie das Nicht-Erlernen von konstruktiven Verhaltensweisen zu destruktivem Verhalten führen.

Beispiele für Eindruck der Perspektivlosigkeit

Es dürfte deutlich geworden sein, dass eine Vielzahl von Faktoren zur Entstehung von Gewalt beiträgt; nur selten lässt sie sich auf eine einzelne Ursache zurückführen.
Daraus wird klar, dass die Schule allein überfordert ist, wenn es um die Lösung des Gewaltproblems unter Kindern und Jugendlichen geht. Welche Möglichkeiten im schulischen Rahmen dennoch bestehen, ist Thema des folgenden Abschnittes.

Überleitung zum letzten Themenblock unter Rückgriff auf den vorangehenden

Ein erster Schritt wäre für viele Schulen eine freundlichere Gestaltung der Schulgebäude, Gänge und Klassenzimmer. Oft reichen ein neuer Anstrich oder einige Pflanzen, um eine freundlichere Atmosphäre zu schaffen. Wenn dann noch die Schüler ihre Meinung bei der Neugestaltung einbringen oder selbst mithelfen dürfen, fühlen sie sich an ihrer Schule gleich viel wohler. So haben zum Beispiel an unserer Schule im vergangenen Schuljahr einige Klassen ihre Räume nach eigenen Vorstellungen und mit viel Fantasie neu gestrichen, und zwar nicht nur die Wände, sondern auch die Möbel.

Steigerungsprinzip: Von äußerlichen Maßnahmen bis hin zur Veränderung des Bewusstseins

Sachen, die man selbst geschaffen hat und mag,

Schlussfolgerung auf

zerstört man nicht mehr mutwillig. So kann der Sachbeschädigung entgegengewirkt werden.

Darüber hinaus ist natürlich auch eine freundliche und offene Unterrichtsatmosphäre wichtig, in der Schüler und Lehrer respektvoll miteinander umgehen. Dazu können vor allem gemeinsame Unternehmungen wie Klassenfahrten und Unterrichtsprojekte beitragen, aber auch einfach ein freundlicher Umgangston der Lehrer gegenüber den Schülern, der dann als Vorbild wirken kann. So lernt man sich gegenseitig nicht nur unter Leistungsdruck, sondern auch persönlich als Mensch kennen.

Dass Konflikte im Schulalltag auftreten und viele versuchen zu testen, wie weit sie gegenüber Lehrern und Mitschülern gehen können, weiß jeder aus der eigenen Erfahrung. Deshalb sind auch klare Regeln nötig sowie Konsequenzen, wenn sich jemand nicht an diese Regeln hält. Vor allem die Lehrer müssen dann dafür sorgen, dass diese Konsequenzen auch wirklich eingehalten werden und dass alle Schüler gleich behandelt werden, damit es wirklich gerecht zugeht. An Spielregeln hält man sich nur dann, wenn man ihren Sinn wirklich einsieht. Deswegen gibt es inzwischen an manchen Schulen Schulverfassungen, die gemeinsam mit den Schülern erstellt wurden. In meiner Klasse haben wir zusätzlich einen Klassenvertrag erstellt, in dem Regeln für den Umgang miteinander festgehalten werden, und den alle unterschrieben haben.

Dies leitet zum nächsten Gedanken über, nämlich, dass die Schüler möglichst stark das Schulleben mitgestalten sollten. Je mehr sie sich nämlich selbst verantwortlich fühlen, desto weniger Chancen haben Gewalttäter, weil die anderen nicht möchten, dass das gute Schulklima zerstört wird. Außerdem kommen an einer Schu-

der Basis allgemeiner Erfahrungswerte

Zentrale Rolle des menschlichen Miteinanders

Beispiele aus dem eigenen Erfahrungshorizont

Wiederum Argumentation auf der Basis eines Rückschlusses aus der persönlichen Erfahrungswelt

… mit darauf abgestimmtem Beispiel

Verwendung einer geeigneten sprachlichen Verknüpfung

Argumentation aufgrund allgemeiner Erfahrungen

le, auf der sich die meisten wohl fühlen, nicht so viele Leute auf die Idee, etwas zu zerstören oder ihren Mitschülern Gewalt anzutun. Möglichkeiten, das Schulleben mitzugestalten, gibt es viele: beispielsweise durch aktive Beteiligung an Diskussionen in der Klasse, in der SMV oder in verschiedenen Aktionsgruppen wie der Umwelt-AG oder der Schülerzeitungsgruppe.

Beispiele

Damit das klappt, sollten Lehrer ihren Schülern auch zutrauen, ihre Ideen einzubringen und umzusetzen.

Was aber tun, um sich gegen bestehende Gewalt zu wehren? Inzwischen bieten viele Institutionen ein Anti-Gewalt-Training auch für Schüler an.

Überleitung zum letzten Aspekt durch eine Frage; sprachliche Abwechslung!

Diese Trainingsmethoden setzen bei der Stärkung des Selbstbewusstseins an, so dass sich mögliche Opfer besser gegen Gewalt wehren können oder gar nicht erst zu Opfern werden.

Erklärung von Trainingsmethoden auf der Basis der Materials (Reportagen)

Eine Möglichkeit, die sich schon mit Kindergartenkindern einüben lässt, ist die aggressionslose Abwehr von Gewalt. Wie geht man zum Beispiel mit Provokationen so um, dass sich die Gewaltspirale nicht immer weiter nach oben dreht? Zusätzlich lernen die Teilnehmer klare Abwehrsignale kennen, die sie in Worten und mit der Körpersprache äußern. Auch wird ihnen beigebracht, wie sie andere Menschen gezielt um Hilfe bitten können.

– Stärkung des Selbstbewusstseins

Ein weiteres Programm, das es bereits an vielen Schulen gibt, ist die Ausbildung von Streitschlichtern. Sie werden darin geschult, wie sie anderen Schülern helfen können, ihre Konflikte friedlich zu lösen. Wichtig ist, dass die Streithähne beide offen für eine solche Lösung sind und dass sich zunächst einmal keine Lehrer einmischen. Schon Grundschulkinder können lernen, dass sich Streitigkeiten auch faustlos lösen lassen.

– Streitschlichterprogramm

Wie gezeigt wurde, hat Gewalt vielfältige Ursachen, die weit über die Schulmauern hinausreichen. Somit ist die Schule allein sicherlich mit der Lösung von Gewaltproblemen überfordert. Andererseits verbringen Jugendliche hier viel Zeit, weshalb der Einfluss immerhin so groß sein kann, dass sich eine gezielte Gewaltprävention an der Schule lohnt und Kinder und Jugendliche, die solche Kurse und Programme mitgemacht haben, einerseits selbst nicht gewalttätig werden und andererseits dazu beitragen können, bei ihren Mitschülern Gewalttätigkeiten zu verhindern. Es bleibt zu hoffen, dass Gewalttaten wie der Amoklauf in Erfurt Einzelereignisse bleiben.

Schluss: Einbettung in gesamtgesellschaftlichen Zusammenhang

5 Erschließen poetischer Texte – Analyse nichtpoetischer Texte

Der Begriff Texterschließung bezieht sich auf das Erfassen von literarischen Texten.

Im Umgang mit literarischen Texten ergeben sich im Laufe der Mittelstufe steigernd folgende Aufsatzformen der Textzusammenfassung:

- die Inhaltsangabe (7. und 8. Jahrgangsstufe)
- die erweiterte Inhaltsangabe mit Zusatzfragen (8. und 9. Jahrgangsstufe)
- die Texterschließung (9. Jahrgangsstufe bis zum Abitur)
- die literarische Charakteristik als Sonderform der Texterschließung (10. Jahrgangstufe)

Diese Aufsatzformen bauen sinnvoll aufeinander auf. Dabei bleibt die Inhaltsangabe stets Bestandteil aller erschließenden Aufsatzformen.

Die **Inhaltsangabe** meint das Erfassen der wesentlichen Inhalte eines kleinen literarischen Textes; zu ihr gehört ein informierender Vorspann (der Basissatz) mit zusätzlichen Angaben, etwa zum Autor oder zur Entstehungszeit des Werkes.
Die **erweiterte Inhaltsangabe** enthält drei Teile: Den Basissatz, die eigentliche Inhaltsangabe und darüber hinaus Aufgabenstellungen, die nach der Komposition, der Sprache und beispielsweise nach der Aussageabsicht des literarischen Textes fragen.
Bei der eigentlichen **Texterschließung** am Ende der Mittelstufe wird ein vollständiger, gut ausformulierter Aufsatz erwartet mit einer Beschreibung des Textes, die neben inhaltlichen Aspekten die gedankliche Struktur, Erzählperspektiven und sprachliche Besonderheiten erläutert. Weiter muss die Texterschließung eine erklärende Deutung enthalten, die zum Verständnis einzelner Sinnabschnitte sowie der Gesamtaussage des Textes beiträgt.

Bei der **literarischen Charakteristik** steht schließlich nicht der gesamte Text im Zentrum der Betrachtung, sondern eine literarische Figur aus diesem Text.

Der Begriff der **Textanalyse** bezieht sich hauptsächlich auf nicht-poetische Texte. In der Mittelstufe kommen als Aufsatzformen dazu nur die Inhaltsangabe und die Inhaltsangabe mit Zusatzfragen vor; die weiteren vertiefenden Aufsatzformen sind dann Aufgabenstellungen in der Oberstufe.

Anhand der verschiedenen Aufsatzformen werden im Folgenden die unterschiedlichen, aber auch die verbindenden Arbeitstechniken vor Augen geführt.

5.1 Die Textzusammenfassung

Das Zusammenfassen von Texten gehört durch die gesamte Mittelstufe hindurch bis zur Oberstufe zum Kern der Texterschließung. Von Jahr zu Jahr wird sie erweitert: Wird in der 7. Klasse häufig eine reine Inhaltsangabe mit Einleitung (auch „Basissatz“ oder „Dachsatz“ genannt) verlangt, so kommen später Erweiterungsaufgaben hinzu; man spricht von der erweiterten Inhaltsangabe.

Textzusammenfassungen beziehen sich entweder auf literarische beziehungsweise poetische Texte (Lyrik, Gedichte, Erzählungen oder Dramen und Schauspiele) oder auf Sachtexte.

Der Basissatz

Jede Inhaltsangabe hat eine Einleitung, die oft Basissatz genannt wird. In der etwas einfacheren Ausführung nennt der Basissatz den Namen des Autors, Titel beziehungsweise Überschrift des Werkes und eventuell das Erscheinungsdatum.
Schwieriger ist die Anforderung, hier auch den Kern des Textes möglichst knapp und treffend auszudrücken. Dies kann die zentrale Textaussage sein oder auch die Absicht, die der Verfasser beim Schreiben hatte.
Daher lohnt es sich, in diesen Basissatz einige Gedanken und Mühen zu investieren, denn hier kannst du beweisen, dass du den Text auch wirklich verstanden hast.

Die eigentliche Inhaltsangabe

Die Inhaltsangabe selbst soll nur die wichtigsten Aspekte eines Textes in ihrer logischen Abfolge wiedergeben. Dafür kann es nötig sein, vom Aufbau des Originaltextes abzuweichen. Das ist besonders häufig bei literarischen Texten der Fall, die Rückblenden enthalten. Ein guter Trick für die Vorarbeit ist es, erst beim zweiten Durchlesen und zunächst auch sehr sparsam nur die allerwichtigsten Textstellen zu unterstreichen. Unterstreicht man gleich zu viel, geht die Übersicht schnell verloren.

Jede Lehrkraft legt großen Wert darauf, dass du keine wörtlichen Formulierungen aus der Textgrundlage übernimmst, sondern wirklich eigene Ausdrücke verwendest, weil man dir sonst vorwerfen könnte, dass du den Text einfach abgeschrieben oder nacherzählt hast. Wörtliche Rede erscheint in indirekter Rede; sie sollte aber nur für ganz entscheidende wörtliche Aussagen verwendet werden.

Als Tempus nimmst du in der Inhaltsangabe das Präsens. Wenn du doch einmal die Vorzeitigkeit eines Geschehens ausdrücken musst, wählst du das Perfekt.

5.1.1 Die Inhaltsangabe eines literarischen Textes

Nur nach sorgfältiger Lektüre des Textes und Klärung von Verständnisfragen kannst du mit der Zusammenfassung beginnen. Häufig hilft dir eine optische Gliederung, die Sinnabschnitte zu erfassen. Auch die Kenntnis der Textsorten kann dir helfen. So haben Sagen, Märchen, Anekdoten oder Kurzgeschichten einen typischen Aufbau.

Bilden Anfang und Ende des Textes zusammen eine Sinneinheit, spricht man von einem **Erzählrahmen**. Er umschließt die eigentliche Erzählung. Diese Erzählung enthält für sich wiederum eine Einleitung und auch einen Schluss.
Verwende, um dich der Gliederung und dem inneren Aufbau eines Textes zu nähern, die dir bekannte Einteilung.
Wenn du für die Einleitung den Buchstaben A. und für den Schluss den Buchstaben C. wählst, weißt du, dass nur noch der Hauptteil B. dazwischen liegt. Er lässt sich nun, je nach Sinn, in weitere Schritte aufteilen, die du mit römischen Ziffern I., II., III. bezeichnen kannst.

Gelegentlich finden sich zu den groben Punkten I., II. und III. auch Unterpunkte, die dann mit 1., 2., 3. bezeichnet werden. Die Hierarchie der Gliederung (siehe Kapitel 4) gilt auch für die Analyse von Texten.

Der Begriff Erschließung kommt von Aufschließen:
Du kannst den Text über seine innere Gliederung aufschließen, indem du auf einen eventuellen Rahmen, Einleitung und Schluss achtest und dann überlegst, wie der Hauptteil gegliedert ist. Manchmal ist das schwer, da gute literarische Texte sehr verschiedenartig komponiert sein können. Es gibt Suchkriterien, die natürlich je nach Text mehr oder weniger Bedeutung haben:

- **Personenkonstellation:** Du betrachtest die Figuren, die in dem Text eine Rolle spielen.
- **Zeitangaben:** Sie verdeutlichen den Verlauf des Geschehens.
- **Ortsangaben:** Sie können wichtige Sinnabschnitte verdeutlichen gemäß dem, wo etwas spielt.
- **Wichtige Themen**, um die es im Text geht.

Bei der Arbeit mit dem Text ist es sinnvoll, diese Passagen jeweils zu markieren. So bekommt man eine gute Übersicht. Ehe du Details im Text anstreichst, solltest du zu den Sinnabschnitten Überschriften bilden – sie entsprechen den Gliederungspunkten.

Lesetext

Die Zarenkrone (Willi Fährmann)

Vor vielen hundert Jahren wollte sich der Zar in Moskau eine Krone machen lassen, wie es keine schönere auf der Welt gab. Er befahl seinem Schatzmeister IljaTscherkessow drei Pfund rotes Gold aus der Schatzkammer zu holen, dazu 144 kostbare Perlen und 77 der schönsten Edelsteine. Der beste Goldschmied im ganzen Land wurde in das Zarenschloss gerufen, er war ein weit und breit berühmter Meister.

A. Klare Einleitung
Besonderer Auftrag des Zaren
Allgemeinen Informationen am besten unterstreichen oder auf eigenes Blatt schreiben
Hauptpersonen: Zar, Schatzmeister, Goldschmied – Auftrag wichtig, Details aber unwichtig: wertvolle Krone

Ein ganzes Jahr lang arbeitete er an der Zarenkrone. Dann zeigte er dem Zaren, was er gemacht hatte. Der Zar war zufrieden und seine Ratgeber lobten das gelungene Kunstwerk über die Maßen. Mitten in dem Reif der Krone aber, genau über der Stirn des Zaren, befand sich ein merkwürdiges Loch.
„Was soll das?“, fragte der Zar. „Was bedeutet dieses Loch?“
Der Goldschmied antwortete: „Ihr habt mir 77 edle Steine für die Krone aus Eurem Schatz geben lassen, Herr. Einer glänzt heller als der andere. Aber nicht einer der Steine ist so wunderbar, dass er die Stirn des Zaren schmücken könnte.“

B. Eigentliche Geschichte der besonderen Krone
– überlegen, worum es im Hauptteil eigentlich geht.
I. Kleiner Mangel an fertiger Krone – besonderer Stein für Stirn des Zaren
Achtung: wörtliche Reden nie direkt übernehmen, umschreiben, allenfalls indirekte Rede

Nun befand sich in der Schatzkammer des Zaren ein Diamant, groß wie ein Taubenei. Ein Meister hatte vorzeiten den Stein so geschliffen, dass er funkelte wie ein heller Stern am Winterhimmel. Täglich hielt der Schatzmeister Ilja Tscherkessow diesen Stein ins Licht und freute sich an seinem Glanz. Er hatte es nicht übers Herz gebracht, dem Goldschmied seinen Lieblingsstein zu geben.

II. Kleiner Betrug des Schatzmeisters – besonderer Stein verborgen

„Haben wir keinen Stein in unserer Schatzkammer, der alle anderen überstrahlt?“, fragte der Zar seinen Schatzmeister. Da musste Ilja Tscherkessow bekennen, dass es noch ein ganz besonderes Kleinod gab. Der Zar ließ den Stein herbeischaffen. Der Goldschmied rief erfreut: „Das ist der Diamant, den ich suche! Der soll den besten Platz in Eurer Krone bekommen, gnädiger Herr.“ Vor den Augen des Zaren und des ganzen Hofstaates fügte er den Stein in das Loch ein. Er passte so genau, als ob der Goldschmied den Stein bereits zuvor ausgemessen hätte. Dem Zaren gefiel die neue Krone so gut, dass er sie am liebsten noch in der Nacht in seinem Bett aufbehalten hätte, aber da war sie ihm doch zu unbequem.

III. Herbeischaffen und Einfügen des besonderen Steins – große Begeisterung des Zaren

Deshalb musste der Schatzmeister Ilja Tscherkessow sie jeden Abend in die Schatzkammer einschließen und morgens wieder hervorholen. Was der Zar auch tagsüber tat, ob er Gesandte aus fernen Ländern empfing oder seinen Thronrat zusammenrief oder aber durch den weitläufigen Park spazierte, er nahm die Krone nicht ein einziges Mal vom Kopf.

IV. Sicherung der Krone Wertschätzung der Krone durch den Zaren

Ja, er rief sogar den Raben zu, die ihre Nester in den hohen Bäumen hatten: „Da staunt ihr, ihr Rabenvögel, wie? Da staunt ihr über meine prächtige Zarenkrone!“

V. Prahlen des Zaren vor den Raben seines Parks

Und die Raben krächzten, als ob sie ihn verstanden hätten. So ging das sechs Tage gut. Am Abend des siebenten Tages jedoch bemerkte der Zar, dass sich der kostbare Stein nicht mehr in der Krone befand. Das ganze Schloss wurde abgesucht und im Park mussten die Lakaien Blatt für Blatt umdrehen und die Grasbüschel durchkämmen. Aber so sehr sich alle abmühten, der Stein blieb verschwunden.

VI. Verlust des Steins nach sechs Tagen

Vergebliche Suche
Alle Beschreibungsdetails weglassen

Da fiel der Verdacht auf den Schatzmeister Ilja Tscherkessow. Der Zar wusste, wie sehr der

VII. Verdacht

Schatzmeister den Stein in sein Herz geschlossen hatte. Sollte der den Stein gestohlen und die Krone geschändet haben?	
Ilja Tscherkessow wurde streng verhört. Er aber legte die Hand auf die Bibel und beschwor seine Unschuld bei allem, was ihm heilig war; doch niemand glaubte ihm, dass er mit dem Verschwinden des Steins nichts, gar nichts zu tun habe.	1. Strenges Verhör
Der Zar ließ ihn in den Kerker werfen und gab ihm drei Tage Bedenkzeit. Aber was sollte Ilja Tscherkessow bedenken? Er zermarterte sich den Kopf und es fiel ihm nichts ein, was er dem Zaren sagen sollte. Der Zorn des Zaren indessen wuchs und wuchs.	2. Dreitägige Kerkerhaft
Schließlich ließ er seinem Schatzmeister den Kopf abschlagen und warf den Raben im Park den Leichnam zum Fraße vor.	3. Köpfen des Schatzmeisters
An der Krone aber hatte er jegliche Freude verloren. Schließlich lag sie in der finstersten Ecke der Schatzkammer und die Spinnen spannen darin ihre Netze.	4. Interesse an Krone verloren
Im Jahr darauf wurde im Park ein mächtiger Eichenbaum gefällt. In seiner Krone befand sich ein Rabennest. Und in diesem Nest zwischen Ästchen und trockenen Gräsern fand sich – der verschwundene Stein.	VIII. Höhepunkt – zufälliges Finden der Krone – Schuldgefühle des Zaren
Da erkannte der Zar die Unschuld seines Schatzmeisters und bereute, dass er Ilja Tscherkessow zu Tode gebracht hatte.	
Er befahl, dreizehn Raben in seinem Park zu fangen und ließ einen großen Käfig aus silbernen Stäben bauen. Da hinein wurden die Raben gesperrt.	C. Schlussgedanke – Rache an den Raben – Leben in silbernem Käfig
„Solange ihr lebt“, grollte der Zar, „so lange sollt ihr und sollen auch eure Nachkommen zur Strafe für eure Diebestat meine Gefangenen sein.“	

Nun bauten die Raben tatsächlich Nester, legten Eier und brüteten junge Raben aus. Und so ist es bis auf den heutigen Tag. Immer noch kann man die gefangenen Raben im Park des Zaren anschauen.

Bogen zur Gegenwart

Hinweis zur Gliederung

Info

Es gibt nie nur eine mögliche Gliederung einer Erzählung. Aber über das ausschließende Verfahren, also das Weglassen von allem, was nicht wesentlich ist, kommst du einer denkbaren Gliederung näher und damit den Sinnabschnitten eines Textes und der Verknüpfung der Sinnabschnitte untereinander.
Bei obigem Text könntest du genauso gut die Geschichte der Krone unter einem römischen Punkt zusammenfassen, dann den Verlust, das Verbrechen des Zaren sowie den überraschenden Höhepunkt und den Schluss.
Wesentlich bleibt, dass du erkennst, worum es in den Sinnabschnitten geht und wie sie untereinander zusammenhängen.
In der eigentlichen Textzusammenfassung versuchst du nun, möglichst in eigenen Worten die wichtigen Stichpunkte sinnvoll zu verknüpfen. Dabei helfen insbesondere Adverbialsätze, mit denen du Sätze temporal, kausal oder modal zusammenfassen kannst. Es helfen auch Worte, die die Reihenfolgen der Handlung ausdrücken wie „dann", „etwas später", „schließlich".
Die zentralen Mittel sind in der folgenden Zusammenfassung markiert und kommentiert.

Die Zarenkrone

Musteraufsatz

Die Handlung in der Geschichte „Die Zarenkrone" wird ausgelöst, als der Zar von Moskau den Befehl an seinen Schatzmeister richtet, den besten Goldschmied aus dem ganzen Land zu finden und diesen zu verpflichten, ihm die schönste Krone aus Gold, Edelsteinen und Perlen zu schmieden.

Formulierung zur Kennzeichnung des einleitenden Teils – hier Verbindung mit einem Temporalsatz „als"

Die Haupthandlung beginnt ein Jahr später, als der berühmte Goldschmied die fertige Krone dem

Bezug zum Hauptabschnitt der Erzählung,

Zaren überreicht. Doch als der Zar seine Verwunderung über ein Loch genau in der Mitte des Kronreifes ausdrückt, bemerkt der Goldschmied, dass genau dafür ein geeigneter Stein gefehlt habe.	wiederum verbunden mit temporalem Nebensatz Indirekte Rede nötig, da Redeinhalt nicht sicher
Auf die Nachfrage des Zaren hin gesteht der Schatzmeister, dass sich in der Schatzkammer tatsächlich ein solch edler Diamant befindet.	Indirekte Rede unnötig, da Redeinhalt gewiss
Der Schatzmeister hat den Stein verborgen, weil er diesen Diamanten besonders liebt. Zur Überraschung aller passt der schnell herbeigeschaffte Diamant genau in die Öffnung des Reifs und der Zar zeigt sich überglücklich über sein neues Schmuckstück.	Perfekt als Vorzeitigkeit plus Kausalsatz
Der Zar ist so glücklich über seine Krone, dass er sie ständig trägt. Nur nachts gibt er sie seinem Schatzmeister zur Verwahrung. Er meint sogar, dass die Raben im Park ihn um seine Krone beneiden würden. Nach sechs Tagen aber ist der Stein plötzlich verschwunden und kann auch nach sorgfältiger Suche nicht wieder aufgefunden werden.	dass – hier Einleitung eines Konsekutivsatzes – Folge seines Glücklichseins – Tragen der Krone Zeitdimension wichtig
Der Verdacht fällt sofort auf den Schatzmeister. Dieser beteuert zwar seine Unschuld, doch da alle von seiner Liebe zu dem Diamanten wissen und der Zar sehr wütend ist, wird ihm schließlich der Kopf abgeschlagen und sein Leichnam den Raben zum Fraß vorgeworfen.	Adverbien der Zeit markieren die Handlungsfolge: sofort, schließlich
Am Ende jedoch findet der Zar durch Zufall beim Fällen eines Baumes den Diamanten in einem Rabennest. Er bereut sein voreiliges Urteil über den Schatzmeister und bestraft die Raben, indem er sie in einen silbernen Käfig einsperrt und sie für immer als Gefangene hält.	Hier adverbiale Bestimmung zur Markierung des Schlussteils: Am Ende…

Zusammenfassung: 286 Wörter
Original: 777 Wörter

5.1.2 Die Inhaltsangabe eines nichtfiktionalen Textes

Im Gegensatz zu literarischen Texten folgen nichtfiktionale keinen strengen Aufbaukriterien. Die Glosse beispielsweise ist so etwas wie eine Randbemerkung zu einem allgemeinen Problem unserer Zeit. Sie ist witzig und pointiert geschrieben.
Hier spielt die Analyse des Gedankengangs eine besondere Rolle. Deshalb zeigen wir an diesem Beispiel im Detail, wie man mit Hilfe des PCs, aber auch per Hand vorgehen könnte. Dieses Verfahren lässt sich selbstverständlich auch auf die rein literarischen Texte übertragen.

Vorgehensweise am PC
Lege eine zweispaltige Tabelle an und kopiere den zu analysierenden Text in die linke Spalte. Überlege dann nach dem sorgfältigen Lesen des Textes, in welche Sinnabschnitte der Text grob eingeteilt werden könnte. Dabei ist es nicht nötig, ständig mit dem Schema „Einleitung, Hauptteil, Schluss" zu arbeiten. Es kann durchaus sein, dass du ganz neue und andere Kompositionsprinzipien entdeckst, die du natürlich auch benennen solltest.

Info

Beim folgendenText fallen drei Grundgedanken auf:
Ein einleitender realer Gedanke, nämlich die Nebenstrecken der Bahn. Dann folgt der Traum von der guten alten Zeit, und schließlich kommt es zu der überraschenden Pointe, die von der „guten alten Zeit" nichts mehr übrig lässt.
Zu jedem der drei Hauptgedanken gibt es Unterpunkte. Du kannst in der linken Spalte die drei Hauptsinnabschnitte voneinander trennen. Du könntest auch Überschriften bilden. Das ist ein gutes traditionelles Verfahren. Du kannst aber auch die deiner Meinung nach wichtigen Wörter markieren.

Der Traum von der guten alten Zeit (Jürgen Hein)

Lesetext

Noch gibt es ja ein paar Nebenstrecken der Bahn, und auf einer solchen hat man die Möglichkeit,	I. Einleitungsgedanke
die Landschaft mit alle ihren Naturschönheiten und kulturellen Baudenkmälern rechts und	1. Fahrt auf einer Nebenstrecke

links der Schiene zu bewundern. Fährt man aber eine solche Strecke öfters, nimmt man all dies gar nicht mehr richtig wahr. Und so passiert es, dass man die Fahrzeit nutzt, um ein kleines Nickerchen zu machen, während die trödelnde Lok durchs Ländle schleicht. Dabei kann man prima träumen. Zum Beispiel von der guten, alten Zeit, als an Stelle der Schienenverbindung noch die gelbe Postkutsche mit einem Sechsergespann, gezogen von Huftieren gutmütigen Geblüts, samt einem meist leicht angeheiterten Postillion fuhr. Das Ruckeln und Zuckeln des Bähnleins erinnert leicht an eine solche Kutschfahrt, und auch die kurvenreiche Streckenführung unterstützt den Eindruck. Kein Wunder, wenn man da bald in Tiefschlaf fällt und sich wünscht, so eine Fahrt noch einmal miterleben zu dürfen.

2. Reisen in der „guten alten Zeit"

3. Bähnlein wie Postkutsche

Im Traum erblickt man dann während dieser romantischen Reise dichte Wälder, saftige grüne Auen, kristallklare Seen und fröhlich singende Menschen, die in den Residenzen dem „gelben Blitz" freundlich zuwinken. Hinter der nächsten Kurve erscheint dann die stolze Burg eines verarmten Rittergeschlechtes, die an die Felder des Fußvolkes grenzt, gleich danach erblickt man die Stadt mit ihren schönen Häusern und Gärten. Und weil die lange Reise hungrig macht, sehnt man sich nach den Stunden des Eingepferchtseins in dieser engen Holzkiste auf Rädern nach einer opulenten Mahlzeit und einen riesigem Krug besten Gerstensaftes.

II. Der Traum

1. Wunderbare Natur, stolze Burgen, freundliche Menschen

Da, plötzlich ist es so weit: Das lautstarke Wiehern eines Pferdes reißt mich aus meinem Traum. Sind wir denn schon an der ersten Poststelle, lässt der Kutscher hier die Pferde wechseln? Weit gefehlt.

2. Erwachen

Es war nur das Handy des Lokführers, das sich, statt mit gewöhnlichem Klingelton, mit einem ohrenbetäubenden Wiehern bemerkbar gemacht hat.	III. Pointe 1. Wiehern als Handyton
Schade – nix mit guter alter Zeit. Ich bin nur an meinem Ziel angekommen. Aber da gab's vor hundert Jahren auch mal eine Postkutsche. Ganz sicher!	2. Bedauern

Beachte den folgenden methodischen Schritt:
Nachdem du dir überlegt hast, ob du wirklich alle wichtigen Punkte markiert hast, löschst du alle unwichtigen Wörter, behältst aber die Gliederung bei, die du dir vorher überlegt hast.
Da der Text nun recht übersichtlich geworden ist, kannst du die rechte Spalte breiter machen und sowohl Gliederung als auch Inhaltspunkte mit eigenen Worten umformulieren. Die kursiven Stellen erfassen hier den gedanklichen Aufbau, die nichtkursiven Stellen die Inhaltspunkte.

Info

Nebenstrecken der Bahn Naturschönheiten Baudenkmälern Fahrzeit Nickerchen träumen von der guten, alten Zeit gelbe Postkutsche	I. *In seiner Glosse versinkt Jürgen Hein während einer Bahnfahrt in einen Traum, der ihn in die gute alte Zeit führt.* (1.) Als er eine landschaftlich schöne Nebenstrecke mit einem Bummelzug entlangfährt, (2.) erinnert er sich an die Zeit, als die Menschen (3.) noch mit der Postkutsche reisten.
Tiefschlaf Im Traum dichte Wälder singende Menschen zuwinken stolze Burg Stadt Mahlzeit Krug besten Gerstensaftes	*II. Er schläft ein und erträumt die Fahrt mit diesem einst schnellsten Gefährt.* (1.) Die Reise führt ihn durch eine wunderbare Natur. Menschen winken ihm zu, Burgen erheben sich. Als er sein Reiseziel, eine Stadt, erreicht, sehnt er sich nach einem guten Essen mit einem kräftigen Bier.

lautstarkes Wiehern aus meinem Traum Handy des Lokführers	(2.) Lautes Wiehern reißt ihn aus dem Traum. (III. 1.) Es stellt sich aber als der ungewöhnliche Klingelton des Handys des Lokführers heraus.
nix mit guter alter Zeit vor hundert Jahren Postkutsche sicher	(2.) *Dieses pointierte Ende seines Traums führt ihn* zurück in die Gegenwart und er bedauert, dass es die gute alte Zeit nicht mehr gibt, versichert aber, dass die Postkutschen einmal Wirklichkeit gewesen seien.

Ehe du nun den Text aus der rechten Spalte herauskopierst und nochmals auf eine flüssige Sprache und klare gedankliche Verbindungen hin überprüfst, solltest du idealerweise noch einmal den Originaltext lesen, um ganz sicher zu sein, dass alles Wichtige wirklich in der Zusammenfassung vorhanden ist.

Inhaltsangabe: Der Traum von der guten, alten Zeit

Muster-aufsatz

In seiner Glosse „Der Traum von der guten alten Zeit" versinkt der Erzähler Jürgen Hein während einer Bahnfahrt in einen Traum, der ihn in die gute alte Zeit führt. Als er eine landschaftlich schöne Nebenstrecke mit einem Bummelzug entlangfährt, erinnert er sich an die Zeit, als die Menschen noch mit der Postkutsche reisten.

Er schläft ein und erträumt die Fahrt mit diesem einst schnellsten Gefährt. Die Reise führt ihn durch eine wunderbare Natur. Menschen winken ihm zu, Burgen erheben sich. Als er sein Reiseziel, eine Stadt, erreicht, sehnt er sich nach einem guten Essen mit einem kräftigen Bier. Lautes Wiehern reißt ihn aus dem Traum. Es stellt sich aber als der ungewöhnliche Klingelton des Handys des Lokführers heraus.
Dieses pointierte Ende seines Traums führt ihn zurück in die Gegenwart und er bedauert, dass es die gute alte Zeit nicht mehr gibt, versichert aber, dass die Postkutschen einmal Wirklichkeit gewesen seien.

Zusammenfassung: 150 Wörter
Original: 317 Wörter

5.2 Die erweiterte Inhaltsangabe

Zur erweiterten Inhaltsangabe gehören, wie bereits oben erläutert, drei Teile:

- der Basissatz
- die eigentliche Inhaltsangabe
- die Beantwortung der gestellten Zusatzfragen.

5.2.1 Die erweiterte Inhaltsangabe eines literarischen Textes

Als Bezugstext für die erweiterte Inhaltsangabe erhältst du in der Regel eine Kurzgeschichte, hier „Die drei dunklen Könige" von Wolfgang Borchert.

Auch wenn jeder Text etwas anders ist und daher die Schwerpunkte unterschiedlich gesetzt werden müssen, wirst du mit der folgenden Vorgehensweise zu einem guten Erfolg kommen:

- **Text genau lesen**
- **Scheue dich nicht, deinen Lehrer zu fragen,** wenn dir ein Wort oder ein Sinnabschnitt unklar ist. Da Literatur auch von Verschlüsselungen lebt, ist manches nicht auf Anhieb zu verstehen. Das Wichtige einer Geschichte kannst du nur herausfinden, wenn du die Geschichte genau verstanden hast.
- **Suche nach Sinnabschnitten!** In der Regel weist schon die Textform auf Sinnabschnitte hin. So ist Absätzen und Einschüben besondere Beachtung zu schenken.
- **Unterstreiche oder markiere** die wichtigsten Stellen innerhalb eines jeden Sinnabschnitts!
- Manchmal helfen auch **Kenntnisse zur Textform**.
  Beispiele: Eine Kalendergeschichte enthält am Ende häufig eine Lehre. Alle Erzählschritte arbeiten darauf hin, diese Lehre besonders deutlich herauszuarbeiten. Eine Kurzgeschichte hat einen offenen Schluss.
- **Suche nach Textschlüsseln!** Gut erkennbare Schlüssel sind: Die **Ortsstruktur** lässt erkennen, wo die Handlung genau spielt. Kennzeichne die Orte oder auch Gegenstände, die in einem Raum wichtig scheinen.

Die **Zeitstruktur** hilft fast am besten, einen Text zu durchschauen. Frage dich, wie sich die Handlung der Reihe nach entwickelt. Welche Zeitangaben enthält der Text, wie Uhrzeiten, Jahreszeiten, aber auch Formulierungen wie „etwas später", „am nächsten Tag"? Wo wird die Zeit gerafft, zum Beispiel: „Tage vergingen, ehe..."? Wo wird die Zeit gedehnt, zum Beispiel durch den Einschub längerer Gedanken, Vorausblicke oder Rückblicke? Wo wird zeitgleich erzählt, so dass die erzählte Zeit (Zeit, die die Geschichte umfasst) der Erzählzeit entspricht (Zeit, die du zum Vorlesen brauchst)? Zeitgleiches Erzählen findet statt, wenn die Handlung durch Dialoge unterbrochen wird.

Wie schreibe ich die Inhaltsangabe?
Die inhaltliche Beschreibung selbst nennt die zeitliche Abfolge der Handlung, die logische Verknüpfung der Gedanken und verbindet sie mit den Hauptaussagen.
Bei der Inhaltsangabe sind Zitate unangebracht, auch indirekte Rede ist zu vermeiden. Dein Text soll knapp und präzise sein.
Ganz wichtig sind **Bindewörter**, die die zeitliche oder logische Reihenfolge festlegen:
zeitlich: zunächst, dann, darauf, etwas später, schließlich
logisch: da, weil, obgleich, damit, folglich

Der Basissatz

Der Basissatz ist wie eine Nachricht über den Text und setzt ein sehr gutes Textverständnis voraus. Nenne zunächst den Autor und die Überschrift des Textes, nach Möglichkeit auch die Textform (Erzählung, Glosse, Kalendergeschichte, Kurzgeschichte, Sage, Märchen, Gleichnis, Parabel und so weiter)!
Der Kern des Basissatzes ist das „Was". Du musst ganz knapp erläutern, worum es in der Erzählung überhaupt geht. Gut ist es, bereits im Basissatz ganz knapp auf eine Deutung einzugehen.
Dann erst beantwortest du die weiteren Grundfragen: Wer sind die Hauptpersonen? Wo spielt die Geschichte? Wann spielt die Geschichte? Manchmal hat es auch Sinn, auf das „Wie" und „Warum" einzugehen.

Der Basissatz lässt sich leicht über folgenden Stichpunktzettel erstellen:
Autor?
Überschrift?
Textform?
Was? Worum geht es? Zentrale Aussage?
Wer? Hauptpersonen?
Wo? Zentrale Orte
Wann? Ungefähre oder genaue Zeit
Wie? Umstände der Handlung
Warum? Beweggründe

Lesetext

Die drei dunklen Könige (Wolfgang Borchert)

Er tappte durch die dunkle Vorstadt. Die Häuser standen abgebrochen gegen den Himmel. Der Mond fehlte, und das Pflaster war erschrocken über den späten Schritt. Dann fand er eine alte Planke. Da trat er mit dem Fuß gegen, bis eine Latte morsch aufseufzte und losbrach. Das Holz roch mürbe und süß. Durch die dunkle Vorstadt tappte er zurück. Sterne waren nicht da.

A. Trübes Bild der zerstörten Stadt
Suchen nach Brennholz

Als er die Tür aufmachte (sie weinte dabei, die Tür), sahen ihm die blaßblauen Augen seiner Frau entgegen. Sie kamen aus einem müden Gesicht. Ihr Atem hing weiß im Zimmer, so kalt war es. Er beugte sein knochiges Knie und brach das Holz. Das Holz seufzte. Dann roch es mürbe und süß ringsum. Er hielt sich ein Stück davon unter die Nase. Riecht beinahe wie Kuchen, lachte er leise. Nicht, sagten die Augen der Frau, nicht lachen. Er schläft.

B. Die drei dunklen Könige
I. Ergänzen der Ausgangssituation: Frau mit Säugling, Kälte, Not, große Sorge um den Säugling

Der Mann legte das süße, mürbe Holz in den kleinen Blechofen. Da glomm es auf und warf eine Handvoll warmes Licht durch das Zimmer. Die fiel hell auf ein winziges rundes Gesicht und blieb einen Augenblick. Das Gesicht war erst eine Stunde alt, aber es hatte schon alles, was dazu gehört: Ohren, Nase, Mund und Augen. Die Augen mussten groß sein, das konnte man sehen, obgleich sie zu waren. Aber der Mund war offen, und es pustete leise daraus. Nase und Ohren waren rot. Er lebt, dachte die Mutter. Und das kleine Gesicht schlief.

I. Licht und Gesicht des Säuglings einziger Hoffnungsstrahl

Da sind noch Haferflocken, sagte der Mann. Ja, antwortete die Frau, das ist gut. Es ist kalt. Der Mann nahm noch von dem süßen, weichen

II. Wut des Mannes über hoffnungslose Situation

Holz. Nun hat sie ihr Kind gekriegt und muss frieren, dachte er. Aber er hatte keinen, dem er dafür die Fäuste ins Gesicht schlagen konnte. Als er die Ofentür aufmachte, fiel wieder eine Handvoll Licht über das schlafende Gesicht. Die Frau sagte leise: Kuck, wie ein Heiligenschein, siehst du? Heiligenschein! dachte er, und er hatte keinen, dem er die Fäuste ins Gesicht schlagen konnte.

Gegensatz zum Licht, zur Hoffnung der Frau

Dann waren welche an der Tür. Wir sahen das Licht, sagten sie, vom Fenster. Wir wollen uns zehn Minuten hinsetzen. Aber wir haben ein Kind, sagte der Mann zu ihnen. Da sagten sie nichts weiter, aber sie kamen doch ins Zimmer, stießen Nebel aus den Nasen und hoben die Füße hoch. Wir sind ganz leise, flüsterten sie und hoben die Füße hoch. Dann fiel das Licht auf sie. Drei waren es. In drei alten Uniformen. Einer hatte einen Pappkarton, einer einen Sack. Und der dritte hatte keine Hände. Erfroren, sagte er, und hielt die Stümpfe hoch. Dann drehte er dem Mann die Manteltaschen hin. Tabak war drin und dünnes Papier. Sie drehten Zigaretten. Aber die Frau sagte: Nicht, das Kind. Da gingen die vier vor die Tür, und ihre Zigaretten waren vier Punkte in der Nacht. Der eine hatte dicke umwickelte Füße. Er nahm ein Stück Holz aus einem Sack. Ein Esel, sagte er, ich habe sieben Monate daran geschnitzt. Für das Kind. Das sagte er und gab es dem Mann. Was ist mit den Füßen? fragte der Mann. Wasser, sagte der Eselschnitzer, vom Hunger. Und der andere, der dritte? fragte der Mann und befühlte im Dunkeln den Esel. Der dritte zitterte in seiner Uniform: Oh, nichts, wisperte er, das sind nur die Nerven. Man hat eben zuviel Angst gehabt. Dann traten sie die Zigaretten aus und gingen wieder hinein.

III. Besuch der drei Kriegsversehrten

1. Geste des Verstehens: Erste Gabe – Tabak für den Mann – gemeinsames Rauchen

2. Zweite Gabe: ein Esel für das Kind

Sie hoben die Füße hoch und sahen auf das kleine schlafende Gesicht. Der Zitternde nahm aus seinem Pappkarton zwei gelbe Bonbons und sagte dazu: Für die Frau sind die.

3. Dritte Gabe: Bonbons für die Frau

Die Frau machte die blassen Augen weit auf, als sie die drei Dunklen über das Kind gebeugt sah. Sie fürchtete sich. Aber da stemmte das Kind seine Beine gegen ihre Brust und schrie so kräftig, dass die drei Dunklen die Füße aufhoben und zur Tür schlichen. Hier nickten sie noch mal, dann stiegen sie in die Nacht hinein.

IV. Kraftvoller Schrei des Kindes vertreibt die Kriegsversehrten

Der Mann sah ihnen nach. Sonderbare Heilige, sagte er zu seiner Frau. Dann machte er die Tür zu. Schöne Heilige sind das, brummte er, und sah nach den Haferflocken. Aber er hatte kein Gesicht für seine Fäuste.

V. Einkehr einer friedlichen Stimmung

Aber das Kind hat geschrien, flüsterte die Frau, ganz stark hat es geschrien. Da sind sie gegangen. Kuck mal, wie lebendig es ist, sagte sie stolz. Das Gesicht machte den Mund auf und schrie.
Weint er? fragte der Mann.
Nein, ich glaube, er lacht, antwortete die Frau.
Beinahe wie Kuchen, sagte der Mann und roch an dem Holz, wie Kuchen. Ganz süß.
Heute ist ja auch Weihnachten, sagte die Frau.
Ja, Weihnachten, brummte er, und vom Ofen her fiel eine Handvoll Licht auf das kleine schlafende Gesicht.

C. Hoffnungsvolles Ende

Basissatz: Die drei dunklen Könige

Musteraufsatz

In seiner Kurzgeschichte „Die drei dunklen Könige“ übernimmt der Autor Wolfgang Borchert die Idee der Weihnachtsgeschichte von den heiligen drei Königen und verlagert das Geschehen in das vermutlich erste Weihnachten nach Kriegsende. Dabei tauchen drei zerlumpte kriegsversehrte Soldaten auf, die die Rolle der Heiligen annehmen und die bei einem armen Ehepaar mit einem neugeborenen Kind Schutz suchen und das Kind beschenken.	Textform, Überschrift Autor Was – Idee der Weihnachtsgeschichte Wann – erstes Weihnachten nach Kriegsende Wer – kriegsversehrte Soldaten, Ehepaar und Kind Vertiefung des Was: Schutzsuche; Geschenke

Inhaltsangabe

Du kannst den Aufbau der Kurzgeschichte mit beschreiben. Das muss zwar nicht unbedingt sein, aber es trägt aber zur Klarheit der Inhaltsangabe bei. Eingebaut werden die in der Erzählung erkennbaren erzähltechnischen Besonderheiten. Im folgenden Musteraufsatz sind diese Formulierungen **fett** gesetzt. Sie sind in der Mittelstufe auch bekannt, weil als Vorarbeit zur Schulaufgabe in der Regel vergleichbare Texte erarbeitet werden, wie Kurzgeschichten, Kalendergeschichten oder Parabeln.

Inhaltsangabe: Die drei dunklen Könige

Musteraufsatz

Der unmittelbare Beginn der Kurzgeschichte führt den Leser direkt in das Geschehen ein. Ein Mann sucht in einer zerbombten Vorstadt Holz und bringt es nach Hause in die eiskalte Wohnung, wo seine Frau mit einem neugeborenen Kind im Bett liegt.	Gedankliche Klarheit durch Fachvokabular: Unmittelbarer Beginn Kurzgeschichte
Der Autor verdeutlicht die Situation der Familie durch ein stummes Zwiegespräch des Ehepaars. Die Frau bittet ihn, nicht zu sprechen, weil das Kind gerade schläft. Daraufhin heizt der Mann mit dem Holz den Ofen an, dessen Licht kurzfristig das Gesicht des Kindes erhellt.	Stummes Zwiegespräch

Knapp führt der Erzähler die Gefühle der Eltern vor Augen. Während der Mann wütend darüber ist, dass seine Frau und das Kind frieren müssen, vergleicht die Frau ihr Kind mit Jesus, weil sie den Lichtstrahl des Ofens mit einem Heiligenschein verbindet.	Einbringen der Absicht des Erzählers – Erkennen des zentralen Vergleichs
Den Kern der Erzählung bildet das Erscheinen dreier Soldaten, die sich in dem Zimmer kurz aufwärmen möchten. Obgleich dem Mann wegen des Kindes der Besuch der drei nicht recht ist, treten sie ein.	Strukturelle Erkenntnis: Zentrale Handlung
Eine knappe Beschreibung der Uniformierten mit ihren Kriegsschäden folgt.	Kurzbeschreibung
Es kommt zu einem fast wortlosen Dialog, in dem die Uniformierten dem Mann etwas zu rauchen anbieten und wegen des Kindes mit dem Mann wieder vor die Tür gehen. Draußen überreicht einer dem Mann einen geschnitzten Esel für das Kind. Sie unterhalten sich noch über ihre Verletzungen und gehen dann wieder in das Zimmer zurück. Als letzte Gabe schenkt ein anderer der Frau zwei Bonbons.	Dialog als Fachbegriff
Die Erzählung erreicht eine Art Höhepunkt, als sich die Männer über das Kind beugen und das Kind so laut schreit, dass die seltsamen Besucher das Zimmer schnell verlassen.	Strukturelle Erkenntnis: Höhepunkt
Die Geschichte klingt mit der Reaktion der Eltern auf den Besuch aus. Während der Mann seine Wut vergessen hat, freut sich die Frau über die Lebendigkeit ihres Kindes und erinnert sich daran, dass Weihnachten ist.	Ausklang und offenes Ende

Original: 764 Wörter
Zusammenfassung mit Basissatz: 355 Wörter

Zusatzfragen

Welche Zusatzfragen gestellt werden, hängt davon ab, was im Unterricht vorbereitet worden ist. Es gibt Fragen zur sprachlichen Gestaltung oder zum Aufbau des Textes sowie zur Intention des Autors. Auch deine eigene Meinung in der Form einer kleinen Erörterung kann erfragt werden. Weiterführende Aufgaben ab der 9. Jahrgangsstufe sind die Texterschließung und -interpretation.

Mögliche Zusatzfragen:

- die Textsorte und ihre Eigenheiten, zum Beispiel bei einer Kurzgeschichte die Erzählform
- Textaufbau
- Sprachliche Gestaltung / Stilfiguren
- Absicht des Verfassers / Intention
- Charakteristik literarischer Figuren
- Inhaltlichen Einzelheiten (zum Beispiel Ursachen für das Verhalten bestimmter Personen)

Am Anfang der Mittelstufe steht meist genau in der Aufgabenstellung, welche Aspekte du behandeln musst. Ein solcher Arbeitsauftrag kann lauten:

Weise nach, dass es sich bei der Erzählung um eine Kurzgeschichte handelt!

Später ist die Arbeitsaufgabe nur allgemein formuliert, aber es wird einfach vorausgesetzt, dass du bestimmte Analyseaspekte berücksichtigst. Eine solche Aufgabe könnte lauten:

Erschließe die folgende Kurzgeschichte nach den im Unterricht besprochenen Kriterien!

Kläre vorher mit der Lehrkraft, welche Anforderungen dann verlangt werden, damit du nichts vergisst.

Ganz wichtig ist es bei allen Zusatzfragen, dass du deine Aussagen mit **Textzitaten** belegst. Dass dies auch formal richtig gemacht wird, ist ein wichtiges Bewertungskriterium für den Aufsatz. Deswegen ist es lohnenswert, die Regeln des direkten und indirekten Zitierens zu beachten und zu üben.

Die Analyse der Sprache in der Erzählung folgt dem Gedankengang des Textes und greift nicht willkürlich etwas heraus. Die zentrale Frage lautet: Mit welchen sprachlichen Mitteln bewirkt der Autor hauptsächlich die depressive Stimmung am Anfang und die etwas aufgehellte Stimmung am Ende seiner Erzählung? Wie hebt er das Gespenstische der dunklen Könige hervor?

Info

Die im Unterricht erarbeiteten Begriffe sind im Folgenden fett hervorgehoben.

Sprachanalyse: Die drei dunklen Könige

Muster-aufsatz

Die insgesamt trostlose Atmosphäre der Kurzgeschichte schlägt sich auch in der sprachlichen Gestaltung nieder. Der **unmittelbare Anfang** der Erzählung ist mit Ausnahme eines temporalen Nebensatzes von schlichten, knappen Hauptsätzen bestimmt. Dadurch erreicht der Erzähler ein vielfältiges Bild der grauen Vorstadt. **Metaphorische Verben,** die in den **Personifizierungen** vorkommen, verdeutlichen das Leid: *„Pflaster war erschrocken“* (Z. 3 f.), *„... morsch aufseufzte“* (Z. 6).
Um die Kälte zu unterstreichen und den Trost, den das Stückchen Holz bietet, bedient sich der Erzähler eines **Vergleichs:** *„Ihr Atem hing weiß im Zimmer“* (Z. 13), *„beinahe wie Kuchen“* (Z. 17).
Die Situation der Familie und die Gefühle der Eltern verdeutlichen zunächst **stimmungshaltige Adjektive**, die mehrfach wiederholt werden, wie *„Das Holz roch mürbe und süß“* (Z. 6 f.), *„roch es mürbe und süß“* (Z: 15 f.), *„das süße, mürbe Holz“* (Z. 20). Dadurch wird die Wärme unterstrichen, die das Feuer der Familie bringt. Die Wiederholung der **Metapher** *„eine Handvoll warmes Licht“* (Z. 22), *„eine Handvoll Licht“* (Z. 39) vertieft diesen Eindruck. Die **Aufzählung** *„Ohren, Nase, Mund und Augen“* (Z. 26 f.) ist die knappste Form, um die Gesundheit des Kindes zu beschreiben. Am Ende fällt noch die **Wiederholung** von *„Fäuste ins Gesicht“* (Z. 37 und 42 f.) und *„Heiligenschein“* (Z. 40 und 41) auf, die die Stimmung der Eltern bestens charakterisiert.

Im Kern der Erzählung ist wiederum ein überaus **schlichter Satzbau** vorherrschend. Es fallen Wiederholungen auf, die sich über die verschiedenen Unterabschnitte verteilen und das Aussehen und Verhalten der Uniformierten unterstreichen. *„hoben die Füße hoch“ (Z. 49 und 72)*, *„Einer hatte einen Pappkarton, einer einen Sack“* (Z. 53), *„Der eine hatte“* (Z. 60). Die Reaktion der Frau auf das Rauchen erfolgt in einem **elliptischen Satz**, der wohl auch ihre Schwäche andeutet: *„Nicht, das Kind.“ (Z. 58)*

Intention

Die Frage nach der Intention meint, dass du dir Gedanken über eine der vielen Botschaften machen sollst, die in dieser Erzählung stecken. Die Antwort könnte folgendermaßen lauten:

Intention: Die drei dunklen Könige

Musteraufsatz

Im **Höhepunkt** kommt die Metapher, die gleichzeitig der Überschrift entspricht *„die drei Dunklen“ (Z. 77)* und die den Schrecken des vergangenen Krieges verdeutlicht.

Der **Ausklang** enthält einen kleinen **Dialog**, in dem im Gegensatz zum Anfang die **Wortwahl** wärmer und freundlicher ist: *„sagte sie stolz“ (Z. 90f.)*, *„ er lacht“* (Z. 94), *„beinahe wie Kuchen“* Z. 95), *„ganz süß“* (Z. 96). Die Uniformierten, die zuerst in den Augen des Vaters für die Schrecken des Krieges stehen, verhalten sich sehr menschlich und geben das Beste, was sie haben, damit das neue Leben beginnen kann. Anschließend weichen sie ehrfürchtig zurück. Der Hass des Vaters wird dadurch in Liebe und Zuwendung gewandelt. Borchert zeigt damit, dass im Krieg alle zu Opfern geworden sind: nicht nur die unschuldigen Zivilisten wie die Frau und das neugeborene Kind, sondern auch die Soldaten, die trotzdem in erster Linie Menschen sind.

5.2.2 Die erweiterte Inhaltsangabe eines Sachtextes

Einige Grundkenntnisse über Bereicht und Reportage helfen auch bei der Zusammenfassung und Erschließung dieser Textsorte.
Allgemein gibt es das Prinzip der fallenden Wichtigkeit. Dies bedeutet, dass die wichtigsten Informationen am Anfang eines Berichts oder einer Reportage stehen. Beide Textsorten sind sachlich und bemüht, ein wahrheitsgetreues Abbild der Wirklichkeit zu geben. Die Reportage bleibt aber in der Form freier und ist sprachlich vielfältiger. Hier steht der Berichterstatter vor Ort und nimmt auch mit seinen Sinnen wahr. Erkennbare Stilprinzipien und Fachbegriffe markieren wir im folgenden Modelltext. Entsprechende Erschließungsfragen folgen danach.

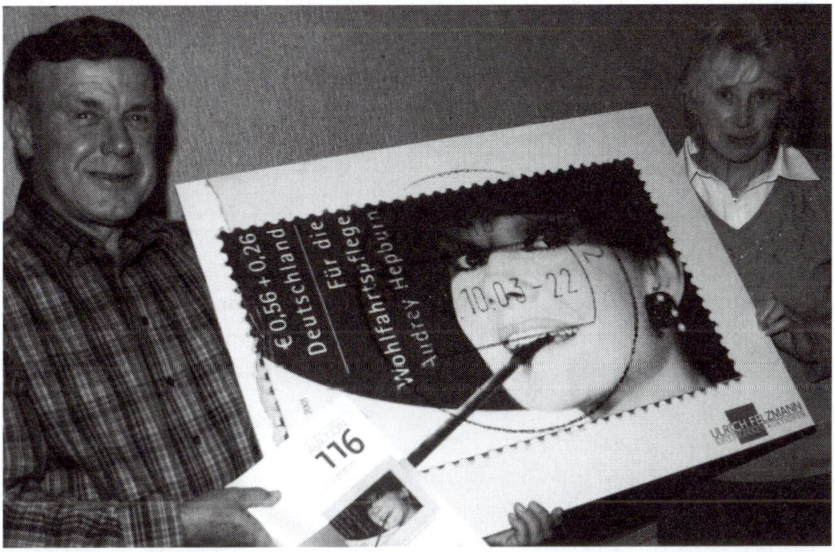

Die kleine Audrey (46 mal 27,32 Millimeter) ist verkauft, aber dafür hat Briefmarkensammler Werner Dürrschmidt aus Leupoldsgrün vom Auktionator eine große Reproduktion als Erinnerung erhalten. Mit im Bild: Werner Dürrschmidts Ehefrau Heidi. FOTO: R. M.

Das wertvolle Lächeln der schönen Audrey (Frankenpost)

Lesetext

BRIEFMARKENSAMMLER MACHT SELTENEN FUND	Dachzeile mit erster Information
Das wertvolle Lächeln der schönen Audrey	Titel etwas verrätselt, dabei literarisch Anspielung auf das Lächeln der Mona Lisa
Nie veröffentlichte Sondermarke mit Bild des Hollywood-Stars bringt Werner Dürrschmidt aus Leupoldsgrün 53 000 Euro	Untertitel
Mit Hilfe von Audrey Hepburn könnte sich Werner Dürrschmidt jetzt auch mal ein „Frühstück bei Tiffany“ leisten. Denn die 1993 verstorbene Hollywood-Schauspielerin hat den Rentner aus Leupoldsgrün im Landkreis Hof reich gemacht. 53 000 Euro brachte ein 46 mal 27,32 Millimeter kleines Bild von ihr jetzt bei einer Auktion ein. Dürrschmidt hatte die lächelnde Schönheit vor zwei Jahren entdeckt: auf einer Briefmarke, die es offiziell nie gegeben hat.	Vorspann Die Information als Meldung: Beginn mit den Folgen (Welche Folgen?), dann die Hauptperson (Wer – betrifft sowohl den Sammler als auch die auf der Marke Dargestellte), dann erst das Ereignis (Was?) und schließlich die Ursache (Warum?)
LEUPOLDSGRÜN – Werner Dürrschmidt ist froh, dass sein Briefmarken-Krimi nun doch noch gut ausgegangen ist. Denn wegen „seiner“ Audrey Hepburn musste sich der pensionierte Postbeamte als Dieb und Lügner bezichtigen lassen, die Kripo hatte er gleich ein paar Mal im Haus. Und wie es sich auf der Anklagebank am Hofer Landgericht sitzt, weiß der stets unbescholtene Rentner jetzt auch.	Beginn der eigentlichen Reportage
Das Verfahren, das Dürrschmidt doch einiges an Nerven gekostet hat, endete – natürlich – mit einem Freispruch. Ein Briefmarkensammler aus Österreich hatte behauptet, das seltene	Geschichte der Briefmarke: Dramatischer Beginn mit Anklage durch einen bestohlenen Sammler

Stück sei ihm, zusammen mit einer Zwillingsmarke, aus seinem Haus in Kufstein gestohlen worden. Doch Dürrschmidt konnte zweifelsfrei nachweisen, dass zum Zeitpunkt des angeblichen Diebstahls seine Audrey Hepburn bereits in einem seiner vielen Sammelalben einsortiert war. „Das hat doch alles hinten und vorn nicht gepasst, was der behauptet hat", erinnert sich Dürrschmidt.

Auktions-Krimi

Zwischentitel zur Lenkung des Leserinteresses

Trotzdem: Weil die Anzeige aus dem Ausland kam, waren sogar Interpol und das Bundeskriminalamt eingeschaltet. „Ich musste mir einen Anwalt nehmen und die geplante Auktion der Marke wurde verschoben, weil die Eigentumsverhältnisse nicht geklärt waren." Am 2. März dieses Jahres habe der Kläger aus Österreich während der Verhandlung in Hof wohl die Aussichtslosigkeit seines Vorhabens erkannt und seine Anzeige zurückgezogen. Dürrschmidt schüttelt den Kopf: „Jetzt muss er die Verfahrenskosten zahlen, ein paar tausend Euro hat ihn der Spaß bestimmt gekostet."

Anzeige und Anklage wegen Diebstahls
Hintergründe

Dürrschmidts Marke, eines der seltensten Postwertzeichen der deutschen Philatelie-Geschichte, war damit frei zum Verkauf. An einem Freitag, dem 13., sollte im Düsseldorfer Auktionshaus Ulrich Felzmann der Hammer des Versteigerers fallen. Für Werner Dürrschmidt und seine Frau Heidi der nächste Krimi: „Wir sind natürlich selber raufgefahren. Die Audrey war mit 25 000 Euro Anfangsgebot die teuerste Marke im ganzen Katalog", sagt Dürrschmidt und zeigt den kiloschweren Wälzer mit den insgesamt über 6000 Auktions-Losen, auf dessen Titelseite die Schauspielerin von ihrer Marke lächelt, Los-Nummer 5379.

Geschichte der Versteigerung

„So um die 30 000 Euro, höchstens 40 000" hatte sich Dürrschmidt vom Verkauf erhofft. „Das ist schon ein seltsames Gefühl: Alle paar Sekunden wirst du um 1000 Euro reicher." Schnell war die 35 000-Euro-Grenze erreicht, „dann stagnierte es." Auktionshaus-Chef Felzmann hatte schon den Hammer gehoben: „Zum Ersten, zum Zweiten, und zum ..."
Doch da meldete sich ein Bieter am Telefon. Es ging weiter: 40 000, 45 000, 50 000. „Da gab's dann spontan Beifall im Saal." Werner Dürrschmidt spürte die Hand seiner Frau auf dem Arm: 51 000, 52 000, 53 000. „... und zum Dritten!" Verkauft an einen betuchten deutschen Sammler, der gerne anonym bleiben möchte.
„Ich bin voll und ganz zufrieden", sagt Dürrschmidt im Rückblick. Schließlich fehlte seiner Audrey ein Zacken oben rechts und links habe sie auch eine kleine Beschädigung abbekommen. „Von den drei Marken, die bislang von diesem Motiv aufgetaucht sind, war meine sicher die qualitativ schlechteste."
Die anderen beiden Audreys wurden inzwischen auch versteigert: Für 58 000 Euro die eine, für 135 000 Euro die andere. Weltrekordpreis für eine deutsche Nachkriegs-Briefmarke. „Die ganz teure hat eine zusätzliche Besonderheit", erklärt der Sammler, „da war nämlich die illustrierte obere Bogenecke noch dran." Sie gilt inzwischen als die wertvollste moderne Briefmarke der Welt.

Information über Verkauf der anderen Briefmarken

Nicht rauchend

Audrey Hepburn lächelte gleich 14 Millionen Mal von dem winzigen Fetzen Papier, als sie im Oktober 2001 in der Serie „Internationale Schauspieler" zusammen mit Charlie Chaplin, Marilyn Monroe, Greta Garbo und Jean Gabin in Umlauf gebracht werden sollte, für 0,56 Euro Nennwert und 0,26 Euro Zuschlag „Für die

Gründe für die Seltenheit der Marke

Wohlfahrtspflege". Doch kurz bevor die Marke in die Postämter ausgeliefert wurde, verhinderte Hepburns Sohn die Veröffentlichung. Er verweigerte dem Bundesfinanzministerium als Herausgeber der Marke die Genehmigung, das Bild seiner Mutter zu verwenden. Hepburn ist darauf in ihrer berühmtesten Rolle dargestellt: als Holly Golightly in „Frühstück bei Tiffany" mit extravagantem Hut und Zigarettenspitze. Genau daran störte sich der Sohn: Rauchend sollte man seine Mutter nicht in Erinnerung behalten.

Die Marke wurde zurückgezogen, Hunderttausende bereits gedruckter Bögen eingestampft. Doch – der nächste Krimi – drei Exemplare schafften es dennoch auf einen Briefumschlag, wurden abgeschickt, gestempelt, befördert.

„Wie die Marken in Umlauf kamen, darüber kann man nur spekulieren", sagt Werner Dürrschmidt. Wolfgang Maassen, Chefredakteur des Fachmagazins Philatelie, vermutet die undichte Stelle beim Bundesfinanzministerium: „Dort waren – wie in der Bundesdruckerei – Musterbögen vorhanden." Diese so genannten Druckausfallmuster waren vor der endgültigen Freigabe an verschiedene Stellen geschickt worden: an die Künstlerin Antonia Graschberger und den Vorsitzenden des Kunstbeirates, Karl Oskar Blase, zum Beispiel. Doch die schickten die Muster artig wieder zurück. Zwei weitere Bögen mit je zehn Marken gingen an die Deutsche Post. Post-Sprecher Dirk Klasen: „Unsere Bestände sind vollzählig." Ein Bogen liegt demnach im Unternehmensarchiv, der andere im Museum für Kommunikation in Berlin.

Spekulationen über den Umlauf der wenigen Marken

Bündelware

Bleiben drei Druckausfallmuster-Bögen, die ins Bundesfinanzministerium geschickt wurden.

Eine Mitarbeiterin des Referats Postwertzeichen der Behörde in der Berliner Wilhelmstraße bestätigt hier auf Presseanfragen: „Es lässt sich nicht nachvollziehen, wo die Marken abgeblieben sind." Philatelie-Chefredakteur Maassen will deshalb nicht ausschließen, „dass ein Ministeriums-Mitarbeiter damit seine Privatpost frankierte".
Abgestempelt ist Werner Dürrschmidts Audrey tatsächlich in Berlin, Briefzentrum 21 (Berlin-Schönefeld) am 14. Oktober 2003, 22 Uhr. Auf dem Sammlertisch in Leupoldsgrün landete das Hepburn-Konterfei im August 2004 in einem Bündel „Kiloware", ausgemusterter Firmenpost mit Umschlagausrissen.

Die tatsächliche Erwerbsgeschichte

Schatz gefunden

Unter den 4000 Marken in dem unsortierten Packen fiel Dürrschmidt die eine auf, die er noch nirgendwo gesehen hatte. „Ich dachte: Nanu, die kennst du ja gar nicht." Auch in einschlägigen Katalogen war das Stück nicht verzeichnet. Erst mit Hilfe des Bundes deutscher Philatelisten kam der Sammler der Herkunft der Marke auf die Spur. Später fanden sich noch zwei weitere Marken, abgestempelt im Osten Berlins und im nahen Klein-Machnow, die vermutlich von den drei verschwundenen Musterbögen stammen. Theoretisch könnten also noch 27 unentdeckte Schätze irgendwo schlummern.

Säcke unterm Dach

Werner Dürrschmidt will weiter sammeln und einen Teil des erzielten Verkaufsgewinns in Marken stecken, die in seiner Sammlung noch fehlen. Ehefrau Heidi wird weiter über Plastiksäcke voller unsortierter Marken steigen müs-

Beschreibung seiner Sammelleidenschaft

sen, die in der Sammler-Stube unterm Dach lagern. „Er sammelt seit vierzig Jahren", sagt sie. „Das wird nicht mehr anders." Immerhin hat sich die Leidenschaft ihres Mannes nach den vielen Jahren doch noch ausgezahlt. Auch wenn Werner Dürrschmidt heute ganz leidenschaftslos davon erzählt, dass „seine" Audrey Hepburn nun bei einem anderen Sammler im Album steckt. „Ach, wissen Sie", sagt er, „das war doch eigentlich nur ein Stückchen Papier, das man gefunden hat."

SELTENER ALS DIE BLAUE MAURITIUS
Wie selten Werner Dürrschmidts Fund ist, zeigt ein Vergleich: Von der legendären „Blauen Mauritius", ohne Frage die berühmteste Briefmarke aller Zeiten, gibt es vier Mal so viele Exemplare wie von der mysteriösen deutschen „Audrey-Hepburn-Sondermarke". 500 Stück des falsch beschrifteten Postzeichens von der Insel im Indischen Ozean waren 1847 gedruckt worden, zwölf der millionenschweren Leichtgewichte sind heute weltweit hinter dicken Tresormauern verstaut. Der Sammlerwert liegt bei über einer Million Euro pro Stuck. Von der Schwester-Marke, der „Roten Mauritius", sind noch 14 Stück erhalten.

Allgemeine Information über die wertvollsten Briefmarken der Welt, als Infokasten von der Reportage abgehoben

Beachte beim Schreiben:
- Haupttempus Präsens, Vorvergangenheit Perfekt
- Behauptungen in indirekter Rede wiedergeben.
- Alle Kommentare und genannten Gefühle im Originaltext entfallen.
- Es bleiben die Fakten, die Namen und die sachdienlichen Hintergrundinformationen.
- Sinnabschnitte in den gedanklichen Zusammenhang des Textes einordnen.

Die im folgenden Text **fett** markierten Worte zeigen, worum es in dem Sinnabschnitt hauptsächlich geht.

Inhaltsangabe: Das wertvolle Lächeln der schönen Audrey

Musteraufsatz

In seiner Reportage „Das wertvolle Lächeln der schönen Audrey" berichtet Rainer Maier von dem sensationellen Verkauf einer Briefmarke, die es gar nicht geben dürfte und erläutert die aufregenden Umstände, die sich im Zusammenhang der Versteigerung der Briefmarke ergeben haben.

Basissatz: Gleiches Prinzip wie bei Zusammenfassung poetischer Texte

Der Bericht **beginnt mit der Vorgeschichte.** Als der Besitzer die seltene Audrey Hepburn-Marke zur Versteigerung gibt, wird er von einem Mann aus Österreich wegen angeblichen Diebstahls angezeigt. Der unbescholtene Briefmarkensammler kann jedoch glaubhaft nachweisen, dass er die Marke rechtmäßig erworben hat.

Vorgeschichte

Nicht nur das Vorfeld des Verkaufs ist aufregend. **Die Versteigerung selbst** entwickelt sich überaus spannend. Die mit 25 000 Euro zur Versteigerung angesetzte Marke ersteigert ein Telefonbieter, der anonym bleibt, für 53 000 Euro.

Versteigerung

Der Besitzer, Werner Dürrschmidt aus Leupoldsgrün, reagiert auf diesen Verkaufserfolg überrascht und bescheiden, da er der Meinung ist, dass seine Marke von den bekannten drei Exemplaren das am schlechtesten erhaltene sei. Als Hintergrund gibt der Reporter die Preise der anderen beiden Marken an, die 58 000 Euro und 135 000 Euro bei einer Versteigerung erzielt haben.

Es folgt die **Geschichte der Briefmarke**, die im Jahre 2001 hätte erscheinen sollen. Da Audrey Hepburns Sohn seine Mutter nicht mit diesem Foto, auf dem sie eine Zigarettenspitze im Mund hat, veröffentlicht haben möchte, muss die Bundespost alle Drucke vernichten. Dennoch gelangen einige wenige Exemplare an die Öffentlichkeit.

Geschichte der Briefmarke

Vermutet wurden undichte Stellen im Finanzministerium, da dorthin, wie auch zu anderen zentralen Stellen, Musterbögen geschickt worden sind. Darauf verweisen auch die Stempel der Briefmarken, die allesamt aus Berlin stammen.

Am **Schluss der Reportage folgt die Geschichte der Entdeckung**. Werner Dürrschmidt hat diese Briefmarke vollkommen unspektakulär in einem Bündel Kiloware gefunden. Als Briefmarkenkenner überraschte ihn das vollkommen unbekannte Motiv auf der Marke.

Schluss

Als Ergänzung der Reportage folgt eine weitere Hintergrundinformation. Obgleich „Audrey Hepburn“ seltener als die „Blaue Mauritius“ ist, haben die zwölf bekannten Exemplare der „Blauen Mauritius“ einen Wert von über einer Million Euro pro Stück.

Abschließende Hintergrundinformation

Zusammenfassung 304 Wörter, Original 1289 Wörter

Zusatzfragen

Die entsprechende Auswahl hängt natürlich von der Vorbereitung im Unterricht ab.

Aufgabe

Welche Aufgabe hat der Kopf einer Reportage? Verwende die richtigen Fachbegriffe und erläutere die Aufgabe der einzelnen Abschnitte allgemein und speziell für diesen Text!

Musteraufsatz

In Lokalzeitungen hängt die Bedeutung eines Beitrags nicht alleine von der Länge des Artikels ab. Die Dachzeile gibt eine erste grundsätzliche Information zu dem Thema, um das es geht. Der Haupttitel regt zum Lesen an: „Das wertvolle Lächeln der schönen Audrey“. Der Leser möchte wissen, warum ein Lächeln wertvoll sein soll. Viele mögen sich auch an das Lächeln der Mona Lisa auf dem berühmten Porträt von Leonardo da Vinci erinnern, einem der wertvollsten Bilder der Welt. Schließlich kennen viele auch die große Schauspielerin Audrey Hepburn. Somit handelt es sich um einen wirklich guten Titel, weil er viele Interessengruppen anspricht.

Der Untertitel ist dagegen informativ und beantwortet die wichtigsten W-Fragen knapp. Was ist geschehen? Hoher Preis für unbekannte Briefmarke. Wer ist betroffen? Ein Sammler aus Leupoldsgrün.

Dieser Untertitel führt den Leser zum Vorspann, der wie eine Meldung nun alle sechs W-Fragen beantwortet und damit die erste vollständige Information gibt.

Ein Artikel, der so bedeutsam aufgemacht ist mit allen Titel-Elementen, die der Zeitung zur Verfügung stehen, bestimmt häufig die jeweilige Seite der Tageszeitung und heißt deshalb Aufmacher. Zum Aufmacher gehört auch das Foto. Um den Aufmacher herum finden sich dann weniger bedeutende Informationen, denen auch deutlich geringerer Raum gegeben ist, die gegebenenfalls nur aus Titel und Meldung bestehen.

Aufgabe

Welchen Informationswert hat das Zeitungsfoto? Gehe auch auf das Foto zu dieser Reportage ein!

Muster-
aufsatz

Das Zeitungsfoto springt dem Leser zuerst ins Auge und leitet einerseits sein Interesse auf den Artikel hin, es gibt andererseits aber auch Informationen, die der Artikel sprachlich gar nicht geben kann. Dies sind die Personen, hier das glückliche Sammlerehepaar, und natürlich interessiert den Leser auch das Bild auf der raren Briefmarke, also das „anstößige“ Foto Audrey Hepburns. Der Leser kann sich dabei selbst Gedanken machen, ob ihm dieses Blatt Papier 53 000 Euro wert wäre oder ob die Darstellung der Schauspielerin tatsächlich so negativ wirkt, wie Audrey Hepburns Sohn meint.

Aufgabe

Charakterisiere den Aufbau dieser Reportage!

Muster-
aufsatz

Der Autor der Reportage hat die Sinnabschnitte seines Artikels leserfreundlich durch Untertitel markiert. Insofern fällt es leicht, den Aufbau zu charakterisieren. Zudem ist allgemein klar, dass die im Vorspann genannten W-Fragen in der eigentlichen Reportage präzise ausgeführt sind.
Die eigentliche Reportage beginnt mit der Vorgeschichte, die einer Kriminalgeschichte gleichkommt. Es wird berichtet, dass die genannte Briefmarke angeblich gestohlen worden sei und es einen Prozess gegeben hat.
Erst dann folgt das eigentliche Hauptereignis, nämlich die spannende Versteigerung, die aus dem Blickwinkel des Sammlers geschildert wird.
Der Reporter baut dabei sachlich und knapp die Hintergrundinformationen über den Verkauf der zwei anderen gleichartigen Briefmarken ein. Er erklärt auch die Gründe für die Seltenheit der versteigerten Marke und schafft fast eine Parallele zur Eröffnung der Reportage, da auch die Verbreitung der wenigen in Umlauf gekommenen Briefmarken einer Kriminalgeschichte gleicht.
Ans Ende gestellt verfolgt der Bericht, wie die Marke tatsächlich in die Hand des Sammlers gekommen ist. Diese Frage interessiert jeden Leser, der damit recht gut zur Lektüre des gesamten Artikels verleitet wird.
Die Reportage schließt mit einer kurzen Beschreibung, worin sich die Sammelleidenschaft von Werner Dürrschmidt äußert und endet dann mit einer allgemein interessanten Information über die wertvollste Briefmarke der Welt, die „Blaue Mauritius“.

Aufgabe

Beschreibe wenigstens drei kennzeichnende Stilmittel der Reportage und belege sie am Text, indem du auch die Wirkung der von dir gewählten Stilmittel beschreibst!

Diese Fragestellung grenzt ein guter Lehrer stets auf einige wenige Sinnabschnitte ein. Die Antworten sind nicht allzu schwer, denn die professionellen Schreiber befolgen feste Regeln, die zur Verständlichkeit ihrer Erzeugnisse beitragen. Diese Regeln kannst du lernen und an dem jeweils gegebenen Text überprüfen und dabei die Wirkung im Zusammenhang der speziellen Reportage beschreiben.

Regeln für professionelle Schreiber:
1. Kurze, verständliche Sätze schreiben.
2. Treffende Wörter verwenden – für viele Tätigkeiten oder Gegenstände gibt es nur ein Verb, ein Nomen, das ganz genau stimmt.
3. Jedes Fremdwort, jede Abkürzung in eigenen Worten erklären.
4. Personennamen ganz nennen, also Vor- und Nachname sowie Titel.
5. Adjektive, Adverbien und Partizipien verwenden, die zur Genauigkeit der Beobachtung beitragen.
6. Superlative nur dann verwenden, wenn sie wirklich stimmen, das heißt, wenn die Sache wirklich einmalig und nicht steigerbar ist.
7. Passiv vermeiden.

Stil und Sprache: Das wertvolle Lächeln der schönen Audrey

Musteraufsatz

1. Kurze, verständliche Sätze schreiben.

Der Autor beherzigt das Gebot, seine Sätze einfach und kurz zu gestalten. Entweder folgen wie am Anfang einfache Hauptsätze aufeinander oder der Hauptsatz wird durch einen Relativsatz ergänzt. Es kommen auch komplexere Satzbaupläne vor, beispielsweise Objektsätze und Adverbialsätze, aber niemals gibt es komplexe Satzgefüge, in denen mehrere Nebensätze vorkommen.
Durch dieses Prinzip der Einfachheit erreicht der Autor ein hohes Maß an Verständlichkeit. Sätze dieser Art lassen sich leicht merken und gut lesen.

2. Treffende Wörter verwenden – für viele Tätigkeiten oder Gegenstände gibt es nur ein Verb, ein Nomen, das ganz genau stimmt.

Sehr präzise verwendet Rainer Maier die genauen Fachbegriffe und trägt dadurch zur Genauigkeit und Anschaulichkeit seiner Reportage bei. Dies beginnt mit so einfachen Begriffen wie „Sammelalben" , „Postwertzeichen", „Philatelie-Geschichte" und setzt sich fort in Bezeichnungen wie „Zacken", „Nennwert", „Druckausfallmuster", „Musterbögen", „frankierte", „Umschlagsausrissen".

3. Fremdwörter und Abkürzungen erklären.

Ungewöhnliche Fremdwörter kommen in dieser Reportage kaum vor, allerdings erklärt der Autor den Namen „Mauritius". Fast jeder kennt den Namen „Blaue Mauritius". Nicht so viele wissen, dass Mauritius eine Insel im Indischen Ozean ist und noch weniger wissen, dass es sich dabei um einen Fehldruck aus dem Jahre 1847 handelt. Diese genauen Erklärungen helfen dem Leser, sein Allgemeinwissen zu erweitern. Sie bleiben aber auch ein wesentlicher Bestandteil des allgemeinen Gebots der Verständlichkeit.

4. Personennamen ganz nennen, also Vor- und Nachnamen sowie Titel.

Jeder Name in dieser Reportage ist vollständig angegeben sowie auch die Funktionen der Personen, wie zum Beispiel der Vorsitzende des Kunstbeirates, Karl Oskar Blase. Dadurch erhalten die genannten Aussagen der Personen Gewicht, weil man weiß, welche Funktion diese bekleiden. Allein der Kläger aus Österreich bleibt im Dunkeln. Dessen Name ist allerdings für das Thema auch nicht wichtig. Die Namensnennungen haben etwas mit Sorgfalt und Verlässlichkeit zu tun. Hier stellt der Journalist sein Bemühen nach Wahrheit und auch Nachprüfbarkeit seiner Aussagen unter Beweis.

5. Adjektive, Adverbien und Partizipien verwenden, die zur Genauigkeit der Beobachtung beitragen.

Der Autor setzt viele treffende Wörter ein, um genau zu beschreiben. Einige Beispiele: „kiloschwerer Wälzer" (der Auktionskatalog) und „extravaganter Hut" (auf dem Foto auf der Briefmarke) sind sehr anschauliche Adjektive; „eingestampft“ ist das treffende Verb für die amtliche Vernichtung der Briefmarken, „abgeschickt, gestempelt, befördert“ sind die richtigen Partizipien, die den Weg eines Briefes erfassen.

6. Superlative nur dann verwenden, wenn sie wirklich stimmen, das heißt, wenn die Sache wirklich einmalig und nicht steigerbar ist.

In dieser Reportage kommt tatsächlich ein Superlativ vor, aber genau in dem Sinne der Einmaligkeit. Die „Blaue Mauritius“ bleibt ohne Frage die berühmteste Briefmarke aller Zeiten. Der Superlativ in Bezug auf die Audrey Hepburn-Marke, die ja nicht wirklich einmalig ist, wird dementsprechend eingeschränkt: „eines der seltensten Postwertzeichen der deutschen Philatelie-Geschichte“.

7. Passiv vermeiden.

Passiv kommt in dieser Reportage nur in seinem eigentlichen Sinne vor, nämlich dann, wenn der Urheber der Handlung unbekannt oder nicht wichtig ist: „...das Stück ...sei gestohlen worden“; „Auktion wurde verschoben...“, „Marke wurde zurückgezogen...“.

Aufgabe

Erläutere knapp den Unterschied zwischen Meldung, Bericht und Reportage! Überlege, wo die gleiche Information als Meldung beziehungsweise als Bericht erscheinen könnte!

Musteraufsatz

In dieser Reportage sind alle drei Textformen versteckt vorhanden. Die informierenden Textsorten einer Zeitung handeln stets die sechs W-Fragen ab und ergänzen häufig noch ein siebtes W, nämlich „Welche Quelle?“ Das siebte W verbürgt somit die Wahrheit des Berichteten. Es liegt am zuständigen Redakteur einer Zeitung, ob er einen Text als Meldung, als Bericht oder als Reportage auf die entsprechende Seite bringt. Meldungen und Berichte lassen sich selbstverständlich nicht in Reportagen umwandeln, aber Reportagen könnten zu Meldungen und Berichten reduziert werden. Die Grunddefinition der Reportage lautet ja, dass der Berichterstatter tatsächlich vor Ort ist und das Geschehen selbst wahrnimmt.
Die Reportage „Das wertvolle Lächeln der schönen Audrey“ enthält eine Meldung im Vorspann, denn dort bereits erfährt der Leser die Antwort

auf die wichtigsten W-Fragen. Er erfährt, dass eine kleine Briefmarke 53 000 Euro brachte (Was?), wie dieser Preis erzielte wurde (auf einer Auktion), wer der glückliche Besitzer war, eben der Rentner aus Leupoldsgrün. Selbst der Grund (Warum?) für den hohen Preis ist enthalten, denn die versteigerte Briefmarke hat es offiziell nie gegeben.
Deutlich wird ferner, dass es sich bei diesem Text eigentlich um eine Mischung von Bericht und Reportage enthält. Nur im zentralen Teil der Reportage, nämlich im Bericht über die Versteigerung, kommt der Sammler wirklich zu Wort. Alle übrigen Informationen stammen entweder von Dürrschmidt selbst oder sind vom Berichterstatter recherchiert, zumindest überprüft. Grundlage dieser Reportage war offenkundig ein aufwendiges Interview. Ohne die sehr persönlichen, sicherlich auch sachdienlichen Informationen des Sammlers in wörtlicher Rede läge ein Bericht über eine sensationelle Versteigerung vor.
Da dieses Ereignis aber für die Leser der Zeitung wichtig ist, weil die glücklichen Sammler mitten im Einzugsgebiet der Zeitung wohnen, auch weil es sich um ein wirklich ungewöhnliches Ereignis handelt, hat die Redaktion offenkundig nicht die Mühe gescheut, zur Meldung eine Reportage zu schreiben und diese auch groß herauszubringen, eben mit Dachzeile, Untertitel, Vorspann und Bild. Der Text ist damit zum Aufmacher einer Seite geworden.

5.3 Die Texterschließung

„Erschließen" kommt von „Aufschließen" – und dieser gemeinsame Wortstamm zeigt, dass dieser Umgang mit Texten einen Schlüssel erfordert, um sie zu verstehen, zu analysieren und zu interpretieren.

Unabhängig davon, um welche Textgattung es sich handelt, braucht man bei der Erschließung eines Textes eine bestimmte Herangehensweise: Man untersucht Textschlüssel.

1. Was ist die wesentliche Aussage?

Zunächst muss man sich fragen, worum es im Kern in diesem Text geht – wie bei einer Inhaltsangabe. Stets ist eine Beschreibung der gedanklichen Struktur, der Sinnabschnitte, erforderlich; Hinweise auf einen neuen Sinnabschnitt können zum Beispiel Ortswechsel, Zeitsprünge oder neue Personen geben.

2. Art des Textes
Dann sind die formalen Besonderheiten eines Textes in Abhängigkeit von der Textgattung oder -sorte zu analysieren. Wichtig ist der korrekte Gebrauch der Fachbegriffe.

3. Sprachliche Mittel im Zusammenhang mit dem Inhalt
Dies gilt ebenso für die folgende Betrachtung der sprachlichen Mittel in ihrer inhaltlichen Funktion. Das heißt also, sie dürfen nicht einfach nur zusammenhanglos aufgezählt werden, sondern sollen überlegt angeordnet werden – beispielsweise nach Sinnabschnitten. Hinzu kommt eine Erklärung, inwiefern sie den Inhalt des Textes unterstützen.

4. Deutung
All diese „Schlüssel" ermöglichen eine Analyse des Textes. Ihr folgt die eigentliche Interpretation, die Deutung. Häufig bietet es sich an, hier den Sinnabschnitten des Textes zu folgen und die darin enthaltenen Textaussagen zu untersuchen und zu erklären.

Diese Aspekte müssen immer behandelt werden, wenn die Aufgabe lautet, einen Text zu erschließen beziehungsweise ihn zu analysieren und zu interpretieren, selbst wenn sie nicht ausdrücklich benannt werden. Darüber hinaus können Zusatzaufgaben Hinweise dafür geben, welche Schwerpunkte die Interpretation haben soll.

5.3.1 Die Erschließung poetischer Texte

Aufgabe

Aufgabenstellung:
Erschließe Heinrich Bölls Text „Damals in Odessa" nach Inhalt, gedanklichem Aufbau, erzählerischer und sprachlicher Gestaltung! Berücksichtige besonders, wie die einzelnen Personen dargestellt werden!

Anmerkung: In dieser Schwerpunktsetzung der Aufgabe werden Aspekte verlangt, die der Personencharakteristik zugehören.

Lesetext

Kurzgeschichte: Damals in Odessa (Heinrich Böll)

Damals in Odessa war es sehr kalt. Wir fuhren jeden Morgen mit großen rappelnden Lastwagen über das Kopfsteinpflaster zum Flugplatz, warteten frierend auf die großen grauen Vögel, die über das Startfeld rollten, aber an den beiden ersten Tagen, wenn wir gerade beim Einsteigen waren, kam der Befehl, dass kein Flugwetter sei, die Nebel über dem Schwarzen Meer zu dicht oder die Wolken zu tief, und wir stiegen wieder in die großen rappelnden Lastwagen und fuhren über das Kopfsteinpflaster in die Kaserne zurück.

Die Kaserne war sehr groß und schmutzig und verlaust, und wir hockten auf dem Boden oder lagen über den dreckigen Tischen und spielten Siebzehn-und-Vier, oder wir sangen und warteten auf eine Gelegenheit, über die Mauer zu gehen. In der Kaserne waren viele wartende Soldaten, und keiner durfte in die Stadt. An den beiden ersten Tagen hatten wir vergeblich versucht auszukneifen, sie hatten uns geschnappt, und wir mussten zur Strafe die großen, heißen Kaffeekannen schleppen und Brote abladen; und dabei stand in einem wunderbaren Pelzmantel, der für die so genannte Front bestimmt war, ein Zahlmeister und zählte, damit kein Brot platt geschlagen wurde, und wir dachten damals, dass Zahlmeister nicht von Zahlen, sondern von Zählen kommt. Der Himmel war immer noch neblig und dunkel über Odessa, und die Posten pendelten vor den schwarzen, schmutzigen Mauern der Kaserne auf und ab.

Am dritten Tage warteten wir, bis es ganz dunkel geworden war, dann gingen wir einfach an das große Tor, und als der Posten uns anhielt, sagten wir „Kommando Seltschini“, und er ließ uns durch. Wir waren zu drei Mann, Kurt, Erich und ich, und wir gingen sehr langsam. Es war erst vier Uhr und schon ganz dunkel. Wir hatten ja nichts gewollt als aus den großen, schwarzen, schmutzigen Mauern heraus, und nun, als wir draußen waren, wären wir fast lieber wieder drinnen gewesen; wir waren erst seit acht Wochen beim Militär und hatten viel Angst, aber wir wussten auch: wenn wir wieder drinnen gewesen wären, hätten wir unbedingt heraus gewollt, und dann wäre es unmöglich gewesen, und es war doch erst vier Uhr, und wir konnten nicht schlafen, wegen den Läusen und dem Singen und auch, weil wir fürchteten und zugleich hofften, am anderen Morgen könnte gutes Flugwetter sein und sie würden uns auf die Krim hinüberfliegen, wo wir sterben sollten. Wir wollten nicht sterben, wir wollten auch nicht auf die Krim, aber wir mochten auch nicht den ganzen Tag in dieser schmutzigen, schwarzen Kaserne hocken, wo es nach Ersatzkaffee roch und wo sie immerzu Brote abluden, die für die Front bestimmt waren, immerzu, und wo immer Zahl-

meister in Mänteln, die für die Front bestimmt waren, dabeistanden und zählten, damit kein Brot platt geschlagen wurde.

Ich weiß nicht, was wir wollten. Wir gingen sehr langsam in diese dunkle, holprige Vorstadtgasse hinein; zwischen unbeleuchteten, niedrigen Häusern war die Nacht von ein paar verfaulenden Holzpfählen eingezäunt, und dahinter irgendwo schien Ödland zu liegen, Ödland wie zu Hause, wo sie glauben, es wird eine Straße gelegt, Kanäle bauen und mit Messstangen herumfummeln, und es wird doch nichts mit der Straße, und sie werfen Schutt, Asche und Abfälle dahin, und das Gras wächst wieder, derbes, wildes Gras, üppiges Unkraut, und das Schild „Schutt abladen verboten" ist schon nicht mehr zu sehen, weil sie zu viel Schutt dahin geschüttet haben …

Wir gingen sehr langsam, weil es noch so früh war. Im Dunklen begegneten uns Soldaten, die in die Kaserne gingen und andere kamen aus der Kaserne und überholten uns; wir hatten Angst vor den Streifen und wären am liebsten zurückgegangen, aber wir wussten ja auch, wenn wir wieder in der Kaserne waren, würden wir ganz verzweifelt sein, und es war besser, Angst zu haben als nur Verzweiflung in den schwarzen, schmutzigen Mauern der Kaserne, wo sie Kaffee schleppten, immerzu Kaffee schleppten und für die Front Brote abluden, immerzu Brote für die Front, und wo die Zahlmeister in den schönen Mänteln herumliefen, während es uns schrecklich kalt war.

Manchmal kam links oder rechts ein Haus, aus dem dunkelgelbes Licht herausschien, und wir hörten Stimmen, hell und fremd und beängstigend, kreischend. Und dann kam in der Dunkelheit ein ganz helles Fenster, da war viel Lärm, und wir hörten Soldatenstimmen, die sangen: „Ja, die Sonne von Mexiko."

Wir stießen die Tür auf und traten ein: da drinnen war es warm und qualmig, und es waren Soldaten da, acht oder zehn, und manche hatten Weiber bei sich, und sie tranken und sangen, und einer lachte ganz laut, als wir hereinkamen. Wir waren jung und auch klein, die Kleinsten von der ganzen Kompanie; wir hatten ganz nagelneue Uniformen an, und die Holzfasern stachen uns in Arme und Beine, und die Unterhosen und Hemden juckten schrecklich auf der bloßen Haut, und auch die Pullover waren ganz neu und stachelig.

Kurt, der Kleinste, ging voran und suchte einen Tisch aus; er war Lehrling in einer Lederfabrik, und er hatte uns immer erzählt, wo die Häute herkamen, obwohl es Geschäftsgeheimnis war, und er hatte uns sogar erzählt, was sie

daran verdienten, obwohl das ganz strenges Geschäftsgeheimnis war. Wir setzten uns neben ihn.
Hinter der Theke kam eine Frau heraus, eine dicke Schwarze mit einem gutmütigen Gesicht, und sie fragte, was wir trinken wollten; wir fragten zuerst, was der Wein kostete, denn wir hatten gehört, dass alles sehr teuer war in Odessa.
Sie sagte: „Fünf Mark die Karaffe", und wir bestellten drei Karaffen Wein. Wir hatten beim Siebzehn-und-Vier viel Geld verloren und den Rest geteilt; jeder hatte zehn Mark. Einige von den Soldaten aßen auch, sie aßen gebratenes Fleisch, das noch dampfte, auf Weißbrotschnitten, und Würste, die nach Knoblauch rochen, und wir merkten jetzt erst, dass wir Hunger hatten, und als die Frau den Wein brachte, fragten wir, was das Essen kostete. Sie sagte, dass die Würste fünf Mark kosteten und das Fleisch mit Brot acht; sie sagte, das wäre frisches Schweinefleisch, aber wir bestellten drei Würste. Manche von den Soldaten küssten die Weiber oder nahmen sie ganz offen in den Arm, und wir wussten nicht, wo wir hingucken sollten.
Die Würste waren heiß und fett, und der Wein war sehr sauer. Als wir die Würste aufgegessen hatten, wussten wir nicht, was wir tun sollten. Wir hatten uns nichts mehr zu erzählen, vierzehn Tage hatten wir im Waggon nebeneinander gelegen und uns alles erzählt, Kurt war in einer Lederfabrik gewesen, Erich kam von einem Bauernhof, und ich, ich war von der Schule gekommen; wir hatten immer noch Angst, aber es war uns nicht mehr kalt …
Die Soldaten, die die Weiber geküsst hatten, schnallten jetzt ihre Koppel um und gingen mit den Weibern hinaus; es waren drei Mädchen, und sie hatten runde, liebe Gesichter, und sie kicherten und zwitscherten, aber sie gingen jetzt mit sechs Soldaten weg, ich glaube, es waren sechs, fünf bestimmt. Es blieben nur noch die Betrunkenen, die gesungen hatten: „Ja, die Sonne von Mexiko". Einer, der an der Theke stand, ein großer, blonder Obergefreiter, drehte sich jetzt um und lachte uns wieder aus; ich glaube, wir saßen auch sehr still und brav da an unserem Tisch, die Hände auf den Knien, wie beim Unterricht in der Kaserne. Dann sagte der Obergefreite etwas zu der Wirtin, und die Wirtin brachte uns weißen Schnaps in ziemlich großen Gläsern. „Wir müssen ihm jetzt zuprosten", sagte Erich und stieß uns mit den Knien an, und ich, ich rief so lange: „Herr Obergefreiter", bis er merkte, dass ich ihn meinte, dann stieß uns Erich mit den Knien wieder an, wir standen auf und riefen zusammen: „Prost, Herr Obergefreiter." Die anderen Soldaten lachten alle laut, aber der Obergefreite hob sein Glas und rief uns zu: „Prost, die Herren Grenadiere…"

Der Schnaps war scharf und bitter, aber er machte uns warm und wir hätten gerne noch einen getrunken.

Der blonde Obergefreite winkte Kurt, und Kurt ging hin und winkte uns auch, als er ein paar Worte mit dem Obergefreiten gesprochen hatte. Er sagte, wir wären ja verrückt, weil wir kein Geld hätten, wir sollten doch etwas verscheuern; und er fragte, von wo wir kämen und wo wir hin müssten, und wir sagten ihm, dass wir in der Kaserne warteten und auf die Krim fliegen sollten. Er machte ein ernstes Gesicht und sagte nichts. Dann fragte ich ihn, was wir denn verscheuern könnten, und er sagte: alles.

Verscheuern könnte man hier alles, Mantel und Mütze oder Unterhosen, Uhren, Füllfederhalter.

Wir wollten keinen Mantel verscheuern, wir hatten zuviel Angst, es war ja verboten, und es war uns auch sehr kalt, damals in Odessa. Wir suchten unsere Taschen leer: Kurt hatte einen Füllfederhalter, ich eine Uhr und Erich ein ganz neues, ledernes Portemonnaie, das er bei einer Verlosung in der Kaserne gewonnen hatte. Der Obergefreite nahm die drei Sachen und fragte die Wirtin, was sie dafür geben wollte, und sie sah alles ganz genau an, sagte, dass es schlecht sei, und wollte zweihundertfünfzig Mark geben, hundertachtzig allein für die Uhr.

Der Obergefreite sagte, dass das wenig sei, zweihundertfünfzig, aber er sagte auch, mehr gäbe sie bestimmt nicht, und wenn wir am nächsten Tag vielleicht auf die Krim flögen, wäre ja alles egal, und wir sollten es nehmen.

Zwei von den Soldaten, die gesungen hatten „Ja, die Sonne von Mexiko", kamen jetzt von den Tischen und klopften dem Obergefreiten auf die Schultern; er nickte uns zu und ging mit ihnen hinaus.

Die Wirtin hatte mir das ganze Geld gegeben, und ich bestellte jetzt für jeden zwei Portionen Schweinefleisch mit Brot und einen großen Schnaps, und dann aßen wir noch einmal jeder zwei Portionen Schweinefleisch, und noch einmal tranken wir einen Schnaps. Das Fleisch war frisch und fett, heiß und fast süß, und das Brot war ganz mit Fett durchtränkt, und wir tranken dann noch einen Schnaps. Dann sagte die Wirtin, sie hätte kein Schweinefleisch mehr, nur noch Wurst, und wir aßen jeder eine Wurst und ließen uns Bier dazu geben, dickes, dunkles Bier, und wir tranken noch einen Schnaps und ließen uns Kuchen bringen, flache, trockene Kuchen aus gemahlenen Nüssen; dann tranken wir noch mehr Schnaps und wurden gar nicht betrunken; es war uns warm und wohl, und wir dachten nicht mehr an die vielen Stacheln aus Holzfasern in den Unterhosen und dem Pullover; und es kamen neue Soldaten herein, und wir sangen alle: „Ja, die Sonne von Mexiko …"

Um sechs Uhr war unser Geld auf, und wir waren immer noch nicht betrunken; wir gingen zur Kaserne zurück, weil wir nichts mehr zu verscheuern hatten. In der dunklen, holprigen Straße brannte nun gar kein Licht mehr, und als wir durch die Wache kamen, sagte der Posten, wir müssten auf die Wachstube. In der Wachstube war es heiß und trocken, schmutzig, und es roch nach Tabak, und der Unteroffizier schnauzte uns an und sagte, die Folgen würden wir schon sehen. Aber in der Nacht schliefen wir sehr gut, und am anderen Morgen fuhren wir wieder auf den großen, rappelnden Lastwagen über das Kopfsteinpflaster zum Flugplatz, und es war kalt in Odessa, das Wetter war herrlich klar, und wir stiegen endgültig in die Flugzeuge ein; und als sie hochstiegen, wussten wir plötzlich, dass wir nie mehr wiederkommen würden, nie mehr …

Damals in Odessa

Texterschließung: Damals in Odessa

Gliederung

1 Einleitung: Historische Situation und biographischer Bezug	Historische und biographische Hintergrundinformationen
2 Erschließung der Kurzgeschichte	
2.1 Inhalt und Aufbau	
2.1.1 Basissatz	
2.1.2 Rahmenstruktur	
2.1.3 Sinnabschnitte:	
2.1.3.1 Sprung mitten ins Geschehen: Verzögerung des Abflugs auf die Krim	Sehr ausführliche Auflistung der Sinnabschnitte
2.1.3.2 Warten in der Kaserne von Odessa	
2.1.3.3 Verbotener Ausflug in die Stadt	Weit untergliederte Unterpunkte, daher rein numerisches Gliederungsschema sinnvoll
2.1.3.3.1 Weg durch die Vorstadt	
2.1.3.3.2 Zögerliches Eintauchen in die Wirtshausatmosphäre	
2.1.3.3.3 Wendepunkt: Hemmungsloser Lebensgenuss	
2.1.3.4 Rückweg in die Kaserne	
2.1.3.5 Offener Schluss: Abflug der Soldaten auf die Krim	

2.2 Erzählerische Gestaltung 2.2.1 Erzählform: Ich-/Wir-Form 2.2.2 Personales Erzählverhalten 2.2.3 Verhältnis von Erzählzeit zu erzählter Zeit	Besonderes Eingehen auf Erzählform wegen eines besonderen Falles (siehe Ausführung)
2.3 Sprachliche Gestaltung 2.3.1 Satzbau 2.3.1.1 Vorwiegend Parataxen (Hauptsätze) 2.3.1.2 Polysyndeta	
2.3.2 Wortwahl und Stilmittel 2.3.2.1 Umgangssprachliche Ausdrücke 2.3.2.2 Sinneswahrnehmungen – verstärkt durch Antithesen und Alliterationen 2.3.2.3 Wiederholungen 2.3.2.4 Symbole	Ausnahmsweise Verknüpfung zweier Analyseaspekte aufgrund inhaltlicher Gegebenheiten
2.4 Personengestaltung 2.4.1 Die Hauptfiguren als Kameraden 2.4.1.1 Gemeinsamer, aber gescheiterter Fluchtversuch 2.4.1.2 Erneuter Verstoß gegen das Ausgehverbot 2.4.1.2.1 Verdrängung der Angst im gemeinsamen Genuss 2.4.1.2.2 Selbstlose Aufteilung des restlichen Besitzes 2.4.1.2.3 Furchtlosigkeit durch gestärktes Gemeinschaftsgefühl 2.4.2 Nebenfiguren 2.4.2.1 Der bestechliche und unmenschliche Zahlmeister 2.4.2.2 Der Obergefreite als Kontrastfigur zum Zahlmeister 2.4.3 Die Personen als Beispiele für Kriegsschicksale	Ausführliche Bearbeitung des Deutungsschwerpunktes
3 Kerngedanke: Kameradschaft als Lichtblick im schrecklichen Kriegsalltag	Zusammenfassende Deutung im Schluss

M
Muster-aufsatz

1 Historische und Biographische Bezüge

Heinrich Bolls Kurzgeschichte „Damals in Odessa“ wurde 1950 veröffentlicht. Sie spielt während des Zweiten Weltkrieges, wohl im Jahr 1943, als die sowjetischen Armeen endgültig die Initiative gegenüber den deutschen Truppen gewannen. Vom Stützpunkt Odessa aus wurden deutsche Soldaten auf die Halbinsel Krim geflogen, um sie zu halten; doch im November 1943 wurde die Krim durch die Sowjets von der deutschen Kontrolle abgeschnitten. Heinrich Böll kannte die Situation aus der Sicht eines Soldaten genau, denn er wurde mitten aus seinem Studium heraus als Soldat unter anderem auch auf der Krim eingesetzt.

Die Handlung in Bölls Kurzgeschichte dreht sich darum, wie drei junge Soldaten im Zweiten Weltkrieg ihre Angst vor einem Fronteinsatz durch intensiven gemeinsamen Lebensgenuss überwinden.	2 Erschließung Basissatz
Die Erzählung weist eine linear aufgebaute Handlung auf, die sich innerhalb eines durch Örtlichkeiten festgelegten Rahmens abspielt. Er wird durch den Flugplatz gebildet, von wo aus die während des Zweiten Weltkriegs in Odessa stationierten Soldaten zu ihrem Einsatz auf die Halbinsel Krim fliegen sollen. Eingeleitet wird die Rahmenhandlung durch einen Sprung mitten ins Geschehen: Der Leser erfährt, dass der Flug der jungen Soldaten aufgrund des schlechten Wetters verzögert wird.	Inhalt und gedankliche Struktur zusammengenommen; dabei auch Bezüge zur Textsorte „Kurzgeschichte"
Thema des zweiten Erzählabschnittes, der zur Haupthandlung überleitet, ist das Warten der Soldaten in der Kaserne von Odessa, aus der es für sie scheinbar kein Entrinnen gibt.	Klare Benennung der Sinnabschnitte
Am dritten Tag spielt das zentrale Ereignis, der verbotene Ausflug der drei Soldaten in die Stadt. Nach einem Marsch durch die dunkle und unheimlich wirkende Vorstadt von Odessa stoßen die Männer auf ein Wirtshaus, wo die Kernhandlung der Kurzgeschichte spielt. Nach anfänglichem Zögern wird der Aufenthalt zu einer Fress- und Sauforgie, während derer die Soldaten ihre Angst vor dem drohenden Kriegseinsatz für wenige Stunden verdrängen. Hier erfährt das Geschehen seinen Höhe- und zugleich Wendepunkt.	
Der letzte Sinnabschnitt der Erzählung führt in rascher, umgekehrter Ortsfolge zurück zur Rahmenhandlung, bis hin zum Einstieg der Soldaten in die startklaren Flugzeuge.	Hinweis auf spiegelbildliche Anordnung der Örtlichkeiten
Aufgrund des offenen Schlusses erfährt der Leser nichts Konkretes über das weitere Schicksal	

der Soldaten – angedeutet wird jedoch, dass sie von ihrem Einsatz nicht zurückkehren.

Bölls Kurzgeschichte ist in der Ich-Form verfasst. Weil das Ich aber hinter ein Wir zurücktritt, wird das Gefühl der Kameradschaft, welches das Verhältnis der Soldaten zueinander prägt, deutlich. Zudem unterstreicht diese Erzählform, dass es nicht in erster Linie um individuelle Schicksale geht.

Erläuterung eines Spezialfalls der Ich-Erzählung mit Begründung

Erzählverhalten mit bewusst gewählten Belegen, die die Entwicklung des Ich-Erzählers zeigen

Das Erzählverhalten ist personal aus der Sicht des jugendlichen Erzählers. So erhält der Leser etwa in folgendem Textausschnitt einen Einblick in die Perspektive des Ichs, die von Verzweiflung über den Aufenthalt in der schmutzigen Kaserne geprägt ist: „*Wir hatten ja nichts gewollt als aus den großen, schwarzen, schmutzigen Mauern heraus, und nun, als wir draußen waren, wären wir fast lieber wieder drinnen gewesen.*" (*Z. 26ff.*)
Am Ende der Kurzgeschichte wird wiederum aus der Perspektive des Ich-Erzählers deutlich, wie sich sein Gemütszustand geändert hat; so beschreibt er das Wetter vor dem Abflug auf die Krim als „*herrlich klar*". (*Z. 165*)
Das Geschehen erstreckt sich über mehrere Tage hinweg, sodass insgesamt die Erzählzeit länger ist als die erzählte Zeit. Während jedoch die Ereignisse bis zum Ausflug der Soldaten in die Stadt sehr gerafft dargestellt werden, beginnt mit dem dritten Sinnabschnitt eine Zeitdehnung, die während der gesamten zentralen Handlung durchgehalten und durch Rückblenden unterbrochen wird, wenn sich beispielsweise der Ich-Erzähler an die Zugfahrt nach Odessa zurückerinnert. Durch eine stärkere Annäherung der erzählten Zeit an die Erzählzeit wirkt das Geschehen unmittelbarer auf den Leser. In den letzten beiden Sinnabschnitten lässt sich wieder eine Zeitraffung beobachten.

Genau begründete Darstellung des Verhältnisses von Erzählzeit zu erzählter Zeit, orientiert an den Sinnabschnitten

Die Aussage der Kurzgeschichte wird durch verschiedene sprachliche Mittel unterstrichen.

Überleitung zur Analyse der sprachlichen Gestaltung

Auffällig ist die Einfachheit des Satzbaus und der Wortwahl. Es liegen viele Parataxen vor, wobei die Hauptsätze wiederholt polysyndetisch durch die Konjunktion „und" verbunden werden: *„... und wir hörten Stimmen, hell und fremd, beängstigend und kreischend. Und dann kam [...] ein ganz helles Fenster [...] und wir hörten Soldatenstimmen."* (Z. 64–66)
Bei der Wortwahl fällt ins Auge, dass etliche Ausdrücke, wie „auszukneifen", „plattgeschlagen" oder das wiederholt gebrauchte Verb „verscheuern" der Umgangssprache angehören. Diese Sprachebene wird bewusst eingesetzt, um die Alltäglichkeit der dargestellten Situation im Krieg zu veranschaulichen: Ebenso wie die Figuren und ihre Gefühle dem Alltag entnommen sind, ist es auch ihre Sprache.

Klare Benennung der Funktion der Umgangssprache; Bezug zur Gattung „Kurzgeschichte"

Zudem werden auffallend viele Begriffe verwendet, die Sinneswahrnehmungen wiedergeben, um die Gefühlslage der handelnden Figuren zu verdeutlichen. Optische, einander inhaltlich entgegengesetzte Eindrücke sind zum Beispiel das Dunkel in den Straßen von Odessa und das helle Fenster der Kneipe, die zugleich die Gegensätze Bedrohung und Geborgenheit symbolisieren, stellt das Wirtshaus doch für die Soldaten eine Art rettende Insel in ihrer bedrohlichen Situation dar. Beispiele für akustische Eindrücke sind der Lärm und der Gesang der Soldaten. Der Tastsinn wird durch die stechenden Holzfasern der Uniformen sowie durch die juckenden Hemden angesprochen. Der Geruch kommt in den nach Knoblauch riechenden Würsten zum Ausdruck und auf den Geschmackssinn wird durch die Beschreibung der verzehrten Speisen und Getränke zurückgegriffen. Insgesamt wird

Konzentration auf wirklich zentrale Beobachtungen statt beliebige Aufzählung vieler Phänomene

hier der Eindruck der reinsten Fress- und Sauforgie vermittelt, die wie eine Henkersmahlzeit wirkt. Unterstrichen wird dies weiterhin durch Alliterationen: *„Das Fleisch war frisch und fett“ (Z. 146), die Rekruten trinken „dickes, dunkles Bier“ (Z. 150) und ihnen wird „warm und wohl“ (Z. 153).*

Zusammenfassende Schlussfolgerung

Darüber hinaus verstärken etliche Wortwiederholungen die jeweilige Stimmungslage. So ist gleich zu Beginn des Textes mehrfach von der schmutzigen Kaserne die Rede. Ebenso wird auch durch die Repetitio der Adjektive dunkel und schwarz die bedrückende, angsterfüllte Stimmung hervorgehoben, in der sich die jungen Männer befinden. Auch ganze Sätze werden wiederholt, wodurch die eingangs beschriebene Rahmenstruktur der Erzählung zum Ausdruck kommt. Als Beispiel lässt sich hier auf folgenden Satz verweisen, der in der Wiederholung nur eine leichte Umstellung erfährt: *„... in Odessa war es sehr kalt“ (Z. 1); „... und es war kalt in Odessa“ (Z. 164f.).*

Wiederholungen als Stilmittel

Darüber hinaus werden auch Sprachbilder verwendet, die einen symbolischen Wert besitzen: Die Gegenstände, die die Rekruten verkaufen, um ihren Exzess zu finanzieren, sind ihrem Alltag entnommen: eine Uhr, ein Füllfederhalter und ein Portemonnaie. Sie stehen daher für das Leben der Soldaten vor dem Krieg; weil nun ihr Leben bedroht ist, trennen sie sich symbolisch von diesen Alltagsgegenständen und sagen sich in dieser extremen Situation vom Alltagsleben los.

Herausgreifen zentraler Sprachbilder

Begründete Schlussfolgerung

Die drei Hauptfiguren der Kurzgeschichte – Kurt, Erich und der namentlich nicht genannte Ich-Erzähler – verbindet außer ihrem jugendlichen Alter seit ihrer vierzehntägigen Zugfahrt nach Odessa die Angst vor dem Fronteinsatz und eine enge Kameradschaft, was sich in einem

Deutungsschwerpunkt; getrennte Behandlung nach Hauptpersonen und Nebenfiguren gescheiterten Fluchtversuch aus der Kaserne von Odessa zeigt, für den sie Strafdienst leisten müssen. Dies schreckt sie jedoch nicht davor ab, sich aus Verzweiflung über ihre Situation erneut über das Ausgehverbot hinwegzusetzen, ganz im Gegenteil – das abstoßende Kasernenleben und eine paradoxe Mischung aus Furcht und Hoffnung, *„am anderen Morgen könnte gutes Flugwetter sein und sie würden uns auf die Krim hinüberfliegen, wo wir sterben sollten"* (Z. 33–35), treibt sie in das gemeinsame Vergnügen in der Kneipe. Hier erleben sie ihr Gemeinschaftsgefühl, indem sie durch den Konsum von Fleisch und Schnaps allmählich ihre „innere Kälte", ihre Verzweiflung, verdrängen: *„Wir hatten immer noch Angst, aber es war uns nicht mehr kalt."* (Z. 100f.) Schließlich verschleudern sie auf den Rat eines Obergefreiten hin ihr letztes Hab und Gut, um sich noch mehr Essen und Alkohol zu gönnen. Der Erlös kommt unabhängig vom Wert des Gegenstandes allen dreien zugute, wodurch das Gefühl der Zusammengehörigkeit seinen Höhepunkt erreicht. Dadurch gestärkt, können ihnen die angedrohte Strafe sowie der Abflug an die Front nach ihrer Rückkehr in die Kaserne nichts mehr anhaben: *„Aber in der Nacht schliefen wir sehr gut."* (Z. 162). Dies steht in deutlichem Kontrast zu ihrer angsterfüllten Schlaflosigkeit vor ihrem gemeinsamen Erlebnis.

Belege der Aussagen durch direkte Zitate, die korrekt mit der eigenen Darstellung verknüpft sind

Wichtige Nebenfiguren sind der Zahlmeister und der Obergefreite. Während der Zahlmeister, der einen *„wunderbaren Pelzmantel [trägt], der für die so genannte Front bestimmt war"* (Z. 16f.), als bestechlich und unmenschlich dargestellt wird, tritt der Obergefreite, auf den die Soldaten in der Kneipe treffen, als gegensätzliche Figur auf. Als er von den jungen Männern erfährt, dass sie für einen Einsatz auf der Krim vorgesehen

Kennzeichnung eigener Einfügungen im direkten Zitat

sind, macht er ein *„ernstes Gesicht“* (Z. 125) und ermutigt sie, alles zu verkaufen – im Hinblick auf ihre zweifelhafte Wiederkehr auch zu einem viel zu geringen Preis, wie der Ich-Erzähler den Obergefreiten zitiert, *„denn wenn wir am nächsten Tag vielleicht auf die Krim flögen, wäre ja alles egal.“* (Z. 138f.)

Sämtliche Figuren – auch die hier nicht näher betrachtete Wirtin oder die Zahlmeister in der Kaserne – sind Durchschnittstypen. Man kann sich vorstellen, dass man sie an beliebigen Orten in vergleichbaren Situationen während des Zweiten Weltkrieges hätte treffen können. Diese Art der Figurengestaltung tritt in der Gattung der Kurzgeschichte häufig auf.

Folgerung aus der Charakteristik und Querbezug zu Gattungsmerkmalen der Kurzgeschichte

Bölls Kurzgeschichte verdeutlicht, wie radikal sich das Leben junger Menschen im Krieg ändert, indem sie – zum Teil von der Schulbank weg – kriegsverpflichtet werden. Dabei bedrückt sie die tödliche Bedrohung eines Einsatzes ohne sichere Wiederkehr.

3 Zusammenfassende Interpretation im Schluss auf allgemeinerer Ebene

Dieser angstbesetzten Situation können sie – wenn auch nur psychisch, nicht in der Realität – einzig und allein durch Gemeinschaft und Freundschaft entfliehen, und nicht durch ein heroisch überzeichnetes Fronterleben. Hierbei standen sicherlich Bölls eigene Fronterfahrungen Pate.

Rückbezug zur Einleitung

Gedicht: Das Blümlein Vergissmeinnicht (Barthold Hinrich Brockes)

Aufgabe

Aufgabenstellung
Erschließen Sie das Gedicht „Das Blümlein Vergissmeinnicht" von Barthold Hinrich Brockes! Weisen Sie nach, dass es sich um ein Werk der Frühaufklärung handelt!

Das Blümlein Vergissmeinnicht

Lesetext

An einem wallenden, kristallengleichen Bach,
Der allgemach
Die glatte Flut durch tausend Blumen lenkte
Und schlanke Binsen, Klee und Gras
Mit silberreinen Tropfen tränkte,
Saß ich an einem kleinen Hügel,
Bewunderte bald in der blauen Flut
Des Luftsaphirs saphirnen Spiegel,
Bald den smaragdnen Rahm des Grases, dessen Grün
Der güldne Sonnenstrahl beschien,
Und fand von Kräutern, Gras und Klee
In so viel tausend schönen Blättern
Aus dieses Weltbuchs A B C
So viel, so schön gemalt, so rein gezogne Lettern,
Dass ich, dadurch gerührt, den Inhalt dieser Schrift
Begierig wünschte zu verstehn.
Ich konnt es überhaupt auch alsbald sehn

Und, dass er von des großen Schöpfers Wesen
Ganz deutlich handelte, ganz deutlich lesen.
Ein jedes Gräschen war mit Linien geziert,
Ein jedes Blatt war voll geschrieben;
Denn jedes Äderchen, durchs Licht illuminiert,
Stellt einen Buchstab vor. Allein,
Was eigentlich die Worte sein,
Blieb mir noch unbekannt,
Bis der Vergissmeinnicht fast himmelblauer Schein,
Der in dem holden Grünen strahlte
Und in dem Mittelpunkt viel güldne Striche malte,
Mir einen klaren Unterricht
Von dreien Worten gab, indem mich ihre Pracht
Auf die Gedanken bracht:
Da Gott in allem, was wir sehen,
Uns sein Allgegenwart und wie er alles liebet
So wunderbarlich zu verstehen,
So deutlich zu erkennen gibet;
So deucht mich, hör ich durchs Gesicht,
Dass in dem saubern Blümchen hier
Sowohl zu dir als mir
Der Schöpfer der Vergissmeinnicht selbst spricht:
Vergiss mein nicht!

Das Blümlein Vergissmeinnicht

Gliederung

A. Barthold Hinrich Brockes – ein Dichter in der Übergangsphase von Spätbarock zu Frühaufklärung	Literaturhistorischer Bezug; Bogen zum Schluss
B. Erschließung des Gedichtes „Das Blümlein Vergissmeinnicht“ von Barthold Hinrich Brockes	
I. Inhalt und Aufbau: Gliederung in Sinnabschnitte nach einem schrittweise durchgeführten Erkenntnisprozess:	Integrierte Behandlung von Inhalt und gedanklicher Struktur
1. Oberflächliche Naturbeobachtung (V. 1 – 10)	Genauer Überblick über Sinnabschnitte durch Versangaben

2. Erkennen einer verschlüsselten Botschaft und Wunsch nach Verstehen (V. 11–16)
3. Detailgenaue Analyse der Naturerscheinungen (V. 17–25)
4. Vergissmeinnicht-Pflanze als Übermittlerin der göttlichen Botschaft (V. 26–40)

II. Formanalyse — Analyse der Gedichtform

1. Gedichtform: 40 Verse ohne Strophengliederung
2. Prosanahe Textstruktur aufgrund des jambischen Metrums und der unterschiedlichen Verslänge
3. Untersuchung der Reimstruktur
   a) Kein einheitliches Reimschema
   b) Reimgleichheit der Verse 29/36/39/40: Schlussfolgerung des Ichs hinsichtlich der göttlichen Botschaft — mit Herausgreifen einer Besonderheit

III. Sprachliche Analyse — Sprache als Ausdruck des Inhalts, keine isolierte Betrachtung sprachlicher Phänomene

1. Hypotaktischer Satzbau
   a) Enjambements: Unterstützung der prosanahen Textstruktur
   b) Relativsatz (V. 2–5): genauere Beschreibung der idyllischen Naturerscheinungen
   c) Konsekutivsatz (V. 15 f.): Schlussfolgerungen aus der Naturbeobachtung
   d) Kausalsatz (V. 32–35): begründende Hinführung zur zentralen Erkenntnis
2. Wortwahl
   a) Bedeutungsbereich „Edelmetalle bzw. -steine“: hoher Wert der Naturerscheinungen

b) Bedeutungsbereich „Licht“: Förderung des Erkennens
c) Bedeutungsbereich „Erkenntnis“: rationalistische Herangehensweise
d) Bedeutungsbereich „Schrift“: sinntragende Natur

3. Stilmittel

Konzentration auf wichtigste Stilmittel zur Unterstützung der inhaltlichen Analyse

a) Allegorie (V. 13) für die bedeutungstragende Natur, Analogon zur Bibel
b) Paronomasie (V. 39/40): Wortspiel mit der zentralen Gottesbotschaft „Vergiss mein nicht“
c) Anapher (V. 34–36): schrittweise Steigerung zur zentralen Aussage
d) Metaphorik (V. 8, 9) zur Unterstützung des Kontrastes himmlische – irdische Sphäre

IV. Zusammenfassende Deutung des Lehrgedichtes

C. Literaturgeschichtliche Zuordnung: Frühaufklärung

Texterschließung: Das Blümlein Vergissmeinnicht

Musteraufsatz

A. Einleitung mit literaturgeschichtlichen Hinweisen

Der Hamburger Kaufmannssohn Barthold Hinrich Brockes, geboren 1680 und gestorben 1747, lebte und schrieb in einer geistesgeschichtlichen Übergangsphase zwischen Barock und Aufklärung. Dies spiegelt sich auch in seinem Werk wider.

Überleitung mit Formulierung des Themas

Als ein Beispiel wird im Folgenden sein Gedicht „Das Blümlein Vergissmeinnicht“ aus dem Jahr 1727 erschlossen und interpretiert.

Im Mittelpunkt des Textes steht ein lyrisches Ich, das sich anhand seiner genauen Naturbeobachtung die göttliche Botschaft „Vergiss mein nicht" erschließt.

B. Erschließung
Basissatz

Zunächst gibt das Ich von seinem Blickpunkt aus, einem Hügel, seine Naturbeobachtungen in einer idyllischen Graslandschaft wieder, durch die sich ein Bach windet *(V. 1–10)*. Angeregt durch diese Beobachtungen erkennt das Ich, dass die Naturphänomene ähnlich wie ein Text eine Botschaft enthalten, die es gerne verstehen möchte *(V. 11–16)*. Der Verwirklichung dieses Wunsches gilt sein Bemühen in den Versen 17 bis 25: Durch die detailgenaue Betrachtung und Analyse der Naturerscheinungen erkennt es, dass sie eine göttliche Botschaft enthalten, ohne jedoch zunächst zu verstehen, worin diese besteht. Erst der Anblick einer speziellen Pflanze, des Vergissmeinnichts, ermöglicht dem Ich das Lesen und Verstehen des göttlichen Auftrages, man solle den Schöpfer nicht vergessen *(V. 26–40)*.

Darstellung der Sinnabschnitte mit integrierter Inhaltsangabe

Es lässt sich also erkennen, dass dem gedanklichen Aufbau des Gedichtes ein schrittweise durchgeführter Erkenntnisprozess zugrunde liegt, der von einem eher oberflächlichen Betrachten über das genauere Analysieren schließlich zu der genannten Schlussfolgerung führt.

Grundlage der gedanklichen Struktur

Den Sinnabschnitten entspricht formal gesehen keine Strophengliederung, handelt es sich doch um eine bloße Aneinanderreihung von 40 Versen. Durch das einheitliche jambische Versmaß ergibt sich insgesamt eine prosanahe Textstruktur. Unterstützt wird dieser Eindruck durch die sehr unterschiedliche Verslänge, die von vier Silben *(V. 2)* bis hin zu zwölf Silben *(z. B. V. 9)* variiert. Auch hinsichtlich der Reime lässt sich kein einheitliches Schema feststel-

Formanalyse

len; so treten neben Paarreimen *(V. 1/2, V. 9/10, V. 16/17, V. 18/19, V. 30/31, V. 27/28, V. 37/38 und V. 39/40)* ein einzelner umarmender Reim *(V. 36–39)* sowie zwei Kreuzreime *(V. 11–14, V. 32–35)* auf. Auffällig ist die Tatsache, dass mit den Versen 4, 7, 15, 21 und 25 fünf Waisen vorhanden sind. Die häufigste Reimsilbe lautet „-icht" in den Reimwörtern *„Unterricht"*, *„Gesicht"*, *„spricht"* und *„Vergissmeinnicht"* *(vgl. V. 29/36/39/40)*. Betrachtet man die zugehörigen Verse als ganze, so lässt sich feststellen, dass sie den letzten zentralen Gedankengang des Ichs enthalten, das schließlich zur Lehre „Vergiss mein nicht" führt: Erst das Vergissmeinnicht unterrichtet *(vgl. V. 29)* den Betrach ter durch seinen Anblick *(„Gesicht", vgl. V. 36)* von der göttlichen Botschaft so deutlich, dass *„der Schöpfer der Vergissmeinnicht selbst spricht"* *(V. 39)*, das heißt, dass das Ich diese Nachricht sogar zu hören glaubt.

Kein beliebiges, sondern bewusstes Herausgreifen von Beispielreimen hinsichtlich ihrer inhaltlichen Funktion

Die genannte prosaähnliche Textstruktur wird auch in sprachlicher Hinsicht durch einen vorwiegend hypotaktischen Satzbau unterstützt, durch den sich im gesamten Gedicht Enjambements ergeben. So handelt es sich bei den Versen 1–16 um ein einziges Satzgefüge. Die Absicht, als zentrale Lehre die göttliche Botschaft „Vergiss mein nicht!" zu vermitteln, prägt die argumentative Grundstruktur des Textes, die sich deutlich in der Art der verwendeten Nebensätze zeigt.

Inhaltlicher Bezugspunkt zum vorangehenden Aspekt

Klare Funktionsbeschreibung mit Hinweis auf die enthaltene Lehre

Relativsätze wie in den Versen 2–5 beschreiben die idyllischen Naturerscheinungen genauer, deren detailgetreue Beobachtung ja erst die Voraussetzung für den sich allmählich vollziehenden Erkenntnisprozess des Ichs darstellt. Schlussfolgerungen aus den Beobachtungen werden in Form eines Konsekutivsatzes gezo-

Analyse verschiedener Nebensatzarten

gen, so die zentrale Grundlage für den weiteren Gedankengang: *„Und fand [...] / In so viel tausend schönen Blättern / [...] So viel, so schön gemalt, so rein gezogne Lettern, / Dass ich [...] den Inhalt dieser Schrift [...] begierig wünschte zu verstehn.“ (V. 11–16)*. Mit Hilfe eines durch einen Kausalsatz eingeleiteten Satzgefüges schließlich führt der letzte Sinnabschnitt des Gedichtes begründend zur zentralen Botschaft: *„Da Gott in allem [...] / Uns sein Allgegenwart so deutlich zu verstehen / [...] gibet; / So deucht mich, [...]/ Dass [...] / Der Schöpfer [...] selbst spricht: / Vergiss mein nicht!“ (V. 32–40)*.

Herausgreifen zentraler Bedeutungsbereiche, Gruppierung zu übergeordneten Begriffen

Hinsichtlich der Wortwahl fallen einige zentrale Bedeutungsbereiche ins Auge. So finden sich im ersten Sinnabschnitt des Gedichtes, wo die Naturbeobachtungen des Ichs geschildert werden, zahlreiche Adjektive aus dem Wortfeld „Edelmetalle und -steine“: Bereits im ersten Vers ist von einem *„kristallengleichen Bach“* die Rede, der seine Umgebung mit *„silberreinen Tropfen“* tränkt *(V. 5)*. Der Himmel wird mit einem Saphir verglichen *(vgl. V. 8)*, ebenso wie das Gras mit einem Smaragd *(vgl. V. 9)*, der durch den *„güldne[n] Sonnenstrahl“ (V. 10)* zum Leuchten gebracht wird. Mit Hilfe dieser Vergleiche soll der hohe Wert der Naturerscheinungen an sich zum Ausdruck gebracht werden, der auf den ersten Blick kaum noch übertroffen werden kann.
In engem Zusammenhang mit den genannten Beispielen steht die Wortwahl aus dem Sinnbereich „Licht“, spielt doch der *„Sonnenstrahl“ (V. 10)* bei der Darstellung der Naturphänomene eine entscheidende Rolle. Dadurch, dass *„jedes Äderchen [der Blätter] durchs Licht illuminiert“ (V. 22)*, also durchleuchtet wird, sieht sich das Ich überhaupt erst in die Lage versetzt, die göttliche Botschaft in der Natur zu erkennen.

Hieran lässt sich eine weitere enge Verknüpfung der Bedeutungsbereiche in Brockes Gedicht feststellen, denn auch der Sinnbezirk „Erkenntnis" wird mit Hilfe verschiedener Ausdrücke umkreist. Nur mit Hilfe seines Verstandes, seiner „ratio", kann das Ich die göttliche Botschaft herleiten und begreifen – eine Beobachtung, die Brockes im Übrigen als typischen „Aufklärer" entlarvt: Am Anfang des Erkenntnisprozesses steht der dringende Wunsch, die Zeichen der Natur *„zu verstehn" (V. 16)*. In dessen Verlauf wird das Ich *„[a]uf die Gedanken [ge]bracht" (V. 31)*, dass man die Allgegenwart Gottes in der Natur *„verstehen" (V. 34)* und *„erkennen" (V. 35)* könne.

Querbezug zur Literaturgeschichte

Eigentlicher Ausgangspunkt für den dargestellten Erkenntnisprozess ist die Entdeckung des Ichs, dass sich in den Naturerscheinungen eine Art Schrift findet, die ebenfalls einen wichtigen Bedeutungsbereich in der Wortwahl markiert. So ist die Rede von einem *„ABC" (V. 13)* und von *„Lettern" (V. 14)*, also Buchstaben, aus denen sich eine ganze, sinntragende *„Schrift" (V. 15)* zusammensetzt. Um ihren Sinn zu entschlüsseln, bemüht das Ich sich darum, die „voll geschrieben[en]" Blätter zu *„lesen" (V. 19)* – zunächst erfolglos, bis es quasi Beistand durch den Namen des Vergissmeinnichts erhält.

Das *„Weltbuch" (V. 13)*, in dem sich das Ich zu lesen bemüht, stellt eine Allegorie für die bedeutungstragende Natur und zugleich einen Schlüssel für das Verständnis von Brockes Gedicht dar. Als Pendant zum „Buch der Bücher", also der Bibel, vermag die Natur auch Analphabeten eine göttliche Botschaft zu verkünden. Die Beobachtung der Natur und das Erkennen ihrer Botschaft werden somit selbst zum Gottesdienst.

Sehr weit reichende Analyse der wichtigsten Stilmittel mit interpretierenden Passagen

Die als Aufforderung geäußerte Erkenntnis *„Vergiss mein nicht" (Z. 42)* wird in Form einer die Aussage intensivierenden Paronomasie vorgebracht,

Verknüpfung wichtiger sprachlicher Mittel

die zugleich als letzte Stufe einer Klimax in den letzten beiden Gedichtversen formuliert wird. Ist mit „*Vergissmeinnicht*" in Vers 39 noch die Pflanze gemeint, so bedeutet die gleich lautende Formulierung in Vers 40 den Befehl, man solle Gott nicht vergessen, also seiner gedenken.

unter übergeordnetem inhaltlichem Aspekt

Die Dringlichkeit dieses Anliegens, auf das die Gedichtaussage hinausläuft, wird durch eine dreifache Anapher im letzten Sinnabschnitt des Textes verstärkt (vgl. V. 34–36).

Als wichtiges sprachliches Mittel darf auch die Metaphorik des Gedichtes nicht außer Acht gelassen werden. Mit dem „Luftsaphir" (V. 8) ist der Himmel gemeint, der sich „*in der blauen Flut*" *(V. 7)* des Baches spiegelt, und mit dem – als der gedachten Sphäre des Schöpfergottes – das Vergissmeinnicht als Botschafter Gottes nicht zufällig die Farbe Blau teilt. Die sich selbst erklärende Genitivmetapher „*Rahm des Grases*" *(V. 9)* führt im Kontrast dazu die irdische Farbe Grün vor Augen. Besondere Bedeutung gewinnt dieser Gegensatz mit Blick auf das gesamte Gedicht: Die Natur, die, wie im Zusammenhang mit dem Bedeutungsbereich „Edelsteine bzw. -metalle" ausgeführt, an sich schon unendlich wertvoll erscheint, gewinnt ihren wahren Wert erst durch ihre Funktion als Vermittlerin der göttlichen Botschaft.

Zusammenfassung der Metaphern

Mit Hilfe eines logisch durchstrukturierten Gedankengangs wird dem Leser die Erkenntnis zu vermitteln versucht, dass man Gott nicht vergessen dürfe, weil er sämtliche Naturschönheiten geschaffen habe. Hierbei wird die Natur als eine Art Buch gesehen, in dem man nur lesen müsse, um die göttliche Botschaft zu verstehen. Das „Buch der Natur" wird so als die jedem zugängliche Offenbarung Gottes neben derjenigen in der Bibel gesehen. Das Gedicht versteht

Zusammenfassende Deutung auf der Grundlage der bisherigen Ergebnisse bzw. Intention des Autors sich als eine Art „Leseanleitung". Weil der Leser auf diese Art und Weise von der Existenz Gottes und dessen Verehrungswürdigkeit überzeugt werden soll, ist Brockes Gedicht eindeutig der Gattung der Lehrgedichte zuzuordnen.

Einordnung in die Gattung der Lehrgedichte

Verrät dieses Ziel eine nahe Verwandtschaft zum Barock, so weisen Brockes doch seine optimistische Grundhaltung in der Darstellung der Naturschönheiten, seine quasi-wissenschaftliche Naturbeobachtung sowie der rationalistische Grundansatz, dass Erkenntnis nur über den Gebrauch des Verstandes möglich ist, als einen Vertreter der Frühaufklärung aus.

C. Brockes als „Grenzgänger" zwischen Barock und Aufklärung

5.3.2 Die Analyse eines Sachtextes

Bei der Analyse von Sachtexten kommt es wie bei der Erschließung poetischer Texte zunächst auf das Verstehen des Textes an. Die Verfahren sind deshalb ähnlich.
Bearbeitet werden sollen häufig meinungsbetonte Textsorten wie Leitartikel, Glossen oder umfassende Berichte und Reportagen zu Ereignissen, die auch geteilte Meinungen zulassen. Mit der Analyse des Sachtextes verbindet sich in der Regel ein Erörterungsauftrag oder die Bitte, zu einem Aspekt des Textes Stellung zu nehmen.

Info

1. Inhalt verstehen
Wie bei der Erschließung poetischer Texte ist es notwendig, zunächst den Inhalt klar zu erfassen. Die Verfahren sind im Grunde die gleichen.

2. Aufbau und Textart
Eine zweite wichtige Rolle spielt der grundsätzliche Aufbau des Sachtextes. Grundkenntnisse von Aufbauprinzipien des Zeitungsberichts, der Reportage, des Leitartikels oder des Essays können dabei hilfreich sein. Der gedankliche Aufbau hängt mit der Gedankenführung des Textes zusammen.

3. Sprache
Hinzu kommt als dritter Untersuchungspunkt die sprachliche Gestaltung, die stets mit der Frage verbunden ist, ob die Schreiber ihre Aussagen sprachlich angemessen vermitteln.

4. Beweisführung
Bei argumentativen Texten ist auch insbesondere die Beweisführung zu untersuchen.

5. Erörterungsauftrag
Die mit der Analyse verbundene Erörterung oder Stellungnahme nimmt die bekannten Prinzipien dieser Aufsatzformen in Kurzform auf und richtet sich nach der jeweiligen Fragestellung.

Essay: Durchs Wilde Digitalistan (F.A.Z.)

Lesetext

Text	Anmerkung
Durchs wilde Digitalistan	Packende Überschrift
Ja, mach' dir nur ein Bild: Die „Expo 2000" erweist sich als Mutter aller Materialschlachten und kommt fast ohne Worte aus.	Untertitel mit Wortspiel
Im Anfang war kein Wort: Dass die „Expo 2000" in Hannover in den vergangenen Jahren nie aus der Defensive herauskam, dass sich nie Vorfreude einstellen wollte auf die erste deutsche Weltausstellung, dass der Kartenvorverkauf bis zuletzt quälend harzig vonstatten ging, all diese Widrigkeiten hatten stets auch damit zu tun, dass sich die Expo nicht auf einen Begriff bringen lässt. Was denn eine Weltausstellung sei und warum man sie keinesfalls versäumen dürfe, vermochten Birgit Breuel und ihre Getreuen nicht bündig zu sagen. Kaum je kamen sie über Wortnebel hinaus, fabulierten von einer „Weltreise zu Fuß", einer „Denkolympiade", gar	Kritische Kommentierung der Vorbereitung der Weltausstellung durch Zitieren maßgeblicher Meinungsträger

von einem „Probelauf für den Ruck", der durch Deutschland gehen müsse.
Auch den professionellen Beobachtern und Zuspitzern aus den Medien, die in den vergangenen Wochen in Rudeln über das halbfertige Ausstellungsgelände getrieben wurden, um aller Welt von dem Kommenden zu berichten, verschlug es die Sprache. Die Expo sei eine Kreuzung aus Multiplex-Kino und Documenta, aus Rummelplatz und Volkshochschule, stammelten sie schockiert, beglückt, verwirrt. Auch den ersten zahlenden Gästen stand am Eröffnungstag ein kollektives Fragezeichen im Gesicht. Sie schlenderten mit gespannter Miene durch die eher trostlose Kistenstadt des Messegeländes und lauerten auf die erste Sensation. Sie müssen lange suchen. Und werden überall fündig.

Vertiefung des Unbehagens durch die ersten Eindrücke professioneller und normaler Messebesucher

Die Begriffslosigkeit der Expo verweist auf deren innersten Kern. Sie lässt sich nicht beschreiben, sondern nur schauen – kommet und sehet. Die Weltausstellung hat keine These, nur ein wolkiges Motto, den nichts sagenden Drei-

Widerspiegelung der unklaren Planung auch in der Konzeptlosigkeit der Exponate

klang „Mensch, Natur, Technik“. Sie hat auch kein Thema, sondern verbindet alles und jedes – standortsichernd, spaßig, biologisch abbaubar. Sie blendet nicht einmal den Krieg ganz aus. Selbstredend bleiben die heißen Konflikte dieser Tage unerwähnt. Aber immerhin tauchen gelegentlich Erinnerungen an den Golfkrieg auf, hört man Hitler aus dem Volksempfänger krächzen, sieht man Nazi-Opfer in Filmschnipseln.

Organisatorisch gliedert sich die Weltausstellung in vier „Säulen“: erstens die Pavillons der mehr als 170 teilnehmenden Nationen und Organisationen, deren Inhalt zwischen höherer Folklore und Propaganda changiert. Zweitens ist da der so genannte Themenpark, der Geniestreich der Hannoveraner Schau, in dem nicht nur spektakulär der Fortschritt gefeiert, sondern auch nach dessen Preis gefragt wird. Drittens die „Weltweiten Projekte“, ein bunter Strauß mehr oder weniger sinnreicher Vorhaben rund um die Erde, die im „Global House“ präsentiert werden, und schließlich das Kulturprogramm zwischen Dauer-Faust und Dauer-Disko.

Weitgehend sachliche Information über die Konzeption der Ausstellung

Die Weltausstellung spreche alle Sinne an, verkünden zwar die Exponauten, aber die übrigen vier Sinne verkümmern ein wenig neben dem Auge: Im Anfang war das Bild. Und später kamen Videomonitore, Rundum-Leinwände, Touch-Screens hinzu. Das Spektakel in Hannover, das auch Taubstumme und Analphabeten zu beglücken weiß, kommt fast ohne Worte aus. Die Exponauten haben sich an den Möglichkeiten der neuen Medien berauscht. Der rasende Ritt durchs wilde Digitalistan, all die interaktiven Taschenspielertricks und elektrifizierten Blödeleien haben etwas von multi-medialer Kraftmeierei.

Kritik an der einseitigen medialen Orientierung

Zumal im Themenpark haben die Szenographen und Kulissenschieber tatsächlich einige hinreißende Bildideen realisiert. In der Abteilung „Planet of Visions“ wächst dem Besucher ein üppig blühender Garten samt Einhorn von der Decke entgegen und spiegelt sich im Wasser eines Sees. Aber wer das Spiegelbild berührt, zerstört es, weil die Wasseroberfläche in Bewegung gerät. Eine zauberhafte, dreidimensionale Metapher für die Unerreichbarkeit des Gartens Eden.

Kritiker vergleichen die Expo mit einem „Potlatsch“. Danach käme sie einer etwas modernisierten Variante jenes archaischen Rituals gleich, bei dem zumal nordamerikanische Indianerstämme in wochenlangen, orgiastischen Festen ihre Nahrungsmittel, ihr Hab und Gut scheinbar sinnlos verschwenden, um in der Vernichtung den eigenen Reichtum zu feiern und die sozialen Hierarchien zu befestigen.

Vernichtende Endkritik mit Hilfe eines Vergleichs aus dem Indianerleben

Marcel Mauss bemerkte einmal zum „Potlatsch“, dass die Versammlung der Stämme, Familien und Nationen eine ungeheure Spannung erzeuge, aber: „Man verbrüdert sich und bleibt einander dennoch fremd.“

Heinrich Wefing

Aufgabenstellung:
Analysieren Sie den Text nach Inhalt, Sprache und Stilmitteln, Textsorte und Intention!
Nehmen Sie zu einem der Untersuchungsschwerpunkte Stellung: Welchen Sinn sollte nach Meinung des Autors eine Weltausstellung haben?
Setzen Sie sich mit seiner Position kritisch auseinander!

Aufgabe

Der Erörterungsauftrag, der sich bei einer Analyse eines nichtfiktionalen Textes anbietet, hängt von der zeitlichen Nähe des Textes ab, aber auch von der thematisches Vorbereitung im Unterricht.

Durchs wilde Digitalistan

Gliederung

A. Ziel und Konzept der Expo 2000

Einordnung des Ereignisses

B. Texterschließung eines nichtfiktionalen Textes

- I. Inhaltsangabe mit Basissatz
- II. Gedankenführung
- III. Sprachlich-stilistische Analyse
  - 1. Wortwahl
    - a) Nomen aus dem Bereich „Neue Medien“ und „Begriffslosigkeit“
    - b) Adjektive wie „verwirrt“ oder „schockiert“ als Ausdruck der Besucherreaktion
    - c) Verben aus dem visuellen und sprachlichen Bereich
  - 2. Stilmittel
    - a) Metapher
    - b) Alliteration
    - c) Ironie
- IV. Kritik des Verfassers am Konzept der Expo 2000

B. Analyse mit deutlichem Schwerpunkt im sprachlichen Bereich – rhetorisch-stilistische Mittel

C. Was eine Weltausstellung leisten sollte

C. Eigenständige, begründete Meinung

M
Muster-
aufsatz

Textanalyse: Durchs wilde Digitalistan

A. Ziel und Konzept der Expo 2000

Einleitung aus eigenem Hintergrundwissen

Unter dem Motto „Mensch, Natur und Technik – Eine neue Welt entsteht" fand im Jahr 2000 in Hannover die erste Weltausstellung in Deutschland statt. In seiner Bewerbung hatte Hannover das Ziel herausgestrichen, eine Weltausstellung neuen Typs zu schaffen. Es sollten dem Publikum Visionen für die Zukunft vorgestellt und Modelle für das Gleichgewicht zwischen Mensch, Natur und Technik präsentiert werden. Zur Finanzierung des Projektes wurde fleißig die Werbetrommel gerührt, um möglichst viele Besucher anzulocken, doch die Besucher blieben aufgrund überhöhter Eintrittspreise aus. Die Preispolitik der Expo-Gesellschaft geriet jedoch zunehmend in die Kritik der Öffentlichkeit und der Medien.

B. Texterschließung eines nichtfiktionalen Textes

I. Inhaltsangabe mit Basissatz

Textsorte

Autor

In seinem Essay „Durchs wilde Digistalistan" beschäftigt sich der Verfasser Heinrich Wefing mit den Unzulänglichkeiten und der Konzeptlosigkeit der Weltausstellung in Hannover.
Schon im Titel („Durchs wilde Digistalistan") greift der Verfasser das Konzept der Expo auf und fordert im Untertitel dazu auf, sich selbst ein Bild zu machen. Dass das Bild nicht positiv ausfällt, liegt nicht nur an den Widrigkeiten *(Z.11)*, mit denen die Expo 2000 zu kämpfen hat, sondern auch am Konzept und der *Begriffslosigkeit (Z. 36)* der Expo, hinter der sich nur ein nebulöses Motto *(„Mensch, Natur, Technik", Z. 41)* verbirgt. Entsprechend reagierten auch die Besucher der Ausstellung, die sich die Frage stellten, was die Expo sei.

Absicht

Wefing versucht eine Antwort auf die Frage zu geben, indem er versucht, die Expo strukturell und inhaltlich zu beschreiben. Er gliedert die

Weltausstellung in vier Säulen: die Pavillons der teilnehmenden Nationen und Organisationen, den Themenpark, die „Weltweiten Projekte“ und das Kulturprogramm *(Z. 50–63)*.
Kritisch bewertet der Verfasser, dass eine Konzentration auf die visuelle Wahrnehmung stattfindet und die Ausstellung entgegen der Ankündigung nicht alle Sinne anspreche. Auch der Vergleich der Expo mit dem „Potlatsch“, einem orgiastischem Verschwendungsfest der Indianer, am Ende des Essays unterstreicht seine Ansicht, dass die Expo nicht die Aufgabe erfüllt, die Menschen zusammenzuführen.

Abschließende Meinung des Autors

Die gedankliche Struktur des Essays lässt sich leicht nachvollziehen. Eingeleitet wird er mit einer treffenden Schlagzeile und einem angefügten Wortspiel, das bereits auf die kritische Einstellung des Verfassers zur Expo 2000 verweist. Kritisch kommentiert der Verfasser mittels Zitaten maßgeblicher Meinungsträger zunächst die Vorbereitungen zur Weltausstellung und belegt diese mit den Reaktionen der ersten Messebesucher, die nicht positiv zu werten sind, wie er im Anschluss anhand der Darstellung der Konzeptlosigkeit der Ausstellung zu verdeutlichen versucht. In seinem weiteren Gedankengang versucht Wefing, dem Leser die Struktur beziehungsweise das Konzept der Ausstellung mit Hilfe von Sachinformationen zu erläutern, greift aber im Anschluss daran mit seiner Kritik an der einseitigen medialen Orientierung ein weiteres Argument für die Fehlplanung der Ausstellung auf, um am Ende zu einem vernichtenden Urteil über die Weltausstellung zu gelangen.
Damit greift der Verfasser unbefangen eine gedankliche Struktur auf, die dem Essay entspricht. Klar entwickelt er seine gedanklichen

II. Gedankliche Struktur

Wortspiel zur Einleitung gibt bereits Hinweis auf Endmeinung

Gedankengang folgt der Chronologie: Vorbereitung der Expo und Reaktionen der Besucher

Geplantes Konzept – tatsächliche Wirkung

Urteil

Überlegungen vor den Augen des Lesers. Dabei zeichnet sich der Essay durch stilistische Ausgefeiltheit, durch seine klare Verständlichkeit und seinen nicht zu unterschätzenden Witz aus, wie im Folgenden noch aufgezeigt werden wird.

III. Sprachlich-stilistische Analyse
1. Wortwahl
a) Nomen aus dem Bereich „Neue Medien" und „Begriffslosigkeit"

Die Intention des Verfassers wird durch die sprachliche Gestaltung verstärkt. Bereits die Wortwahl verweist auf den Themenschwerpunkt „Neue Medien" der Expo (*„Videomonitore", „Leinwände", „Touch-Screens", „Multiplex-Kino", Z. 69/69/70/27*) und deren mangelnden Fassbarkeit (*„Begriffslosigkeit", „ohne Worte", „Fragezeichen" Z. 36/72/31*). Dies drückt sich auch in zahlreichen Verben (*„fabulieren", „Sprache verschlagen", „nicht beschreiben," Z. 17/26/37*) und Adjektiven (*„schockiert, beglückt, verwirrt", „sinnlos", Z. 29/29/29/96*) aus. Auffällig ist die Verwendung von Verben aus dem visuellen Bereich (*„schauen" und „sehen", Z. 38 und 39*), die bewusst den Verben des Sprechens beziehungsweise „Nicht-Sprechens" gegenübergestellt werden und damit die Bilderflut der Ausstellung zum Ausdruck bringen.

b) Adjektive wie „verwirrt" oder „schockiert" als Ausdruck der Reaktion der Besucher

c) Verben aus dem visuellen und sprachlichen Bereich

2. Stilmittel
a) Metapher
b) Alliteration
c) Ironie

Dies unterstreicht der Verfasser zusätzlich mit den Metaphern *„Wortnebel" (Z. 17)*, *„wolkiges Motto" (Z. 40)* und *„bunter Strauß" (Z. 59)* sowie der Alliteration *„der rasende Ritt" (Z. 75)*. Neben der begrifflichen „Nicht-Fassbarkeit" wird der Bilderrausch, in den die Besucher gezogen werden, thematisiert, wobei der bildliche Vergleich der Expo mit der *„Mutter aller Materialschlachten"(Z. 2)* in Anspielung auf den Golfkrieg seine Kritik am Konzept der Weltausstellung klar unterstreicht. Betont wird diese Kritik durch seine ironischen Anspielungen auf die Bibel. Bereits im ersten Satz *„Im Anfang war kein Wort" (Z. 5)* wird das Zitat aus Genesis

„Im Anfang war das Wort" in das Gegenteil verkehrt. Gesteigert wird dies durch die Aussage *„Im Anfang war das Bild"* (Z. 68). Auch der Untertitel (*„Ja, mach dir nur ein Bild"*, Z. 1) verweist ironisch auf das zweite Gebot, womit Wefing die Expo 2000, die als *„Probelauf für den Ruck, der durch Deutschland gehen müsse"*(Z. 19f.) gepriesen wurde, heftig kritisiert.

IV. Kritik des Verfassers an der Expo 2000

Mitreißend und überzeugend legt Heinrich Wefing in seinem Essay seine Kritik an der Konzeption der Weltausstellung in Hannover dar. Geschickt gelingt es ihm mit verschiedenen Wortspielen und seinem ironischen Unterton den Leser auf seine Seite zu ziehen.

C. Was eine Weltausstellung leisten sollte

Meiner Meinung nach ist die Kritik des Verfassers berechtigt. An der Expo waren 155 verschiedene Nationen und damit über die Hälfte der Länder der Welt beteiligt. Durch die einseitige mediale und zum Teil oberflächliche Gestaltung der Ausstellung haben die Veranstalter nicht dazu beitragen können, dass die Welt wirklich näher zusammenrückt, obwohl Birgit Breuel dies ständig als Ziel der Ausstellung betont hat. Nur oberflächlich blieben die Eindrücke bei den Besuchern haften. Ein Ergebnis, das dem Aufwand und den Möglichkeiten, die eine Weltausstellung bietet, in keinster Weise entspricht. Darauf verweist auch der Verfasser am Ende seines Artikels mit seinem Zitat: *„Man verbrüdert sich und bleibt einander dennoch fremd"*(Z. 104f.).

5.4 Die literarische Charakteristik

Die literarische Charakteristik ist eine Sonderform der Texterschließung. Sie bezieht sich nicht auf die Erschließung eines literarischen Werkes allgemein, sondern auf die **Erschließung einer literarischen Gestalt**, die in einer längeren Erzählung, einem Drama oder einem Roman eine Rolle spielt. Ein wenig hat sie mit der Personenbeschreibung zu tun, die du in der Unterstufe kennengelernt hast. Zumindest spielen vergleichbare Gesichtspunkte eine Rolle, wie das Aussehen, die Kleidung, die typischen Bewegungen. Hinzu kommen aber ausführliche Erklärungen zur Denkweise, typische Handlungen in unterschiedlichen Situationen bis hin zur Charakterentwicklung und die zentrale Frage, welche Funktion die Figur innerhalb des literarischen Werkes überhaupt hat beziehungsweise welche Botschaft der Dichter uns durch diese Figur vermitteln möchte.

Erste Voraussetzung für eine gute Charakteristik ist die überaus sorgfältige Lektüre des betreffenden literarischen Werkes. Du solltest es nicht nur gelesen, sondern bereits auch ausführlich unter literaturhistorischen, interpretatorischen und formalen Aspekten besprochen haben.
Streiche dir dann als Vorbereitung der Schulaufgabe folgende Beobachtungsfelder, möglichst auch mit unterschiedlichen Farben, im Text an oder schreibe sie mit genauer Zeilen- und Seitenangabe heraus!

Kennzeichen einer literarischen Figur:

- Äußere Erscheinung und körperliche Merkmale
- Ausdrucksmerkmale (Stimme, Gestik, Mimik, Haltung, Gang)
- Sprache (Sprachebene, Wortwahl, Satzbau, Redensarten)
- Einstellungen, Haltungen, Ideale, Vorbilder
- Umweltbezüge (Herkunft, Milieu, Gesellschaftsschicht oder Stand)

Techniken der Figurendarstellung:

- Sicht auf die Person „von außen“: Aussagen des Erzählers über die Figur; Regieanweisungen im Drama
- Sicht auf die Person „von innen“: Aussagen der Figur über sich selbst oder über andere
- Aussagen anderer Figuren über die zu charakterisierende Figur

Die Charakteristik literarischer Gestalten gehört immer auch zur Texterschließung, also zur Analyse und Interpretation literarischer Texte.
Konzentrierst du dich aber nur auf eine literarische Gestalt, dann spricht man von der Sonderform „Literarische Charakteristik“, auf die sich auch die folgenden Beispiele beziehen.
Die folgende Liste hat sich in der Praxis als recht gute Grundlage für die Ausarbeitung einer literarischen Erörterung erwiesen. Diese Liste legt man sich am besten am Computer an, um dann die Notizen zu dem jeweiligen Werk einzutragen.

Materialsammlung

Merkmale	Inhalte – TEXTSTELLEN – Zitate	Beleg-stelle
1. Äußere Erscheinung, körperliche Merkmale		
2. Ausdrucksmerkmale (Stimme, Gestik, Haltung, Gang etc.)		
3. Sprache, (Sprachebene, Syntax, Wortwahl etc.)		
4.Biographie, Herkunft Schicht, Beruf, Stellung in der Gesellschaft		
5. Verhalten – Handlungsweise, Entscheidungen in bestimmten Situationen		

6. Einstellungen, Ideale, Vorbilder, Überzeugungen Ansichten, Wertvorstellungen, Gefühle, Verfassung, Vorlieben, Abneigungen		
7. Absichten, Ziele, Pläne		
8. Konflikte, Probleme		
9. Verhalten, Reaktionen anderer Personen		
10. Entwicklung im Verlauf der Handlung (Situation, Auslöser)		

Mathilde von Zahnd in dem Drama „Die Physiker" (Friedrich Dürrenmatt)

Aufgabenstellung:
Charakterisieren Sie die Figur des Fräulein Doktor Mathilde von Zahnd in Dürrenmatts Drama „Die Physiker"!

Die Gliederung spiegelt weitgehend die Ordnung der Arbeitstabelle wider. Damit sind insbesondere die Grobpunkte in römischen Ziffern unter B. gemeint.
Es empfiehlt sich ferner, die Gliederung nicht zu fein auszuführen, damit das Gesamtbild erhalten bleibt. Die Hauptaufgabe besteht darin, aus einem umfassenden Drama oder Roman eine Figur besonders hervorzuheben und in ihrer Bedeutung und Eigenart zu kennzeichnen. Eine zu feine Gliederung würde diesen Akt des Zusammenführens der Merkmale unter Umständen wieder zerschlagen.
Nur im Falle einer wissenschaftlichen Arbeit, einer schriftlichen Hausarbeit, einer Seminararbeit sollte die Gliederung verfeinert werden.

Mustergliederung als Arbeitsplan für alle literarischen Charakteristiken

Der folgende Arbeitsplan kann für jede literarische Charakteristik verwendet werden, da er alle geforderten Merkmale abfragt.

A. Auftreten der literarischen Figur im Werk

B. Charakteristik der Figur
   I. Biographie und äußeres Erscheinungsbild
   II. Verhaltensweisen
   III. Entwicklung
   IV. Sprechweise
   V. Ziele und Wertvorstellungen
   VI. Gesamtbild

C. Bedeutung der Figur innerhalb des Dramas

Bei der konkreten Aufgabe müssen die Punkte unter B. natürlich die entsprechenden Unterpunkte enthalten. Die folgende Gliederung ist nicht kommentiert, weil sie genau dem Arbeitsplan folgt.

Charakteristik der Mathilde von Zahnd

Gliederung

A. Auftreten des Fräuleins Dr. Mathilde von Zahnd im Drama
B. Charakteristik von Fräulein Dr. h.c. Dr. med. Mathilde von Zahnd
  I. Biographie und äußeres Erscheinungsbild
    1. Letzter Abkömmling aus einer mächtigen Adelsfamilie
    2. Äußerlich unansehnlich
      a) Missgestaltet
      b) 55 Jahre alt
      c) Tritt stets mit Stethoskop und weißem Ärztemantel auf

  II. Verhaltensweisen
    1. Angenehme Erscheinung innerhalb des ersten Aktes
      a) Geschickte und gute Psychoanalytikerin
      b) Tröstend und mitfühlend
      c) Freundliche Ärztin
      d) Kluge Taktikerin
      e) Geschickte Wirtschafterin
    2. Demaskierung am Ende des zweiten Aktes
      a) Brutale Herrscherin
      b) Beherrscht von Wahnvorstellungen
  III. Entwicklung von Fräulein Mathilde von Zahnd
      a) Positives Anfangsbild
      b) Zum Schluss brutal, skrupellos und machtbesessen
  IV. Sprechweise
      a) Ironisch und bösartig
      b) Mütterlich und herablassend
      c) Nüchtern und sachlich
      d) Biblisch

  V. Ziele und Wertvorstellungen
      a) Weltherrschaft
      b) Verehrung der Ahnen
      c) Besorgt um ihren guten Ruf

  VI. Gesamtbild von Fräulein Mathilde von Zahnd

C. Fräulein von Zahnd als Inbegriff des Machtdenkens

Charakteristik der Mathilde von Zahnd

M Musteraufsatz

Die Komödie „Die Physiker" von Friedrich Dürrenmatt erschien erstmals 1962 in Zürich. Die Irrenärztin Fräulein Dr. h. c. Dr. med. Mathilde von Zahnd spielt in diesem Drama zunächst eine scheinbare Nebenrolle, entwickelt sich aber innerhalb der dramatischen Entwicklung zur alles entscheidenden Hauptfigur. Fräulein Zahnd hat den Sommersitz ihrer mächtigen Adelsfamilie zu einer berühmten und florierenden Irrenanstalt umgebaut. Sie tritt im Zusammenhang mit den Morden an Krankenschwestern der Anstalt auf, im Gespräch mit der Familie Rose und im Schlussdialog zusammen mit den Physikern Möbius, Einstein und Newton.

A.
Knappe Darstellung der ausgewählten Gestalt innerhalb der Personenkonstellation
Gleichermaßen möglich:
– literaturhistorische Einleitung
– knappe Notizen zum Autor
– Entstehungsgeschichte des Werkes

Fräulein von Zahnd ist die letzte Vertreterin einer mächtigen Adelsfamilie. Ihr Vater, August

B. Charakteristik

von Zahnd, war Geheimrat, ihr Großvater, Leonidas von Zahnd, Generalfeldmarschall und ihr Onkel, Kanzler Joachim von Zahnd, Politiker. Berühmtheit erlangt sie aber nicht nur aufgrund ihrer Abstammung, sondern auch wegen ihres guten Rufes als Psychiaterin und Menschenfreundin. Die bucklige, 55 Jahre alte Jungfer Fräulein von Zahnd erscheint immer in einem weißen Arztkittel und mit einem Stethoskop.

I. Biographie und äußeres Erscheinungsbild
Ordnung der äußeren Merkmale nach sinnvollen Gesichtspunkten
– Herkunft
– Alter
– Aussehen und Kleidung

Mathilde von Zahnd spielt innerhalb des Dramas verschiedene Rollen und passt sich gekonnt jeder neuen Situation an.
Im Gespräch mit Inspektor Voß zeigt sie sich als geschickte und gute Psychoanalytikerin. Sie lässt sich vom Inspektor in ärztlicher Hinsicht in keiner Weise beeinflussen. Als Inspektor Voß darauf hinweist, dass sich Newton auch für Einstein hält, entgegnet sie: „*Für wen sich meine Patienten halten, bestimme ich. Ich kenne sie weitaus besser, als sie sich selbst kennen.*“ Auch belehrt sie den Inspektor: „*Voß, ich bin, weiß Gott, in meinem Metier keine Anfängerin.*“ Ferner weist sie ihn darauf hin, dass der Staatsanwalt ihre Gutachten immer sehr geschatzt habe. Während sie gegenüber Inspektor Voß noch einem bestimmenden Ton anlegt, gibt sie sich im Gespräch mit der Familie von Missionar Rose als mitfühlende und tröstende Ärztin. Sie beruhigt die von der Krankheit ihres ersten Mannes entnervte Frau Rose und findet tröstende Worte, als Frau Rose in Tränen ausbricht: „*Nicht doch, Frau Rose, nicht doch. Keine Tränen.*“ Auf Frau Roses Selbstvorwürfe, sie habe Möbius im Stich gelassen, entgegnet Fräulein von Zahnd: „*Sie brauchen sich nicht zu grämen.*“ Auch ihre Patienten behandelt die Psychoanalytikerin äußerst freundlich und liebevoll. So bedankt sie sich bei Einstein, als er wieder schlafen gehen will: „*Das*

Vorausschauender Überleitungssatz
II. Verhaltensweisen
1. Innerhalb des ersten Aktes

Hinweis: Grundcharakter häufig im ersten Akt – auf weitere Züge achten, die hinzutreten

ist lieb, Professor.“ An anderer Stelle sagt sie zu Möbius: *„Lieber Möbius, Sie erhielten Besuch ...“*, und etwas später: *„Mein braver Möbius ...“*

Allerdings täuscht die Ärztin mit ihrem mitfühlenden Verhalten über ihre wahren Absichten hinweg. Hinter der freundlichen Fassade versteckt sich eine kluge Taktikerin. Sie stellt Möbius gegenüber seiner ehemaligen Familie als unheilbar krank dar, obwohl sie weiß, dass Möbius ein genialer Physiker ist, den sie für ihren Trust ausnutzen will. Triumphierend äußert sie sich am Ende des Dramas: *„Dieses Haus ist die Schatzkammer meines Trusts. Es umschließt drei Physiker ...“* Sie inszeniert die Morde an den drei Krankenschwestern, um Möbius, Einstein und Newton unschädlich und von sich abhängig zu machen. So gesteht sie: *„Ich musste euch unschädlich machen. Durch eure Morde. Ich hetzte die drei Krankenschwestern auf euch.“*

Gute interpretatorische Einführung

Charaktermerkmale mit Zitaten belegen

Die vordergründig freundliche Analytikerin und tröstende Ärztin, aber auch berechnende Taktikerin erscheint ferner als kluge und harte Wirtschaftlerin.

Gute zusammenfassende Überleitung zwischen charakteristischen Merkmalen

Sie baute den einstigen Sommersitz der Familie von Zahnd zu einem Irrenhaus um. Ihre Patienten kommen nur aus der gesellschaftlichen Oberschicht, *„... kurz die ganze geistig verwirrte Elite des Abendlandes“*, denen sie hohe Summen für die ärztliche Behandlung abverlangt.

Politisch gewandt wehrt sie alles ab, was dem guten Ruf ihres Sanatoriums schaden könnte. Nach dem zweiten Mord äußert sie gegenüber Inspektor Voß: *„Fehler kann ich mir nicht leisten und Vorfälle, die mir die Polizei ins Haus bringen, schon gar nicht. Wenn hier jemand versagte, so ist es die Medizin, nicht ich.“*

Militant und eiskalt wird Fräulein von Zahnd, als sie den drei Physikern ihre Absichten offenbart. Sie hat die Formeln von Möbius missbraucht,

2. Demaskierung der Heldin als brutale Herrscherin

um sich ein Machtmonopol aufzubauen. Am Ende des Dramas enthüllt sie ihren wahren Charakter. Als brutale und machtbesessene Herrscherin verkündigt sie den drei Physikern: *„...und nun vernichtet er [Salomo] euch. Durch mich.“* Dann prophezeit sie triumphierend: *„Mein Trust wird herrschen, die Länder, die Kontinente erobern, das Sonnensystem ausbeuten, nach dem Andromedanebel fahren.“* Brutal verletzt sie ihre ärztlichen Pflichten und betäubt Möbius, um an seine Formeln und Erfindungen zu gelangen. Gewissenlos und ohne Respekt vor dem Leben eines Menschen inszeniert sie die drei Morde an ihren Krankenschwestern.

III. Zusammenfassung der zentralen Entwicklungen ihres Charakters zur Klärung und Vertiefung der inneren Entwicklung oder Entlarvung der literarischen Figur

Fräulein von Zahnd entwickelt sich im Laufe des Dramas von einer scheinbar guten Ärztin zu einer brutalen und machtbesessenen Irren, der der König Salomo erscheint und sie zur „... *heiligen Weltherrschaft*“ bestimmt. Diese Entwicklung symbolisieren die Porträts der Ahnen von Zahnd, welche im Verlauf des Dramas gemäß der Handlungsentwicklung auf- und abgehängt werden. Am Anfang sieht der Zuschauer die Taktikerin, die es versteht, mit den Menschen umzugehen. Diese Eigenschaften besaß auch ihr Onkel, der Politiker und Kanzler Joachim von Zahnd. Fräulein von Zahnd als Wirtschaftlerin spiegelt das Bild ihres Vaters August von Zahnd wider, der als Wirtschaftsführer ihr zum Vorbild diente. Zunächst lässt Fräulein von Zahnd das Bild ihres Onkels abnehmen, um stattdessen das des Vaters aufzuhängen. Der Vater war aber nicht nur ein Wirtschaftsführer, sondern er hasste auch alle Menschen. Hier deutet sich bereits die Entwicklung zur machtbesessenen Irrenärztin an. Am Ende des Dramas lässt sie den Vater durch ihren Großvater, den Generalfeldmarschall Leonidas von Zahnd ersetzen. Auch dieser besaß als Befehlshaber große Macht. Fräulein von Zahnd übertrifft ihn noch an Machtvollkommenheit, da es ihr durch die gestohlenen Formeln von Möbius möglich geworden ist, einen Trust aufzubauen, mit dem sie die Welt beherrschen will. Fräulein Doktor Mathilde von Zahnd vereinigt am Ende alle Wesenszüge und Eigenschaften ihrer Vorfahren in sich und steigert sie noch.

Sie passt sich nicht nur in ihrem Verhalten den unterschiedlichen Situationen an, sie versteht es auch, sich sprachlich auf die Gegebenheiten einzustellen. Spricht sie von ihren Vorfahren, sind ihre Worte ironisch und bösartig. So sagt sie über ihren Vater: *„Ein großer Mann, ein wahrer Mensch"*, bemerkt aber gleichzeitig: *„Er hasste mich wie die Pest, er hasste überhaupt alle Menschen wie die Pest"*, oder an anderer Stelle lässt sie sich über ihren Großvater aus: *„Der General Leonidas von Zahnd ist hier besser aufgehoben als bei den Weibern."* Als Ärztin findet sie gegenüber Frau Rose und ihren Patienten einen mütterlichen, fast herablassenden Ton. Als Frau Rose sich um die ordentliche Unterbringung von Möbius Sorgen macht, beruhigt Fräulein von Zahnd die Missionarin: *„Aber nein, Frau Rose. Unser braver Möbius bleibt hier in der Villa. Ehrenwort."* Ähnlich wie Frau Rose behandelt sie den großen Physiker wie ein kleines Kind, indem sie ihn mit dem Adjektiv „brav" lobt. Aber auch für Frau Rose findet sie die passenden Worte, die ihre Überlegenheit verdeutlichen: *„Frau Rose, Sie sind eine mutige Frau"* und beschwichtigend meint sie: *„Nicht doch, Frau Rose, nicht doch, Keine Tränen."* Den gleichen Ton schlägt sie gegenüber Einstein an: *„Das ist lieb, Professor."*

IV. Sprechweise
Grundfrage: Wie verhält sich der Charakter in den unterschiedlichen Stimmungslagen sprachlich?
- die gute Ärztin
- die brutale Herrscherin
- die Machtbesessene

Nur ganz kennzeichnende Stellen herausgreifen

Als sie dem Inspektor Rede und Antwort steht, verwendet sie knappe Sätze und beschreibt

Fachvokabular bezüglich Satzbau,

nüchtern das Krankheitsbild der Physiker, indem sie die sachlichen Informationen verdichtet aneinander reiht: *„Ich stelle nur fest, das ist alles. Beide werden wahnsinnig, bei beiden verschlimmert sich die Krankheit, beide werden gemeingefährlich, beide erdrosseln Krankenschwestern."* Mit knappen Anweisungen leitet sie auch ihre Angestellten an: *„Dosis verdoppeln."* Ebenso knapp informiert sie, als sie den Physikern die Wahrheit offenbart: *„Die Villa ist von Wärtern umstellt. Ein Fluchtversuch ist sinnlos."*

Wortarten, stilistisch-rhetorischen Figuren

In eine fast biblisch feierliche Sprechweise steigert sie sich hinein, als sie davon spricht, dass auch ihr der König Salomo erschienen sei: *„Sein Blick ruhte auf mir. Seine Lippen öffneten sich. Er begann mit seiner Magd zu reden. Er war von den Toten auferstanden, er wollte die Nacht wieder übernehmen, die ihm einst hienieden gehörte..."* An die Sprache der Bibel erinnert dabei nicht nur die lange Satzreihe, sondern auch die altertümliche Wortwahl wie „hienieden"' und das Nomen „Magd", mit dem sie sich selbst als Empfängerin der Botschaft bezeichnet.

Somit hat ihre Entwicklung auch eine sprachliche Entsprechung. Am Beispiel ihres Weges von der guten und freundlichen Ärztin zu einer Irren lassen sich auch ihre Ziele und Wertvorstellungen ableiten.

Rückblickender, zusammenfassender Überleitungssatz als Hinführung zu V.

Ihr Hauptziel besteht darin, die Weltherrschaft zu erreichen. Dafür ist ihr jedes Mittel recht: *„Ich hetzte die drei Krankenschwestern auf euch..."* Ferner bewundert und verehrt sie ihre Vorfahren. Als sie das aufgehängte Porträt ihres Großvaters betrachtet, bemerkt sie: *„Er sieht immer noch großartig aus, der alte Haudegen, trotz seines Basedows."* Sie bewundert nicht nur ihre Vorfahren, sondern ist auch um ihren guten Ruf als Ärztin besorgt. Nach dem zweiten Mord

V. Ziele und Wertvorstellungen

Beweis auch mit knappen Zusammenfassungen plus kennzeichnendem Zitat kümmert sie sich weniger um die Ermordete als um ihren medizinischen Ruf. Sie stellt kurz nach dem Mord an Krankenschwester Monika Stettler beunruhigt fest: *„Aber der Tod ist noch nicht das Schlimmste. Mein medizinischer Ruf ist dahin.“*

Insgesamt ergibt sich folgendes Charakterbild: Fräulein Mathilde von Zahnd, eine missgestaltete alte Jungfer von 55 Jahren, gibt sich anfangs als erfahrene, freundliche und gute Irrenärztin, die es versteht, sich und ihre Anstalt diplomatisch geschickt nach außen zu vertreten. In ihrem Führungsstil ist sie hart und unerbittlich, als Wirtschaftsführerin vertritt sie geschäftlich erfolgreich die Interessen ihres Unternehmens. Skrupellos verfolgt sie ihr Ziel, die Weltherrschaft an sich zu reißen und schreckt dabei weder vor Mord noch vor Erpressung zurück. Anfangs erscheint sie als schwächlicher Abkömmling der großen Ahnen, denn sie ist nur eine Irrenärztin. Am Schluss hat sie jedoch alle Eigenschaften ihrer Vorfahren auf sich vereinigt und übertrifft sie noch, indem sie als Weltherrscherin auftritt, der jedes Mittel recht ist, solange es der Sicherung ihrer persönlichen Machtinteressen dient. Möbius versteckt sich im Irrenhaus der Mathilde von Zahnd, um die Menschheit vor seiner Erfindung zu bewahren, deren Auswirkungen er in einer Endzeitvision des König Salomo besingt: *„Über Pluto und Transpluto fielen die letzten unanständigen Witze ... Abgetrieben, trieben wir in die Tiefen hinauf, einigen weißen Sternen zu, die wir gleichwohl nie erreichten, längst schon Mumien in unseren Schiffen, verkrustet von Unrat: In den Fratzen kein Erinnern mehr an die atmende Erde.“* Fräulein von Zahnd schreckt vor diesen Vorstellungen nicht zurück, sondern bemächtigt sich der Weltfor-

VI. Gesamtbild
Zentraler Höhepunkt der Charakteristik – hier Zusammenfassung aller vorangehenden Gesichtspunkte, nun ohne Textbelege

Zitat hier nicht als Beleg, sondern als Mittel der Verdichtung, Vertiefung ihrer Vorstellungen von Größenwahn

mel, die sie ohne Rücksicht auf Verluste auszubeuten gedenkt.

C. Interpretatorischer Schlussgedanke – Vermutungen über Zielgruppen des Autors – freie Gedankenfolgen ohne weitere Begründungen sind denkbar, sofern rational und gedanklich klar entfaltet

Dürrenmatt kritisiert in der Dramenfigur der irren Psychoanalytikerin und Ärztin bösartig Politik, Wirtschaft und Militär, deren Führer seiner Ansicht nach, sofern die Kontrollinstanzen wegfallen, die Menschheit zugrunde richten würden. Hemmungslos setzten sie ihre Mittel und Waffen zur eigenen Machtausdehnung ein. Die Geschichte gibt Beispiele, die lehren, dass dieser Wahnsinn von den Menschen nicht immer als Wahnsinn empfunden wurde. Adolf Hitler konnte seine Machtträume beispielsweise unter großem Zuspruch der deutschen Bevölkerung verwirklichen. Hätte er die Atombombe besessen, wäre sie von ihm skrupellos eingesetzt worden. Mathilde von Zahnd bestätigt genau die Befürchtungen von Möbius. Als sie die Macht in den Händen hält, ist sie sich ihres Wahnsinns nicht mehr bewusst und nimmt den Untergang der Menschheit in Kauf. Somit warnt Dürrenmatt mit der Figur der Mathilde von Zahnd vor der Skrupellosigkeit der Mächtigen und appelliert an die Verantwortung der Wissenschaftler, sich nicht missbrauchen zu lassen beziehungsweise ihre Kenntnisse nicht ohne Absicherung und demokratische Kontrolle preiszugeben. *„Es gibt Risiken, die man nie eingehen darf: der Untergang der Menschheit ist ein solches.“*

Im Aufsatz müssen natürlich die Zitate belegt werden mit der Angabe der Seiten und Zeilen, wo sie im Werk vorkommen. Wir haben an dieser Stelle darauf verzichtet, da es viele verschiedene Ausgaben des Dramas gibt und die Angaben sich ja nur auf eine Ausgabe beziehen könnten.

Professor Unrat in dem Roman „Professor Unrat" (Heinrich Mann)

Gliederung

A. „Professor Unrat" als gesellschaftskritischer Roman

Weiterer Zusammenhang als hinführender Gedanke

B. Charakterisierung von Professor Unrat
   I. Abstoßendes äußeres Erscheinungsbild
      1. Vernachlässigte Kleidung
      2. Unvorteilhafter Körperbau
      3. Unsympathische Physiognomie und Mimik

Als Einstieg äußere Merkmale

   II. Unrats negatives Menschenbild
      1. Schüler als Feindbild
      2. Rachemethoden gegenüber den Schülern
         a) Einsperren während des Unterrichts
         b) Unfaire Prüfungsmethoden
         c) Unpädagogisches Unterrichtsverständnis
      3. Vorurteile gegenüber den Schülern
      4. Teufelskreis aus Hass und Rachsucht als Folge von Unrats Menschenbild

Einstellungen als weiterer zentraler Punkt für diese Figur

   III. Gleichsetzung von Schule und Leben durch Unrat
      1. Unversöhnliche Haltung gegenüber ehemaligen Schülern
      2. Beruf als einziger Lebensinhalt

Erweiterung und Folge von Punkt II.

   IV. Unrats Sprache
      1. Gebrauch sinnentleerter Füllwörter
      2. Beruflich bedingter Sprachgebrauch
         a) Verwendung lehrertypischer Redewendungen
         b) Übernahme von Ausdrücken aus dem Schülerjargon

Aspekt der Sprache als Beleg für die inneren Einstellungen

V. Gesellschaftlicher Hintergrund
   1. Unrat als Vertreter des Bildungsbürgertums
   2. Abgrenzung gegenüber anderen Gesellschaftsschichten
      a) Adel
      b) Großbürgertum
      c) Kleinbürgertum
      d) Arbeiterschaft

Einordnung in gesellschaftlichen Zusammenhang der Wilhelminischen Ära

VI. Unrats Wertvorstellungen
   1. Obrigkeitsstaatliche Werte als Mittel der Unterdrückung
   2. Doppelmoral Unrats

Wertvorstellungen vor dem gesellschaftlichen Hintergrund

C. Unrats Funktion: Kritik an der Werteordnung des Wilhelminischen Kaiserreichs

Zusammenfassende Schlussfolgerung

Charakterisierung der literarischen Figur Professor Unrat

Musteraufsatz

A. Einleitung zusammen mit Schluss inhaltlich stimmiger Rahmen der Charakteristik

Heinrich Manns Roman „Professor Unrat" liegt eine beißende Kritik an gesellschaftlichen Verhältnissen des ausgehenden 19. Jahrhunderts zu Grunde. Ein Teil dieser Kritik besteht in einem ironisch-kritischen Blick auf die Institution Schule; ist doch die titelgebende Figur des Professors Unrat Gymnasiallehrer mit zweifelhaften Ansichten über Unterrichtsmethoden und Pädagogik.

Überleitung, genaue Nennung des Themas

Im Folgenden wird die Hauptperson von Manns Roman in ihrer Rolle als Lehrer näher charakterisiert.

B. Charakteristik Unrats

Bezug auf den Titel des Romans: Erklärung des Namens der Hauptfigur

Von Beginn an belegende Zitate

Professor Raat, seit 26 Jahren Lehrer für Griechisch, Latein und Deutsch am Gymnasium einer norddeutschen Kleinstadt, wirkt schon durch sein äußeres Erscheinungsbild so abstoßend, dass er seit Jahrzehnten unter Schülern, Kollegen und Bürgern der Stadt nur unter dem Spitznamen „Unrat" bekannt ist, wie zum Beispiel aus einem Gespräch zweier ehemaliger Schüler hervorgeht: *„Anders als schmutzig hab ich ihn nie gekannt. (...) Was der Name tut."*

I. Äußeres Erscheinungsbild

Seine Kleidung ist vernachlässigt, abgetragen und unsauber: Er trägt einen *„fettigen Maurerhut"* und es finden sich *„Schuppen auf seinem Rockkragen."*

Auch seine körperliche Erscheinung ist wenig vorteilhaft: Er bewegt sich auf *„mageren, eingeknickten Beinen"*.

Als besonders abstoßend werden Gesicht und Mimik des Lehrers dargestellt: *„Unrats Kinn, in dessen oberem Rand mehrere gelbe Gräten staken, rollte, während er sprach, zwischen den hölzernen Mundfalten wie auf Geleisen, und sein Speichel spritzte bis auf die vorderste Bank."* Sein Blick

wird vom Erzähler als *„scheu und rachsüchtig"* bezeichnet.
Die Darstellung von Unrats äußerer Erscheinung in Manns Roman ist jedoch kein Selbstzweck; vielmehr ist sie ein Spiegel von Unrats Wesen, Verhaltensweisen und Einstellungen.

Herstellung des Zusammenhang zum nächsten Gliederungspunkt

Bereits in der genannten Beschreibung von Unrats Blick lässt sich seine innere Haltung gegenüber seinen Schülern erkennen. Er sieht den einzelnen als *„mausgraues, unterworfenes und heimtückisches Wesen, (...) immer im unterirdischen Krieg gegen den Tyrannen"*. Das heißt also, er betrachtet seine Schützlinge nicht als Individuen, sondern vielmehr als *„graue Masse"*, die ihm grundsätzlich feindlich gesinnt ist.

II. Menschenbild
Argumentationstechnik:
Nennung des übergeordneten Aspektes
In eigene Darstellung eingebundenes Zitat
Erklärung des Zitates

In seinem Menschenbild fühlt er sich bestärkt, sobald die Schüler seinen Spitznamen rufen. Weil er zutiefst beleidigt ist, sobald er „Unrat" genannt wird, versucht er in hemmungsloser Rachsucht seine Schüler dafür zu bestrafen. Eine seiner „Erziehungsmaßnahmen" besteht darin, Schüler während des Unterrichts in eine abgeschlossene Garderobe im Klassenzimmer, das *„Kabuff"* zu sperren. Um sich an seinen Schülern zu rächen, stellt er ihnen zudem unsinnige Aufgaben; so sollen sie in einer Prüfungsarbeit im Fach Deutsch einen Aufsatz über ein nicht existentes Gebet in Schillers „Jungfrau von Orléans" verfassen. Darin zeigt sich zugleich seine Auffassung vom Unterrichten; nicht die Wissensvermittlung ist sein Ziel, sondern dieses besteht vielmehr darin, möglichst viele Schüler am Erreichen des Klassenziels zu hindern: So plagt ihn trotz des nicht sinnvoll bearbeitbaren Aufsatzthemas, das er gestellt hat, die Sorge, *„ein Schüler, der bisher nicht fertig geworden war, könne vielleicht im letzten Augenblick noch zu einer befriedigenden Note gelangen"*.

Rückbezug auf Namensgebung / Titel
Folgen für sein Verhalten gegenüber Schülern

Behauptung

Beleg durch passendes Zitat

Gegenüber Schülern, deren Verwandte ihm in früheren Schuljahren unangenehm aufgefallen sind, hegt Unrat unumstößliche Vorurteile. Diese Beobachtung wird in folgender Äußerung gegenüber einem neuen Schüler deutlich: *„Ich hasse Ihre ganze Familie!"*

Begründete Schlussfolgerung

Da die Schüler einerseits Unrats empfindlichen Punkt hinsichtlich der Nennung seines Spitznamens kennen und sie sich andererseits wegen der ungerechten Behandlung rächen wollen, die Unrat ihnen zuteil werden lässt, entsteht zwischen dem tyrannischen Lehrer und den Schülern ein Teufelskreis gegenseitigen Hasses, den Unrat aufgrund seiner unpädagogischen und verständnislosen Einstellung gegenüber seinen Schülern nicht durchbrechen kann und will.

III. Gleichsetzung von Schule und Leben

Argumentationstechnik: Behauptung

Belegendes Zitat

Die Schule ist Unrats gesamter Lebensinhalt; er setzt Schule und Leben geradezu gleich: *„Was in der Schule vorging, hatte für Unrat Ernst und Wirklichkeit des Lebens."*

Begründete Schlussfolgerung

Neue Belege

Aus diesem Grund sieht er auch in seinen Mitbürgern nichts anderes als ehemalige Schüler, denen er – nachtragend wie er ist – noch immer mit Hass und Misstrauen gegenübertritt: Seiner Meinung nach sind Stadt und Umgegend voll von seinen ehemaligen Schülern, denn: *„Die Schule endete für ihn nicht mit der Hofmauer; sie erstreckte sich über die Häuser ringsumher und auf alle Altersklassen der Einwohner."* Für *„diese Tausende fauler, boshafter Schüler, die (...) immer nur auf Unfug gesonnen hatten"*, kann er auch Jahre nach ihrer Schulzeit nicht anderes als Hass empfinden. Dabei übersieht er völlig, dass ihm gegenüber die meisten von ihnen ihrerseits gleichgültig, wenn nicht gar – in Verklärung ihrer Jugendzeit – positiv eingestellt sind: *„Er (...) hatte nie bemerkt, dass die Gesichter hier draußen (...) bald ganz gleichgültige Mienen behielten*

Fortführung: Einstellung „Ehemaliger" dem Lehrer gegenüber; neue Belege *beim Gedanken an Professor Unrat, und dass sie später sogar wohlwollende annahmen.“* Indem er diese Entwicklung ignoriert, zeigt sich wiederum die verbohrte Unversöhnlichkeit Professor Unrats, die er schon gegenüber seinen gegenwärtigen Schülern an den Tag legt.

Rückbezug auf bereits festgestellten Charakterzug des Professors

Dass Unrat sogar außerhalb seiner unmittelbaren beruflichen Tätigkeit nicht aus seiner Lehrerrolle herausfindet, zeigt sich auch an der Tatsache, dass er sich in seiner Freizeit ausschließlich wissenschaftlich betätigt. Sein einziges Interesse gilt der Literatur und dem Studium der „Partikel bei Homer“, ein Thema, mit dem er sich seit 30 Jahren so intensiv beschäftigt, dass er von der Arbeit am Stehpult eine schiefe Schulter bekommen hat.

Inhaltlicher Zusammenhang zum folgenden Gliederungspunkt

Die Auseinandersetzung mit den alten Sprachen und seinem – wissenschaftlich völlig nebensächlichen – Spezialgebiet, den Partikeln, prägt auch deutlich Unrats Sprache. Beinahe jeder seiner in wörtlicher Rede wiedergegebenen Sätze enthält bedeutungsleere Füllwörter wie *„immer mal wieder“*, *„denn also“*, *„traun fürwahr“*, *„gewiss nun freilich“* oder *„doch nun immerhin“*, eine Tatsache, die zudem vom auktorialen Erzähler ausdrücklich im Text erwähnt wird: *„Er hielt seine Ansprachen (...) in latinisierenden Perioden und durchwirkt von ‚traun führwahr‘, ‚denn also‘ und ähnlichen Häufungen alberner kleiner Flickworte.“*

IV. Unrats Sprache
Argumentationstechnik: Behauptung
Übergang zu Belegen in Form wörtlicher Zitate

Hinzu treten Redewendungen, die ihn in seiner Rolle als Lehrer charakterisieren, wie zum Beispiel *„Vorwärts denn also“* oder *„Aufgemerkt nun also“*. Von seinen Schülern hat er darüber hinaus umgangssprachliche Wendungen übernommen, wie der Erzähler anmerkt: *„Er redete und dachte in ihrer Sprache, gebrauchte ihr Rotwelsch, nannte die Garderobe ein ‚Kabuff‘.“*

Weiterführung unter anderem Aspekt

Indem Unrat sprachlich ständig auf seinen Bildungshintergrund verweist, demonstriert er seine Herkunft aus dem Bildungsbürgertum. Deutlich grenzt er sich in dieser Eigenschaft von den übrigen Gesellschaftsschichten ab.	V. Gesellschaftlicher Hintergrund
Den Adeligen von Ertzum versucht er nach Kräften vom Abitur abzuhalten: „*… merken Sie sich*“, sagt er zu seinem Schüler, „*dass Sie nicht der erste Ihres Namens sind, den ich in seiner Laufbahn – gewiss nun freilich – beträchtlich aufgehalten habe …*“ Den Schüler Lohmann, der seine Herkunft aus dem Großbürgertum in Kleidung und Auftreten offen zur Schau trägt, hasst der aus bescheidenen materiellen Verhältnissen stammende Unrat, der sein Studium nur durch die anschließende Zweckheirat mit einer reichen Witwe finanzieren konnte, wegen seiner Arroganz. Diese versucht Lohmann erst gar nicht zu verbergen; er betrachtet seinen Lehrer lediglich mit „*von Ekel beträufelte[m] Mitleid*“.	Haltung gegenüber anderen Gesellschaftsschichten: – Adel – Großbürgertum
Auf die Vertreter des Kleinbürgertums wie den Schüler Kieselack sieht wiederum Unrat mit Verachtung herab. Dieselbe Einstellung vertritt er gegenüber Arbeitern, und zwar bedingt durch deren aus seiner Sicht primitiven Sprachgebrauch: „*Mit dem Volk war keine Verständigung möglich: er hatte die Erfahrung gemacht.*“	– Kleinbürgertum – Arbeiter
In seiner Rolle als Lehrer in der Zeit des Wilhelminischen Kaiserreichs vertritt Professor Unrat nach außen hin eine typisch obrigkeitsgläubige Einstellung: „*Er wollte sie stark: eine einflussreiche Kirche, einen handfesten Säbel, strikten Gehorsam und starre Sitten.*“ Die hier genannten Ziele entsprechen kaiserzeitlichen Werten. Unrat steht hinter diesen jedoch nicht aus innerer Überzeugung, sondern weil er mit ihrer Hilfe die ver-	Einordnung der Figur Unrats in die gesellschaftliche Gliederung des Wilhelminischen Kaiserreichs Nachweis der obrigkeitshörigen Einstellung des Professors

hassten Schüler unterdrücken möchte, denn *„als Tyrann wusste er, wie (...) der Feind, die fünfzigtausend aufsässigen Schüler, die ihn bedrängten, zu bändigen waren.*

„Dabei war er durchaus ungläubig und vor sich selbst des weitesten Freisinns fähig.“ Aus dieser Charakterisierung durch den Erzähler spricht die Doppelmoral des Tyrannen, der innerlich in keiner Weise von den Werten überzeugt ist, die er seinen Schülern abverlangt. Dass diese sich jedoch nur äußerlich auf die ihnen vermittelten Vorstellungen einlassen, verdeutlicht die folgende, vom Erzähler aus Schülersicht vorgebrachte Einstellung: *„Über Gegenstände, von deren Vorhandensein man nichts weniger als überzeugt war, etwa über die Pflichttreue, den Segen der Schule und die Liebe zum Waffendienst, eine gewisse Anzahl Seiten mit Phrasen zu bedecken, dazu war man durch den deutschen Aufsatz seit Jahren erzogen.“* Somit prägt Unrat seine Doppelmoral ungewollt auch seinen Schülern ein.

Doppelmoral

Schlussfolgerung aus den Textstellen

Zusammenfassend lässt sich feststellen, dass Heinrich Mann die Hauptfigur seines Romans in den ersten drei Kapiteln als einen sowohl äußerlich als auch charakterlich abstoßenden, zuweilen hilflos-lächerlich wirkenden Menschen zeichnet. In seiner Rolle als Gymnasiallehrer vertritt Unrat eine im Roman als Doppelmoral entlarvte Werteordnung, die bei den Schülern zu einer vordergründigen Untertanenmentalität führt. Anhand der Figur des Professors Unrat wird damit nicht nur das Schulsystem des 19. Jahrhunderts, sondern darüber hinaus die ideologisch besetzte und staatlich gewünschte Werteordnung des Wilhelminischen Kaiserreichs scharf kritisiert.

Interpretierende Schlussfolgerung auf der Grundlage der erarbeiteten Merkmale; Schließen des inhaltlichen Rahmens

6 Anhang

6. 1 Regeln des Zitierens

Argumentative Texte benötigen Zitate, um die aufgestellten Behauptungen zu belegen oder zu beweisen. Das heißt, dass in allen Formen der Erörterung Zitate vorkommen: Sei es, dass man sich in der Beweisführung auf Autoritäten beruft oder bei der literarischen Erörterung die Interpretationsthesen mit Textstellen illustriert.

Das Zitat muss im Aufsatz genau wiedergegeben und sorgfältig eingeführt und erklärt werden. In einer Erörterung stützt das gute Zitat die Beweisführung. Bei den Zitierten sollte es sich um anerkannte Autoritäten handeln, deren Aussagen auch einen allgemeinen Stellenwert haben.

Bei Zahlen, Fakten und Daten ist lediglich die Quelle anzugeben.

Eine zentrale Rolle spielt das Zitat bei der Erschließung und Interpretation von literarischen Texten. In der Regel nicht eingesetzt wird es bei der Textzusammenfassung und bei der strukturell-formalen Analyse von Texten. Es erscheint bei der sprachlichen Analyse, wenn die Formen des Satzbaus gewertet, die Wortwahl beurteilt und rhetorische Mittel erklärt werden.

Die Faustregel lautet:
Zitieren – benennen – erklären

Das zitierte Textbeispiel wird mit dem Fachbegriff benannt und im Textzusammenhang erklärt. Dies gilt in gleicher Weise für das Zitat als Beleg für eine Interpretationsthese.

Arten des Zitierens

Indirekte Zitate
Indirekte Zitate sind eine sinngemäße Übernahme einer Textpassage. Man setzt keine Anführungs- und Schlusszeichen. Am Ende der sinngemäßen Übernahme weist ein Klammerzusatz *(vgl. S. 21)* darauf hin, wo die Textstelle im Ausgangstext wörtlich zu finden ist.

Wörtliche Zitate
Wörtliche Zitate stehen in Anführungs- und Schlusszeichen. Die Textstelle wird danach in Klammern vermerkt.
Beispiel: *„Wort" (S. 21)*.

Zitate in Zitaten
Erscheint innerhalb eines Zitats ein weiteres Zitat, dann stehen dafür halbe Anführungszeichen.
Beispiel: *„Dies wird am Beispiel von ‚Fadensonnen' klar."*

Verkürzungen und Auslassungen
Wird ein Zitat nicht vollständig zitiert, stehen für Auslassungen eckige Klammern mit drei Punkten [...]. Auslassungen dürfen nicht sinnentstellend sein.
Beispiel: *„Verkürzungen [...] erscheinen durch eine [...] Klammer[...]."*

Kürzere Zitate
Kürzere Zitate werden in den eigenen Text integriert, längere bilden einen eigenen Absatz.

Satzbau
Der eigene Satzbau muss an das Zitat grammatikalisch angepasst werden. Veränderungen werden mit eckigen Klammern kenntlich gemacht.
Beispiel: Der Text zeigt, dass *„das Zitat grammatikalisch angepasst werden [muss]"*.

Bezug
Zitate, die ohne klaren Bezug zum laufenden Text beginnen, werden durch einen Zusatz in eckiger Klammer erklärt,
Beispiel: *„Sie [Clara, Anm. d. Verf.] geht dorthin."*

Übliche Regelungen und Kürzel bei Hausaufsätzen und Seminararbeiten

Quelle in Kurzform
Nach einem Zitat wird in Klammern die Quelle in Kurzform (z. B. Autor, Kurztitel des Werkes, Seite) angegeben. Bei Seminararbeiten werden diese Angaben in einer Fußnote am Seitenende vorgenommen.

ebd.
Bei mehrfachen Zitaten derselben Quelle hintereinander werden nur am Anfang Autor, Kurztitel und Seite angegeben, danach nur noch *„ebd."* für ebenda.

f. und ff.
Bei Zitaten über zwei Seiten oder zwei Verszeilen wird in Klammern ein *„f."* für „folgende" angefügt. Bei mehreren Seiten oder Verszeilen erscheint ein *„ff."* für „die folgenden".

Hervorhebungen im Original
Hervorhebungen im Original (wie kursiv, unterstrichen) werden im Zitat übernommen.

Hervorh. d. d. Verf.
Bei eigenen Hervorhebungen im Zitat muss im Zitat in eckiger Klammer *„Hervorh. d. d. Verf."* (Hervorhebung durch den Verfasser) eingefügt werden.

[sic!] (lateinisch: so!, wirklich so!)
Problematische Schreibungen oder Tippfehler im zitierten Originaltext werden gekennzeichnet durch ein *[sic!]*.
Beispiel: *„Die Lerer [sic!] machen es so." (S. 21).*

Nützliche Wendungen zur Einbindung von Zitaten

Zitat am Anfang
Das Zitat steht am Anfang der Gedankenführung.
Grundordnung: Zitat – Folgerung / Auswertung / Deutung
Mögliche sprachliche Anbindungen:

Der Textstelle ist zu entnehmen …
Daran ist zu sehen, dass …
Die Aussage deutet auf … hin

Zitat am Ende einer Beweisführung
Grundordnung: Behauptung – Begründung – Zitat als Beleg
Mögliche sprachliche Anbindungen:
Diese Sicht wird gestützt durch …
Das wird deutlich an …
Als Beleg dient die folgende Textstelle …
… denn im Text wird angeführt, dass …

Integriertes Zitat
Das Zitat wird in den eigenen Satzfluss eingebettet.

Unverbundenes Zitat als Beleg
Das Zitat wird in runder Klammer an die eigene Aussage angehängt. Dies ist die übliche Form bei handschriftlichen Schulaufgaben und Klausuren.

Regeln für das Bibliographieren
Buch: Monografie (ein Autor): Autorenname, Vorname: Titel. Untertitel. Verlagsort Erscheinungsjahr
Weiß, Eckehart: Berichten – Erzählen – Beschreiben. 5. – 7. Schuljahr. Hollfeld 2004

Buch: (mehrere Autoren): 1. Autorenname, Vorname / 2. Autorenname, Vorname: Titel. Untertitel. Verlagsort Erscheinungsjahr
Thulke, Peter / Weiß, Eckehart: Bildergeschichten für die Unterstufe. Königs Kopiervorlagen. Hollfeld 2005

Sammelband mit Herausgeber: Name des Herausgebers, Vorname (Hrsg.): Titel. Untertitel. Verlagsort Erscheinungsjahr
Weyrauch, Wolfgang (Hrsg.): Tausend Gramm. Ein deutsches Bekenntnis in dreißig Geschichten aus dem Jahr 1949. Hamburg, Stuttgart 1949

Text aus Sammelband: Autorenname, Vorname: Titel. In: Nachname, Vorname (Hrsg): Titel. Verlagsort Erscheinungsjahr. Seitenangaben
Dreyer, Alfred: Hoffnung. In: Weyrauch, Wolfgang (Hrsg.): Tausend Gramm. Ein deutsches Bekenntnis in dreißig Geschichten aus dem Jahr 1949. Hamburg 1989. S. 142–145

Zeitschriftenaufsatz: Autorenname, Vorname: Titel des Aufsatzes. In: Name der Zeitschrift. Nummer der Zeitschrift bzw. Jahrgang. Seitenangaben
Goldberg, Stanley: Das Manhattan-Projekt. Bedingungen, Motive und Dynamiken beim Bau der ersten Atombombe. In: Lettre International 72. Frühjahr 2006. S. 64–68

Zeitungstext: Autorenname, Vorname: Titel. In: Zeitungsname. Erscheinungsdatum. Seitenangaben
Kaupenjohann, Lisbeth: „Lasst mich doch einfach gehen".
In: Frankenpost. 13./14. Mai 2006. S. 3

Internetquelle: Autorenname, Vorname: Titel. URL (= Internetadresse). Datum des Abrufes; Ausdruck der betreffenden Internetseite bei wissenschaftlichen Arbeiten notwendig (z. B. Seminararbeit); Zitat darauf farbig markieren
Kremer, Kristof: Der Benutzer. Über das Elend der Bibliothek. Von Hans Magnus Enzensberger. www6.digitale-schule-bayern.de/ds-daten/8/913.doc. 13.05.2006

6.2 Bibliographie

Bondas, Irina: Alter Mann. http://digitale-schule-bayern.de/ds-daten/12/2.13.doc. 15.03.2007
Irina Bondas, geb. 1985 in Kiew/Ukraine, errang im Alter von 17 Jahren erste Poetry-Slam-Siege und gewann verschiedene literarische Auszeichnungen.
Veröffentlichungen: Lyrik-Hörbuch „was zum wachliegen", Lesezeichenverlag Hagen, 2005.

Böll, Heinrich: Damals in Odessa. In: Böll, Heinrich: Erzählungen. Opladen/Middelhauve 1950. S. 149–154

Borchert, Wolfgang: Die drei dunklen Könige. In: Borchert, Wolfgang: Das Gesamtwerk. Hamburg 1977. S. 185–187

Brockes, Hinrich Barthold: Das Blümlein Vergissmeinnicht. In: Elschenbroich, Adalbert (Hrsg.): Deutsche Dichtung im 18. Jahrhundert. München 1960.

Dürrenmatt, Friedrich: Die Physiker. Zürich 1961

Fährmann Willi: Die Zarenkrone. In: Fährmann, Willi: Geschichten machen stark. Würzburg 2002. S. 7–11

Polizeibericht. Hilfsschäfer in stockfinsterer Nacht. In: Frankenpost. 10.03.2007

Gebhardt, Sabine: Aufregung um „seltsames Ding". In: Frankenpost. 29.09.2006

Gebhardt, Sabine: Faustlos ist in. In: Frankenpost. 04.08 2006

Hebel, Johann Peter: Der listige Steiermarker. In: Aus dem Schätzkästlein des Rheinischen Hausfreunds. Stuttgart 1970. S. 44–45

Hein, Christoph: Das Wildpferd unterm Kachelofen. Süddeutsche Zeitung Junge Bibliothek. Band 46. München 2006. S. 200–205

Hein, Jürgen: Heiraten verbindet auf ewig. http://digitale-schule-bayern.de/dsdaten/16/85.3.doc. 15.03.2007

Hein Jürgen: Ein Traum von der guten, alten Zeit. http://digitale-schule-bayern.de/dsdaten/1/939.doc. 15.03.2007

Maar, Paul: Die Geschichte vom bösen Hänsel, der bösen Gretel und der Hexe. In: Maar, Paul: Der tätowierte Hund. Hamburg 1968. S. 34–39

Maier Rainer: Das wertvolle Lächeln der schönen Audrey. In: Frankenpost. 07.11.2006

Mann, Heinrich: Professor Unrat. Reinbek bei Hamburg 2005

Mylow, Daniel: Kleines Wunder vor den Toren Hofs. In: Schulpost der Waldorfschule Hof. Dezember 2006

Wefing, Heinrich: Durchs wilde Digitalistan. In: F.A.Z. 02.06.2000